金融市場のための統計学

若林 公子 [著]

一般社団法人 金融財政事情研究会

はじめに

「また統計学が役に立った」。これは、筆者が金融業界で働いてきたなかで、幾度となく抱いた実感である。筆者は、金利スワップ、通貨スワップ等のデリバティブのプライシング、および、顧客との取引執行業務に携わっていたのであるが、1990年頃にはオプション性が組み込まれたスワップ取引を、一般事業法人が当たり前のように利用するようになっていた。当然プライシングを行う身としては、オプション理論を勉強するわけであるが、そこで大学で学んだ統計学が何と役に立ったことであろうか。大学で学んだといっても、単に経済学部の必修科目としての統計学を学んだというだけであって、何も特別な勉強をしたわけではなかった。しかし、結論からいえば、金融市場の現場で働くのであれば、それで十分であったのである。

たとえばボラティリティ（第1章「実務における利用例」にて詳述）という概念1つとってみても、そのベースとなる標準偏差という概念は統計学の最初に必ず習う基本中の基本である。ブラック・ショールズ・モデルの$N(d_2)$という記号（第3章「実務における利用例」にて詳述）も統計学を知っていると、実に見慣れた記号である。

少し時間が経過した1993年頃にはVaR（第5章「実務における利用例」にて詳述）が登場してきた。どのようなものかとみてみれば、そこでもまた「統計学」であった。たとえば、「68％」「2.33」「3σ」「共分散」「相関係数」、どれも統計学でみたことのある数字であり、よく知る概念であった。そのほかにも、「また統計学が役に立った」という事例は枚挙に暇がない。

その後筆者は、勤務していた外資系金融機関の社員向けおよび顧客向けに、金利、債券、オプション、スワップ等のトピックについて、実務的なアプローチにより理論研修を行う講師の仕事についた。独立した現在も、研修講師の仕事を続けているわけだが、その仕事において、「統計学を知っていると実務におけるさまざまな概念の理解が簡単になる」という自身の経験から、「金融市場のための統計学」という、丸2日間、計16時間の研修を行っ

てみた。

　すると、多くの研修受講者から「これまで公式として単に丸暗記していたことの真の意味がわかった」「どの研修も、どの本も、こういう説明はしてくれなかった。目から鱗だった」「あの複雑な式は、実は標準化しているだけだという事実に驚かされた」「大学でこのように教えてくれていたら、もっと勉強する気になったのに」といった、ポジティブなフィードバックをいただいた。

　そこで、今般、その研修の内容を本にしてみようと思い立ったのが本書、『金融市場のための統計学（Statistics for Markets）』である。本書は5章からなり、各章は以下の構成をとっている。

1　「統計学」の解説
2　「実務における利用例」の解説
3　数学的補足
4　練習問題
5　練習問題の解答

　基本的な方針は、研修を本にするということである。よって、本書は以下の特徴をもつ。

(1)　本書は統計学の解説と同じくらい、実務の解説に重きを置いている。統計学について解説しているページ数とほぼ同じページ数を、「実務における利用例」に費やし、「金融市場の現場において統計学がどのように利用されているか」「統計学をふまえると、実務上のこの概念は、このように明解に把握できる」「過去の実際の市場のデータを統計学を用いて考察してみると、このように興味深い」という解説を行っている。

(2)　本書の想定読者層は、研修受講者層と同じである。よって、営業、トレーディング、リスク管理、法務、コンプライアンス、一般のシステム開発、決済業務という金融機関の業務全般に携わる諸氏を対象としている。また、金融機関で働く方でなくとも、業務に金融関連の事柄がかかわってくる方であれば、同じように参考にしていただけると思う。

(3) 数学の取扱いについては、「文系のための金融工学」という立ち位置である。よって、式の変形等の途中経過は省略せずに示され解説もなされている。また、本文中の数学的記述は、高校で文系進学者が学習する内容にとどめることとし、本文では文章やグラフ、図表による説明を多用した。しかし、あまりに数式を避けると、かえって意味がわかりづらくなったり、内容の薄い本となったりしてしまうので、「数学的補足」に証明等の補足を記した。「数学的補足」も、本文よりは難易度が上がるものの、「文系のための金融工学」というスタンスを維持しているので、原則として式の変形過程を省略せずに記載する等、わかりやすさを重視した。読んでいただければ、文章ではもちえない、数式ならではの明瞭性によって理解が深まると思う。しかし、読み飛ばしていただいてもさしつかえない構成にはなっている。

(4) 読者が本を読み進めるなかで、一瞬立ち止まって自分で考えてみるという機会を設けるようにした。というのは、研修がそのような形式だからである。研修の形式は、受講者が一方的に講師の話を聞くだけというものではなく、受講者は講師から投げかけられる多くの質問に答え、練習問題をたくさん解いて発表し、表計算ソフトで実際に計算してみるという、インタラクティブな方式を採用している。その内容を可能な限り紙面で再現することを目指し、本文中でも質問形式の解説を行う、章末に練習問題を置く等、自分で考える機会をもてるようにした。

(5) これまでの研修講師の経験のなかで、受講者から質問されることが多かった事項を特に取り上げて、本文中で解説した。また、受講者が苦戦することが多かった箇所については、紙幅を割いて特に丁寧に解説した。

(6) 専門用語には、すべてカッコ書きで英単語を併記した。統計学上の記号は世界標準のものが多く、それらは英単語を知っていると意味がわかりやすいからである。また、英語の文献等を読む際に、英単語を知っていると便利であることも理由である。

(7) ところどころに、「研修講師からの応援メッセージ」というコラムを挟んでみた。むずかしげにみえるが、それは決してむずかしいのではなく、

ただ混乱しやすい（not difficult but confusing）状況になっているだけだということを、お伝えしたいと思ったからである。

章の全体の内容、および各章で解説される「実務における利用例」の内容は以下である。
○第1章　度数分布表、ヒストグラム、データの「中心の尺度」と「散らばりの尺度」
　　　　　連続複利収益率の意味、定義、用いられる理由
　　　　　ボラティリティ　その1（定義、計算、視覚化）
　　　　　2008年の世界的金融危機時の連続複利収益率とヒストリカル・
　　　　　　ボラティリティの考察
○第2章　確率変数、確率分布、「中心の尺度」と「散らばりの尺度」
　　　　　ポートフォリオ理論　その1
○第3章　正規分布
　　　　　ボラティリティ　その2
　　　　　オプション・プライシング
　　　　　――ブラック・ショールズ・モデルを統計学を用いて考察
○第4章　歪度と尖度
　　　　　実際の市場における歪度と尖度の考察
　　　　　ボラティリティ・スマイルとボラティリティ・スキューの発生
　　　　　要因
○第5章　二次元の確率変数、共分散、相関係数
　　　　　連続複利収益率が正規分布に従うという仮定の理論武装
　　　　　ポートフォリオ理論　その2
　　　　　バリュー・アット・リスク

本書は書名どおり、「金融市場のための統計学」の本である。統計学を身につけることにより、金融市場における統計学関連事項を、真に理解することが目的である。そのため、統計学の教科書であれば通常含まれている内容

であっても、金融市場であまり使うことがなければ大胆に省略し、あくまで金融市場の実務によく登場する統計学に焦点を絞るという章立てである。

したがって、純粋に学問的な統計学の基礎を一通り身につけることが目的であるなら、他の統計学の教科書を勉強するほうが目的にかなうと思う。しかし、本書は焦点を絞っている分、取り上げた統計学の内容については、学問的な観点からも、決して浅くはない解説ができたと自負している。

なお、本書においてオプション理論価格等の理論的内容を解説している箇所において、実務においては当然に含まれるべき金融機関の利益やヘッジ・コスト等が含まれていない、純粋な理論を解説していることをお断りしておく。すなわち、実務においては、理論価格ではなく、金融機関の利益やヘッジ・コスト等を考慮したビッド・プライスおよびオファー・プライスという市場の価格で取引が行われることが、世界共通の当然の市場慣行であることを、特にここで申し述べておくこととする。

統計学の本質をどれだけわかりやすく説明できているか、統計学と金融市場との橋渡しがどれだけできているか、研修をどれだけ再現できているか等については、これからの読者の評価を待つことになるが、本書が金融関連の業務に就かれている方々にとって、多少なりとも参考となれば幸いである。

最後に、この本の出版にあたって、きんざいの谷川治生氏、堀内駿氏をはじめ、多くの方々に大変お世話になった。この場を借りて深くお礼を申し上げる。

2018年3月

若林　公子

目　次

はじめに

第1章　度数分布表、ヒストグラム、データの「中心の尺度」と「散らばりの尺度」

1-1　度数分布表とヒストグラム ………………………………………………… 2
　1-1-1　度数分布表とヒストグラムの作成 ……………………………………… 2
　1-1-2　度数分布表とヒストグラムの考察 ……………………………………… 5
　1-1-3　度数分布表とヒストグラム作成の際の階級幅 ………………………… 9
1-2　母集団と標本、その他用語の整理 ………………………………………… 11
1-3　中心の尺度 …………………………………………………………………… 13
　1-3-1　平　均　値 ………………………………………………………………… 14
　1-3-2　中　央　値 ………………………………………………………………… 18
　1-3-3　最　頻　値 ………………………………………………………………… 19
　1-3-4　平均値と中央値と最頻値の位置関係 …………………………………… 19
1-4　散らばりの尺度 ……………………………………………………………… 20
　1-4-1　散らばり度合いが異なるデータ ………………………………………… 20
　1-4-2　分散と標準偏差の意味 …………………………………………………… 23
　1-4-3　母分散と母標準偏差の定義式 …………………………………………… 27
　1-4-4　標本分散と標本標準偏差の定義式 ……………………………………… 27
　1-4-5　不偏分散を得る際に「$n-1$」で割る理由 …………………………… 29
1-5　実務における利用例 ………………………………………………………… 32
　1-5-1　連続複利収益率の意味、定義、用いられる理由 ……………………… 32
　1-5-2　ボラティリティ　その1（定義、計算、視覚化） …………………… 47
　1-5-3　2008年の世界的金融危機時の連続複利収益率とヒストリカル・ボラティリティの考察 ……………………………………… 54

1-6	数学的補足	59
1-6-1	偏差の和が必ずゼロとなることの証明	59
1-6-2	標本平均が母平均の不偏推定量であることの証明	59
1-6-3	標本分散が母分散の不偏推定量であることの証明	60
1-6-4	連続複利の定義式の導出	62
1-7	練習問題	63
1-8	練習問題の解答	67

第2章　確率変数、確率分布、「中心の尺度」と「散らばりの尺度」

2-1	確率変数と確率分布	72
2-1-1	関連用語の解説	72
2-1-2	簡単な確率変数と確率分布の例	74
2-1-3	離散型確率変数と連続型確率変数	75
2-1-4	確率分布のグラフ	77
2-1-5	相対度数ヒストグラム	86
2-1-6	確率分布のグラフの見方のまとめ	89
2-2	確率変数の期待値	90
2-2-1	離散型確率変数の期待値	90
2-2-2	連続型確率変数の期待値	93
2-2-3	確率変数の関数の期待値	93
2-2-4	確率変数の期待値の性質	94
2-3	確率変数の分散と標準偏差	96
2-3-1	確率変数の分散と標準偏差の定義と計算例	96
2-3-2	確率変数の分散の性質	98
2-4	確率変数の標準化とZスコア	100
2-5	実務における利用例	101
2-5-1	ポートフォリオ理論　その1	101

2-6 数学的補足 ………………………………………………………… 105
　2-6-1 確率の公理 ………………………………………………… 105
　2-6-2 確率変数と確率関数の本来の意味 …………………………… 105
　2-6-3 $P(\ )$、$f(\ )$、$E[\ ]$ 等のカッコのなかは何か …………… 107
　2-6-4 確率質量関数 ……………………………………………… 108
　2-6-5 確率密度関数 ……………………………………………… 108
　2-6-6 連続型確率変数の関数の期待値 ……………………………… 109
　2-6-7 確率変数の期待値の性質の証明 ……………………………… 109
　2-6-8 分散の計算式の証明 ………………………………………… 109
　2-6-9 確率変数の分散の性質の証明 ………………………………… 110
2-7 練習問題 ……………………………………………………………… 110
2-8 練習問題の解答 ……………………………………………………… 112

第3章 正規分布

3-1 正規分布の定義 ……………………………………………………… 116
3-2 正規分布の特性 ……………………………………………………… 117
　3-2-1 正規分布のパラメータ ……………………………………… 117
　3-2-2 正規分布の線型性 …………………………………………… 121
　3-2-3 正規分布が表す確率 ………………………………………… 121
3-3 標準正規分布 ………………………………………………………… 123
　3-3-1 標準化と標準正規分布とZスコア …………………………… 123
　3-3-2 標準正規分布表の見方 ……………………………………… 126
　3-3-3 $N(Z)$ という記号の意味 …………………………………… 128
　3-3-4 累積分布関数 ………………………………………………… 129
　3-3-5 一般の正規分布が表す確率 ………………………………… 130
　3-3-6 「シグマ範囲」の確率 ……………………………………… 132
　3-3-7 だれもが過去にお世話になったZスコア ……………………… 134
3-4 実務における利用例 ………………………………………………… 138

3-4-1　ボラティリティ　その2 ………………………………………… 138
　　　3-4-2　オプション・プライシング
　　　　　　　――ブラック・ショールズ・モデルを統計学を用いて考察 … 140
3-5　数学的補足 ……………………………………………………………………… 168
　　　3-5-1　確率変数の変換 ……………………………………………………… 168
　　　3-5-2　ブラック・ショールズ・モデルが仮定する原資産価格の
　　　　　　　確率過程 ………………………………………………………… 169
　　　3-5-3　リスク中立世界 ……………………………………………………… 170
　　　3-5-4　リスク中立世界における確率過程の平均と標準偏差 ……… 171
　　　3-5-5　対数正規分布 ………………………………………………………… 174
　　　3-5-6　ブラック・ショールズ・モデルのコール・オプション理
　　　　　　　論価格式の導出 ………………………………………………… 176
　　　3-5-7　ブラック・ショールズ・モデルのプット・オプション理
　　　　　　　論価格式 ………………………………………………………… 181
　　　3-5-8　オプションのデルタ ………………………………………………… 182
3-6　練習問題 ………………………………………………………………………… 183
3-7　練習問題の解答 ………………………………………………………………… 187

第4章　歪度と尖度

4-1　歪　度 …………………………………………………………………………… 192
　　　4-1-1　歪度の定義と意味 …………………………………………………… 192
　　　4-1-2　歪度の計算例 ………………………………………………………… 194
4-2　尖　度 …………………………………………………………………………… 196
　　　4-2-1　尖度の定義と意味 …………………………………………………… 196
　　　4-2-2　尖度の計算例 ………………………………………………………… 200
4-3　標本の歪度と尖度 ……………………………………………………………… 203
4-4　実務における利用例 …………………………………………………………… 204
　　　4-4-1　実際の市場における歪度と尖度の考察 ………………………… 204

4-4-2　ボラティリティ・スマイルとボラティリティ・スキュー
　　　　の発生要因 ……………………………………………………… 210
4-5　練習問題 ……………………………………………………………… 220
4-6　練習問題の解答 ……………………………………………………… 222

第 5 章　二次元の確率変数、共分散、相関係数

5-1　同時確率分布 ………………………………………………………… 226
　5-1-1　同時確率分布 …………………………………………………… 226
　5-1-2　周辺確率分布 …………………………………………………… 228
5-2　二次元確率変数の関数 $g(X, Y)$ の期待値 ………………………… 231
　5-2-1　二次元確率変数の関数 $g(X, Y)$ の期待値 ………………… 231
　5-2-2　確率変数の和の期待値の性質 ………………………………… 232
5-3　共 分 散 ……………………………………………………………… 234
5-4　相関係数 ……………………………………………………………… 240
　5-4-1　母集団の相関係数 ……………………………………………… 240
　5-4-2　標本の相関係数 ………………………………………………… 244
5-5　確率変数の和の分散の性質 ………………………………………… 244
5-6　中心極限定理と大数の法則 ………………………………………… 245
　5-6-1　中心極限定理 …………………………………………………… 245
　5-6-2　大数の法則 ……………………………………………………… 247
　5-6-3　独立同一分布の仮定 …………………………………………… 247
5-7　実務における利用例 ………………………………………………… 247
　5-7-1　連続複利収益率が正規分布に従うという仮定の理論武装 …… 247
　5-7-2　ポートフォリオ理論　その 2 ………………………………… 249
　5-7-3　バリュー・アット・リスク …………………………………… 268
5-8　数学的補足 …………………………………………………………… 277
　5-8-1　離散型確率変数の場合の同時確率 …………………………… 277
　5-8-2　連続型確率変数の場合の同時確率 …………………………… 278

5-8-3	連続型確率変数の場合の周辺同時確率密度関数	278
5-8-4	事象の独立	278
5-8-5	事象の排反	279
5-8-6	連続型確率変数の場合の関数 $g(X, Y)$ の期待値	280
5-8-7	連続型確率変数の場合の共分散	280
5-8-8	2つの確率変数の和の期待値の性質の証明	280
5-8-9	共分散の計算式の証明	280
5-8-10	2つの確率変数の和の分散の性質の証明	281
5-8-11	相関係数が $-1 \leqq \rho \leqq +1$ であることの証明	281
5-8-12	判別式	282
5-9	練習問題	283
5-10	練習問題の解答	285

■付録:標準正規分布表 ……………………………………… 288
■記号一覧 …………………………………………………… 290
■事項索引 …………………………………………………… 291

研修講師からの応援メッセージ

1	標本の大きさと標本数は異なる	13
2	自由度がわかるにこしたことはないが……	31
3	e については、このくらいの知識があれば、かなりいける	37
4	対数については、このくらいの知識があれば、かなりいける	40
5	連続型確率分布のグラフの縦軸 $f(x)$ の意味	85
6	時点を意識してオプション関連用語を定義することが重要	148
7	デルタについての質問で、よくある誤解	161
8	エキゾティック・オプションの正体	166

第 1 章

度数分布表、ヒストグラム、データの「中心の尺度」と「散らばりの尺度」

金融市場においては、株価指数、国債利回り、ドル円為替レート、ボラティリティ等、日々、さまざまな値が観察される。そのような観測値の集まりである"データ"の分析と利用の方法を提供するのが統計学（statistics）である。つまり統計学とは、"データ"を分析し、利用するためのさまざまな手法の総称である。ここでいう"データ"には、集められてすでに手元に存在する"データ"のみならず、"その背後に存在するいまだ観測していないデータ"も含まれる。本書は統計学のなかでも、金融市場で使われることが多い項目に的を絞って、解説するものである。

1-1 度数分布表とヒストグラム

1-1-1　度数分布表とヒストグラムの作成

観測値がさまざまな値をとることを分布する（distribute）といい、観測値がさまざまな値をとる全体の姿を分布（distribution）と呼ぶ。度数分布表（frequency table）とは、観測値の分布のようすを表すものであり、具体的には、観測値を階級（class）ごとに分類し、各階級に属する観測値の数、すなわち度数（frequency）を数えて表にしたものである。例1-1のデータを用いて、まずは度数分布表を作成してみる。

■ 例1-1　収 益 率

ある資産の120営業日にわたる収益率（rate of return）が、表1-1に示すように観測されたとする。「収益率」についての詳細は、本章1-5の「実務における利用例」にて解説される。

このデータから作成した度数分布表を表1-2に示す。

度数分布表を作成する手順としては、最初に階級幅（class width）を決めて各階級を設定し、次に各階級に属する観測値の数を数えて度数を得ればよい。もちろん、すべての観測値がいずれかの階級内に納まるように階級を

表1-1　120営業日の収益率のデータ　　　　　　　　　　　　（単位：%）

2.28	0.68	0.26	1.96	2.71	0.83	0.08	0.76	4.10	4.20	3.60	5.90
0.54	−0.56	0.74	0.79	0.67	−0.84	−1.35	0.85	0.08	−0.04	1.09	1.07
0.94	−0.59	−0.34	0.69	0.83	0.58	−0.02	0.92	−0.83	0.44	0.54	1.19
−0.10	6.49	−2.12	−4.63	−1.17	3.66	0.11	3.39	−0.41	−1.09	−1.55	2.66
0.80	−1.31	1.22	2.63	0.13	3.28	0.26	−0.90	−2.32	−3.37	4.96	8.53
−1.21	1.96	5.89	0.95	0.26	1.59	0.90	−7.55	−2.31	−4.57	1.36	3.03
5.48	1.30	−1.41	2.86	0.88	2.26	6.99	−1.26	3.99	−1.64	1.00	3.22
7.97	−3.59	1.06	−0.12	1.93	1.74	−4.13	2.48	2.50	2.35	5.04	0.31
−1.97	0.45	3.48	1.45	1.01	0.37	2.76	5.00	0.38	−0.11	3.14	2.06
2.14	−4.09	−3.57	−1.74	2.23	−0.81	0.35	2.77	0.67	−1.35	0.41	−0.21

表1-2　120営業日の収益率の度数分布表

階級番号	階級（単位：%）	階級値（単位：%）	度数	累積度数	相対度数	累積相対度数
1	−8〜−6	−7	1	1	0.008	0.008
2	−6〜−4	−5	4	5	0.033	0.042
3	−4〜−2	−3	6	11	0.050	0.092
4	−2〜 0	−1	26	37	0.217	0.308
5	0〜 2	1	48	85	0.400	0.708
6	2〜 4	3	23	108	0.192	0.900
7	4〜 6	5	8	116	0.067	0.967
8	6〜 8	7	3	119	0.025	0.992
9	8〜 10	9	1	120	0.008	1.000
合計			120		1.000	

設定しなければならない。各階級を定める低いほうの値を下限値（lower class limit）、高いほうの値を上限値（upper class limit）と呼び、下限値と上限値の算術平均を階級値（class mark）と呼ぶ。この例では「下限値以

上、上限値未満」の観測値の数を度数とした。たとえば第6階級の下限値は2、上限値は4、階級値は3であり、2以上4未満の観測値が23個あることを示している。また、度数分布表における階級の数を階級数（number of classes）と呼ぶ。表1−2の度数分布表の階級数は9である。

度数が得られたら、累積度数（cumulative frequency）、相対度数（relative frequency）、累積相対度数（cumulative relative frequency）は簡単に計算できるので、これらも同時に度数分布表に入れることが多い。相対度数とは、以下のように、その階級の度数が全体に占める割合を示す。

　　　第 n 階級の相対度数＝第 n 階級の度数／全階級の度数の合計

第6階級の相対度数は、23／120＝0.192となる。また、相対度数の合計は必ず1となる。その階級までの度数を足し上げた値が累積度数、その階級までの相対度数を足し上げた値が累積相対度数である。

度数分布表をグラフにしたものが、ヒストグラム（histogram）、あるいは柱状図と呼ばれるものである。表1−2の度数分布表の度数をヒストグラムにしたものを図1−1に示す。なお、本書では度数分布表やヒストグラムは、すべての階級幅が等しいもののみを取り扱うこととする。相対度数のヒストグラムについては、第2章にて解説する。

図1−1　度数から作成したヒストグラム

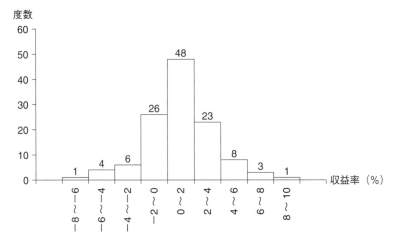

1-1-2　度数分布表とヒストグラムの考察

1-1-2-1　分布における峰の数

　図1-1をみるとまず、観測値が中心近辺に集中していることがわかる。また、その中心から左右どちらに行っても観測値が少なくなっていることもわかる。つまり分布が1つの頂点、別の単語で表現すれば、1つの峰をもっているということになる。このような分布を単峰性（unimodal）の分布と

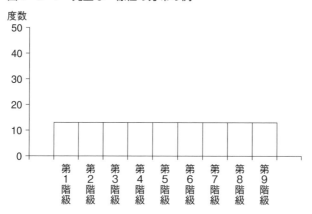

図1-2-1　完全な一様性の分布の例

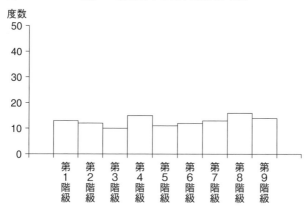

図1-2-2　一般に一様性とみなされる分布の例

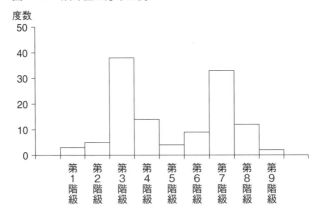

図1-3 双峰性の分布の例

呼ぶ。分布はいろいろなかたちをとるものであり、平たく一様に広がった峰のない図1-2-1、図1-2-2のような一様性（uniform）の分布となることもある。また、図1-3のように峰が2つの双峰性（bimodal）の分布となることもある。峰が3つの場合もありうる。峰が2つ以上の分布を多峰性（multimodal）の分布と総称する。

図1-2-1の分布は完全な一様性を示しているが、度数が多少ばらつく図1-2-2のような分布であっても、明らかな峰が存在しない場合は一様性の分布とみなすことが多い。

統計的手法を用いるにあたっては、分布が単峰性であることを確認するのは、重要なことである。なぜなら次節以降で解説するように、統計学においては分布の中心の位置、散らばり度合い、ゆがみ度合い等を1つの値に要約するということを行うが、単峰性の分布でないと、これらの値が意味をもたなくなる、あるいは、意味が異なることになるからである。

また、度数分布表やヒストグラムを作成すると、極端な外れ値（outlier）の有無が明らかとなり、分布の特性をつかむ際の参考になったり、データの入力ミスをチェックしたりすることもできる。

1-1-2-2　分布の左右対称性

さらには、図1-1のヒストグラムをみれば分布がおおむね左右対称であ

図1-4 右にゆがんだ分布の例

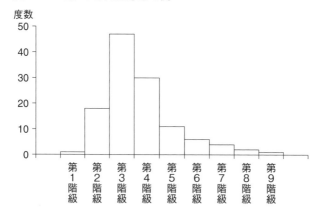

図1-5 左にゆがんだ分布の例

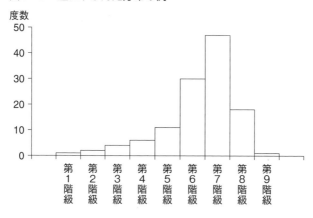

ることもわかる。単峰性の分布であっても、分布が左右対称ではなく右にゆがんだ図1-4のようになる場合や、左にゆがんだ図1-5のようになる場合もある。図1-4は、日本語としては「左にゆがんだ分布、あるいは、左に傾いた分布」と表現しそうだが、総計学で「ゆがむ」といった場合は裾が長いほうを指す。よって図1-4は右裾が長いので、「右にゆがんだ分布」となる。このような分布の対称性、非対称性の特性も、以降で解説する中心の位置、散らばり度合い等の値を考える際に必要な情報である。

第1章 度数分布表、ヒストグラム、データの「中心の尺度」と「散らばりの尺度」 7

1-1-2-3 金融市場における分布の仮定

図1-1のヒストグラムに戻る。例1-1の収益率はおおむね左右対称の単峰性の分布となった。この例のみならず、金融市場において取引されている資産の収益率は、おおよそ左右対称の単峰性の分布となることが経験則や実証研究によって示されている。そのため、将来の分布がどのようになるかを仮定する際に、後述する左右対称かつ単峰性の分布である正規分布を仮定することも、しばしば行われる。厳密には、左右対称とはならないことも認識されているが、詳細は第4章にて解説される。

将来の分布がどのようになるかは、もちろん現時点ではわからない。しかし、わからないといっているばかりでは、プライシングもリスク管理も始まらないので、「将来の分布はこのようなかたちになる」という具体的分布を仮定することにより、価格計算やリスク管理を行えるようにする。仮定などというあいまいなものを利用することは非科学的であると思われるかもしれないが、金融市場における日々の実際の取引は、仮定された分布のもとで算出された価格を用いて行われている。リスク管理も仮定された分布のもとで行われている。そして、将来の分布の仮定を決めたり、その仮定された分布を利用したりする際に、最も参考となる情報が、当該資産が過去にどのような分布となっていたかということである。よって、この観点からもヒストグラムを作成し考察することが重要である。

例をあげれば、ブラック・ショールズ・モデルというオプション価格決定理論は正規分布を仮定している。ブラック・ショールズ・モデル、および、正規分布は第3章において解説される。市場はその使い勝手の良さゆえにブラック・ショールズ・モデルをおおいに利用しているわけだが、特に通貨オプション市場では、市場が予想する分布と正規分布の違いを認識したうえで、ブラック・ショールズ・モデルを便利に利用していることが、その独特の市場慣行に如実に表れている。

たとえば、ブラック・ショールズ・モデルを用いて、通貨Aを原資産とするオプション価格を計算しようとしているトレーダーがいるとする。トレーダーは過去の通貨Aの収益率データについて行われた実証分析や自身の経験

から、通貨Aの分布は図1-1と同様の分布特性をもつであろうと予想している。このような場合、いままさに取引のためのオプション価格を計算して取引相手に提示（quote）しようとしているトレーダーは、どのようなことを考えるであろうか。この興味深い問題への解答は第4章に譲るが、ここではトレーダーが予想する分布と、使用するプライシング・モデルが仮定する分布との差異を認識しておくことの重要性を指摘しておく。そのためには過去のデータから作成されたヒストグラムの形状は参考になる情報である。図1-1のヒストグラムは正規分布と比べると、中心に度数が集中しすぎている一方、中心から少しだけ外れた階級の度数が低くなっている。また中心から大きく外れた階級の度数は正規分布に比べて高い。ということで、これ以上の説明は正規分布、歪度、尖度の解説を終えてからでないとできないので、第4章4-4の「実務における利用例」において取り上げる。

1-1-3　度数分布表とヒストグラム作成の際の階級幅

ところで、実際に度数分布表やヒストグラムを作成する段になって問題となるのが、階級幅をいくつにするかという点である。実務的には次に述べる「階級幅決定のための試行錯誤」を行って階級幅を決めるのが通常である。「通常」という言い方をするのは、これが絶対に正しいという理論がないからである。

◆階級幅決定のための試行錯誤

手順1　観測値の最大値と最小値の差を、10程度で割る。

手順2　手順1で得られた値の前後の、切りのよい値を階級幅として、度数分布表とヒストグラムを作成する。これを、階級幅を変えて何度か繰り返す。

手順3　手順2により作成された、いくつかのヒストグラムのうち、分布の特性をいちばんよく反映している階級幅を採用する。

今日では、表計算ソフト等を用いれば度数分布表とヒストグラムは簡単

に、しかも同時につくることができるので、この試行錯誤はそれほど手間のかかる作業ではない。階級幅は大きすぎても、小さすぎても分布の特徴をつかむことがむずかしくなる。先に例1-1のデータのヒストグラムを、階級幅2％で作成した図1-1を示したが、ここでは同じデータのヒストグラムを階級幅8％で作成した図1-6、階級幅0.4％で作成した図1-7を示す。

これらをみるとわかるように、図1-6では階級幅を大きくとりすぎたために、分布の特徴をつかむことができない。そもそも度数分布表やヒストグラムを作成するということは、個別の観測値がもつ情報を捨てているということである。つまり、度数分布表やヒストグラムは、観測値のもつ個別の情報を捨てるかわりに、観測値全体の分布を見やすいかたちで表現するものである。階級幅が大きすぎると個別の観測値の情報が失われすぎてしまい分布の特性がつかめなくなる。

反対に、図1-7では階級幅を小さくとりすぎたために、分布の特徴をうまくつかむことができない。金融工学においては、規則的に決まる値に偶然によって決まる値が加減されて、個々の観測値が発生すると仮定することが多い。つまり、ある資産の価格は、式で表現できるような論理的メカニズムによって決まるのだが、実際に価格が観測される際には、その式の計算結果に偶然が支配する「ぶれ」を伴って観測されると考える。度数分布表やヒス

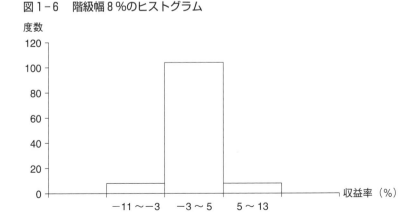

図1-6　階級幅8％のヒストグラム

図1-7 階級幅0.4%のヒストグラム

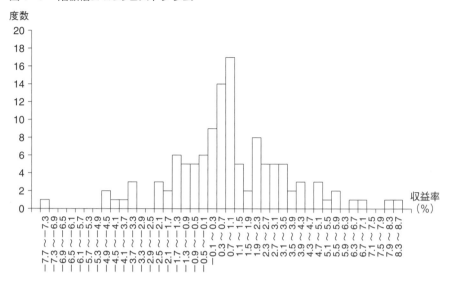

トグラムを用いてとらえたいのは、その式で表すことのできる、価格の根本をなす規則性である。しかし、階級幅が小さすぎると、「ぶれ」によって分布が乱されてしまい、分布の特性がつかめなくなる。

今回は、階級幅を変えて図1-1、図1-6、図1-7の3つのヒストグラムを作成した結果、図1-1が分布の特性を最もよく反映しているという結論に達し、図1-1の階級幅2％を採用した。

1-2 母集団と標本、その他用語の整理

以降の1-3節および1-4節において、分布の特性を示すさまざまな値について解説するが、それらを求める際に、母集団（population）と標本（sample）を区別することは重要である。母集団であるか標本であるかによって、計算方法が異なる場合があるからである。

母集団とは興味の対象全体のことであり、母集団というグループ全体から個々のいくつかを取り出してサブグループを形成したものが標本である。

以上のことを、専門用語を用いて再度確認する。まず集合（set）とは、個々のものを集めた「集まり」のことである。集合を構成する個々のものを要素（element）と呼ぶ。母集団とは興味の対象である要素すべてからなる集合のことであり、標本とは母集団という集合から無作為抽出（random sampling）された要素の集まり、すなわち母集団の部分集合（subset）である。母集団における要素の数を「母集団の大きさ（population size）」と呼び、標本における要素の数を「標本の大きさ（sample size）」と呼ぶ。要素の集合をデータ（data）あるいはデータ・セット（data set）と呼ぶ。無作為抽出とは、母集団から各要素を選んで標本を構築する際に、どの要素が標本に含まれる確率も、すべて等しくなるように要素を選ぶ方法である。また、個々の要素がもつ値を観測したものが観測値（score）である。

同じデータであっても、それを母集団とみなす場合と標本とみなす場合とがある。たとえば、ある年の1年分の日次の米ドル対日本円為替レートを得たとする。これらの観測値はこの1年分の為替レートの特性を調べたいのであれば母集団であるし、そのデータを基に将来の為替レートの特性を推計したいのであれば標本となる。

データの特性を表す値には、これから本節にて解説する平均値、中央値、分散、標準偏差等や、後に解説する共分散や相関係数などがある。

これらのうち、母集団の特性を表すものを母数（parameter, population parameter）、標本の特性を表すものを統計量（statistic, sample statistic）

表1-3　用語と記号

		標本		母集団	
中心の尺度	平均値 中央値 最頻値	標本平均　$\bar{x}$ 標本中央値 標本最頻値	統計量	母平均　μ 母中央値 母最頻値	母数
散らばりの尺度	分散 標準偏差	標本分散　s^2 標本標準偏差　s		母分散　σ^2 母標準偏差　σ	

と呼ぶ。次節以降で解説する中心の尺度と散らばりの尺度に関する用語を表1-3に整理しておく。

> **研修講師からの応援メッセージ1**
>
> ◆標本の大きさと標本数は異なる
>
> 「標本の大きさ」と「標本数」とは、別物である。標本の大きさ（sample size）は標本内の要素の数であるが、標本数（number of samples）は、母集団から無作為抽出された標本の数を表す。たとえば、母集団から、要素の数が20の標本を、3回の無作為抽出により3セット取り出したとする。この場合、各々の標本の大きさは20、標本数は3である。
>
> しかし、本や資料、表計算ソフトウェアの統計学関連の機能等において、「標本の大きさ」とすべきところを、「標本数」としているケースが散見される。誤った表記につられて混乱させられないよう、注意したい。意味が通らない場合は、原因は用語使いにあるのではないかと一考してみる価値がある。

1-3 中心の尺度

度数分布表やヒストグラムは、分布の特性を把握するための有効なツールではあるが、そのとらえ方が人によって異なるため、主観的にならざるをえないという欠点がある。そこで、分布の特性をもっと客観的な1つの数値で表す方法はないかと考案されたのが、中心の尺度（measures of central tendency）と散らばりの尺度（measures of variation, measures of dispersion）である。

中心の尺度はその名のとおり、データの中心的位置を表す値である。「観測値は度数分布表やヒストグラムが示すようにバラバラの値をとるが、単峰性の分布であれば、中心の尺度の近傍に観測値が分布している」ということ

である。中心の尺度には主に平均値、中央値、最頻値などの種類があり、総称して代表値（representative value, average）とも呼ばれる。

1-3-1 平均値

ここでは算術平均（arithmetic mean, mean）、または相加平均と呼ばれる最もよく用いられる平均値について解説する。平均値にもいくつか種類があるが、単に平均あるいは平均値といった場合には、算術平均を指すと思ってよい。

母集団の平均値を母平均（population mean）と呼び、記号 μ で表す。標本の平均値を標本平均（sample mean）と呼び、記号 $\bar{x}$ で表す。読み方はそれぞれミューとエックスバーである。一般に、母数はギリシャ文字で、統計量は英文字で表す。

1-3-1-1 母平均

母平均の定義は、母集団を構成する要素の値の総和を要素の数、すなわち母集団の大きさで割った値である。母集団の要素の数が有限個である場合、母平均の定義式は以下の式1-1のようになる。

▌ 式1-1

$$\mu = \frac{1}{N} \sum_{i=1}^{N} x_i$$

$$= \frac{(x_1 + x_2 + x_3 + \cdots + x_N)}{N}$$

μ：母平均

x_i：i 番目の要素の値　$i = 1, 2, 3, \cdots, N$

N：母集団の大きさ

1-3-1-2 観測値から求める標本平均

次に標本平均の定義を示す。標本平均は、観測値から求める方法と度数分布表等を用いて階級値から求める方法の2種類がある。

最初に、観測値から求める方法を示す。定義式は式1-2であり、観測値

の総和を観測値の数、すなわち標本の大きさで割った値である。

■ 式1-2

$$\bar{x} = \frac{1}{n}\sum_{i=1}^{n} x_i$$

$$= \frac{(x_1 + x_2 + x_3 + \cdots + x_n)}{n}$$

$\bar{x}$：標本平均

x_i：i 番目の観測値　$i = 1, 2, 3, \cdots, n$

n：標本の大きさ

1-3-1-3　階級値から求める標本平均

次に、階級値から標本平均を計算する方法を示す。観測値から計算した標本平均と、階級値から計算した標本平均は、値は近いものの異なる値となる。定義式は式1-3であり、階級値に相対度数を乗じた値の総和である。式(3)のように変形すると、階級値に度数を乗じた値の総和を、標本の大きさで割った値ともいえる。

■ 式1-3

$$\bar{x}' = \sum_{j=1}^{m} x_j' \times \frac{f_j}{n} \quad (1)$$

$$= x_1' \times \frac{f_1}{n} + x_2' \times \frac{f_2}{n} + x_3' \times \frac{f_3}{n} + \cdots + x_m' \times \frac{f_m}{n} \quad (2)$$

$$= \frac{(x_1' \times f_1 + x_2' \times f_2 + x_3' \times f_3 + \cdots + x_m' \times f_m)}{n} \quad (3)$$

$\bar{x}'$：階級値から計算した標本平均

x_j'：第 j 階級の階級値　$j = 1, 2, 3, \cdots, m$

f_j：第 j 階級の度数

n：標本の大きさ

m：階級数

1-3-1-4　平均値の意味

度数分布表から求めた平均値は、度数分布表やヒストグラムの重心である。このことは視覚的にイメージしてみるとわかりやすい。たとえば、図1-8に示すように、ヒストグラムを架空のシーソーであると考える。このシーソーの板には重さがなく、その板の上には各階級の位置に、度数に等しい重さの積み木が載っていると考える。そのように考えると、このシーソーが釣り合う支点の位置が重心、すなわち平均値である。

ヒストグラムからではなく、観測値そのものから求めた平均値も、重心であると考えられる。板自身には重さのない目盛付の板をシーソーであるとみなす。その板の上には各観測値に対応する目盛の位置に、重さ1の積み木が載っているものとする。そのように考えると、このシーソーが釣り合う支点の位置が重心、すなわち平均値である。シーソーの釣り合うところが本当に平均値となるか否かについては、練習問題とする。

1-3-1-5　平均値の欠点

平均値は中心の尺度として最もよく用いられ、計算の過程においてすべての観測値の情報を用いているという利点があるが、外れ値に影響を受けやすいという欠点がある。例を示す。

図1-8　ヒストグラムの重心

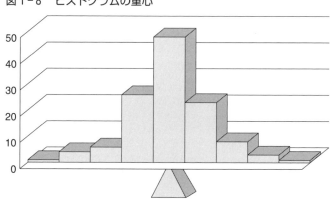

■ 例1-2　株価指数の収益率

ある株価指数の日次収益率が、表1-4に示すように12営業日分得られた

表1-4　株価指数の収益率のデータ

(単位：%)

何日目	収益率
1日目	-0.2
2日目	-1.2
3日目	0.9
4日目	1.3
5日目	1.5
6日目	-0.8
7日目	-18.2
8日目	0.1
9日目	0.6
10日目	0.4
11日目	-1.1
12日目	-0.6

図1-9　株価指数の収益率のヒストグラム

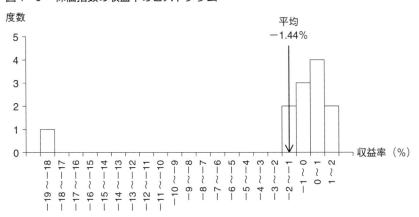

第1章　度数分布表、ヒストグラム、データの「中心の尺度」と「散らばりの尺度」　17

とする。

　このデータの平均値を計算すると−1.44%という値が得られる。しかし、この平均値は7日目の−18.2%という外れ値に引っ張られて、過度に小さくなってしまっている。図1−9のヒストグラムをみると、平均値−1.44%がこのデータの中心の位置を適切に代表していないことは明らかである。そのような場合には、中心の尺度として、外れ値に影響を受けない別のものを使うことが適切であると考えられる。

1−3−2　中　央　値

　中央値（median）は中位数ともいい、観測値を昇順もしくは降順に並べ替えた場合、その中央に位置する値である。観測値の数が偶数である場合には、真ん中の2つの観測値の算術平均が中央値となる。外れ値に影響を受けにくいという長所がある反面、すべての観測値を計算に用いるわけではない

表1−5　並び替え後の株価指数の収益率

（単位：%）

順位	収益率
1	−18.2
2	−1.2
3	−1.1
4	−0.8
5	−0.6
6	−0.2
7	0.1
8	0.4
9	0.6
10	0.9
11	1.3
12	1.5

ので、多くの観測値の情報を捨てているという短所がある。

例1-2を用いて中央値を求めてみる。観測値を昇順に並べ替えると表1-5のようになる。

観測値の数が12個と偶数であるため6番目の-0.2%と7番目の+0.1%の算術平均をとった値-0.05%が求める中央値である。平均値の-1.44%よりも中央値の-0.05%のほうが、この分布の代表値としてはよさそうである。

1-3-3 最頻値

最頻値（mode）は、並数ともいい、データからヒストグラムを作成した場合の、最も度数の高い階級の階級値である。つまり分布の峰をなす階級の階級値である。例1-2の最頻値は、図1-9のヒストグラムにおける最も度数の高い階級「0％～1％」の階級値+0.5%である。最頻値はヒストグラムの階級幅のとり方によって、異なる値となるのが通常である。最頻値は存在しない場合もある。

分布が双峰性である場合には最頻値は意味をなさず、分布の特性を適切に代表する値とはいえない。ヒストグラムを作成して双峰性の分布が得られた場合には、データの内容をもう一度見直してみる価値がある。2つの異なる属性のデータが混じってしまっていることが多い。たとえば、米ドル建て債券に投資するいくつかのファンドの収益率データからヒストグラムを作成したところ、峰が2つ得られたとする。データ内容をあらためてみてみたところ、為替ヘッジありのファンドと、為替ヘッジなしのファンドが混在していたというような場合である。

1-3-4 平均値と中央値と最頻値の位置関係

完全に左右対称の分布では平均値と中央値と最頻値は等しくなる。しかし、分布が左右非対称であれば、3つの値は異なる値となり、大小関係は以下のようになる。
〔右に歪んだ分布の場合〕
　　最頻値＜中央値＜平均値

〔左に歪んだ分布の場合〕

平均値＜中央値＜最頻値

　分布がほぼ左右対称で単峰性であれば、中心の尺度として平均値をみておけばよいが、そうでない場合には、どれが適切かという決まりはなく、3つの中心の尺度をすべて算出し目的に応じて使い分けるべきである。最もよく用いられる中心の尺度は平均値である。

1-4　散らばりの尺度

1-4-1　散らばり度合いが異なるデータ

　何セットかのデータを比較してみると、平均から大きく離れる値が多いデータや、平均の近傍の値が多いデータなど、観測値の平均からの散らばり度合いがデータによって異なることがわかる。その平均からの散らばり度合いを1つの数字で表すものが散らばりの尺度（measures of variation, measures of dispersion）である。本節では、例1-3を用いて、散らばりの尺度について解説する。

■ **例1-3　散らばり度合いの異なるデータ**

　3セットのデータ、データA、データB、データCが、表1-6のように得られたとする。

　3セットのデータの平均値、中央値、最頻値はいずれも50である。よって、中心の尺度だけではデータA、データB、データCの分布は同じ特性をもつとしかいえない。しかし、ヒストグラムを図1-10、図1-11、図1-12のように作成してみると、中心の位置は同じであるが、散らばり度合いが異なることがわかる。

　散らばりの尺度にもいくつか種類があるが、本書では圧倒的に使われる頻度が高く、かつ、金融市場における最も大切な統計学上の概念であるといっ

表1-6 散らばり度合いの異なる3セットのデータ

データA	データB	データC
40	30	20
40	30	30
40	40	30
40	40	40
50	40	40
50	50	40
50	50	50
50	50	50
50	50	50
50	50	50
50	50	60
50	60	60
60	60	60
60	60	70
60	70	70
60	70	80

ても過言ではない標準偏差（standard deviation）を、分散（variance）とともに解説する。金融市場において標準偏差は、標準偏差という用語ではなく、もっぱらボラティリティ（volatility）という用語で登場する。標準偏差とボラティリティとでは、意味するところが厳密には異なるのだが、その違いは、本章1-5の「実務における利用例」において詳述することとし、まずは標準偏差を解説する。

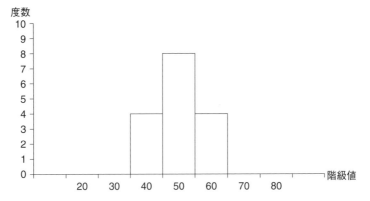
図1-10 データAのヒストグラム

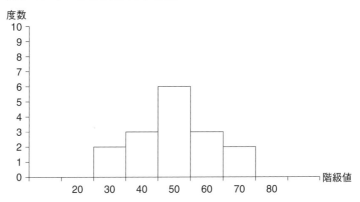
図1-11 データBのヒストグラム

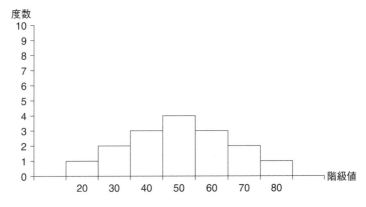
図1-12 データCのヒストグラム

1-4-2　分散と標準偏差の意味

　分散や標準偏差は平均値への集中の度合い、裏を返せば、平均値からの散らばりの度合いを表すものである。通常、平均値の近傍に、より多くの値が集中すると、分散や標準偏差の値は小さくなる。

　以降、分散と標準偏差の計算例を示しながら、具体的な意味を解説する。用語であるが、母集団の分散と標準偏差をそれぞれ母分散（population variance）、母標準偏差（population standard deviation）、標本の分散と標準偏差をそれぞれ、標本分散（sample variance）、標本標準偏差（sample standard deviation）と呼ぶ。

　次に分散と標準偏差を解説するが、分散と標準偏差の意味の理解に集中するために、次の2つの簡単化を図る。

(1)　用いるデータは母集団であると位置づけ、母分散と母標準偏差を計算する。すなわち現在の興味の対象は、これらのデータの特性自体であり、これらのデータが標本であって、そこから未知の母集団特性を推計しようとしているわけではないとする。

(2)　分散と標準偏差の計算対象を価格とする。実務では計算対象は収益率であるが、小数は煩瑣であるので価格とする。

　なぜ、母集団と位置づけるのかといえば、標本分散と標本標準偏差を計算しようとすると、考慮しなければならない事項がもう1つ加わるからである。その追加事項は後にまわして、ここでは分散と標準偏差のもつ意味の解説に焦点を当てたいので母集団とした。

　手計算できるようにきわめて簡単なデータを用いる。例1-4は、株Aと株Bの株価をそれぞれ3日間観察して得られたデータである。

■ 例1-4　価格の散らばり度合いの異なる株Aと株B

　株Aと株Bの日次の価格が表1-7のように観測されたとする。

　株Aも株Bも、それぞれ3日間の株価の平均値は50円である。しかし、株価の変動のようす、すなわち散らばり度合いは株Aと株Bとで異なる。株A

表1-7　株Aと株Bの株価

(単位：円)

	株A	株B
1日目	40	10
2日目	50	50
3日目	60	90

のほうが平均値の近傍に株価が集中していて散らばり度合いが小さく、株Bのほうが平均値から株価が広がっていて散らばり度合いが大きい。それを表す分散と標準偏差を計算する。株Aから始める。

　まず日々の株価について、平均値からの隔たりを考える。これは日々の株価が、平均値から、どの程度ばらついているかを計算していることになる。たとえば、1日目の株価40と平均値50の隔たりは、40－50＝－10となり、1日目の株価は平均値から10だけ、下方向に隔たっていることがわかる。このような観測値と平均値との隔たりを、統計学用語では偏差（deviation）、あるいは「平均からの偏差（deviation from the mean）」と呼ぶ。2日目の株価についても3日目の株価についても同様に偏差を計算すると、表1-8のようになる。

　このように、偏差は各観測値の平均値からのばらつきを表す値であり、偏差の絶対値が大きいほど、ばらつきの度合いが大きいことを表す。それがわかると、われわれが計算しようとしている標準偏差というものは、その名称から考えれば「標準的な偏差」つまりは「平均的な偏差」を計算すればよさそうである。そこで、たったいま計算した各偏差の平均を計算するため、3つの偏差を足してみる。しかし、計算結果がゼロになってしまい意味のある平均が得られずうまくない。実は、どのようなデータであっても偏差の和は数学的に必ずゼロになる（注1）。

　（注1）　偏差の和が必ずゼロになることの証明は1-6の「数学的補足」参照。

　ゼロになる原因は明らかである。プラスの値とマイナスの値が存在するから、相殺されてゼロになってしまうのである。そこでマイナスを排除するこ

表1-8 株A：偏差

株A	株価	偏差
1日目	40	40 − 50 = −10
2日目	50	50 − 50 = 0
3日目	60	60 − 50 = +10
合計		0

表1-9 株A：偏差平方和

株A	株価	偏差	(偏差)^2
1日目	40	40 − 50 = −10	100
2日目	50	50 − 50 = 0	0
3日目	60	60 − 50 = +10	100
合計		0	200

とを考える。プラスの数値もマイナスの数値も両方ともプラスにしてしまう数学的に最も簡単な方法は、すべての値を2乗することである。すべての偏差を2乗した結果を表1-9に示す。そして平均を得るために、それらの値を合計する。「2乗」のことを「平方」ともいうので、偏差の2乗の合計は、偏差平方和（sum of squared deviations）と呼ばれる。偏差平方和がゼロになることはほとんどないので、その平均が意味のある値となる。ゼロになる場合がどのような場合であるかは練習問題とする。

観測値が3個あるので、平均は$\frac{200}{3}$となる。これが分散である。分散は2乗した値から求められるものなので必ず正の値となる。よって最小値はゼロであり、分散が大きいほど、散らばり度合いが大きいことを表す。たとえば2つのデータAとデータBとがあり、データAのほうが平均値の周りに、より集中して観測値が存在し、データBのほうが相対的に平均値から離れたところにも観測値が多く存在するのであれば、データBの分散のほうがデータAの分散よりも大きくなる。

ただし、分散や標準偏差が、散らばり度合いを適切に表しているとはいえ

ないケースもある。すなわち、標準偏差が大きいにもかかわらず、観測値が平均値の周りに集中しているような特殊な例は考えうる。しかし、一般に金融市場で扱われるデータには、そのような特殊なケースはないと考えられるので、標準偏差の一種であるボラティリティを散らばりの尺度として、おおいに活用しているのが現状である。散らばりの尺度として、標準偏差があまり適切とはいえないような例については、章末の練習問題とする。

ここで、分散という概念には、観測値の単位に関連した問題点があることを指摘しなければならない。先ほど、マイナスを排除するために観測値を2乗してしまった結果、分散の単位は元の観測値の単位の2乗、すなわち「円^2」となってしまっている。そこで2乗を元に戻すために分散の正の平方根をとる。平方根という概念を数学的に正しく扱えば、$\frac{200}{3}$の平方根は$+\sqrt{\frac{200}{3}}$と、$-\sqrt{\frac{200}{3}}$の2つである。標準偏差は正の平方根と定義され、$+\sqrt{\frac{200}{3}}$が標準偏差である。

株Bの分散と標準偏差も同様に計算する。まず偏差平方和が表1-10のようになる。

よって、株Bの分散は$\frac{3200}{3}$、標準偏差は$+\sqrt{\frac{3200}{3}}$となる。株Bのほうが株価の変動が激しいので、株Bの分散は株Aの分散より大きい。株Bの標準偏差も株Aの標準偏差より大きい。

表1-10 株B：偏差平方和

株B	株価	偏差	(偏差)^2
1日目	10	10−50 = −40	1600
2日目	50	50−50 = 0	0
3日目	90	90−50 = +40	1600
合計		0	3200

1-4-3　母分散と母標準偏差の定義式

母分散と母標準偏差の定義式を式1-4-1、式1-4-2に示す。

■ 式1-4-1
〔母分散〕

$$\sigma^2 = \frac{1}{N} \sum_{i=1}^{N} (x_i - \mu)^2$$

$$= \frac{(x_1 - \mu)^2 + (x_2 - \mu)^2 + (x_3 - \mu)^2 + \cdots + (x_N - \mu)^2}{N}$$

■ 式1-4-2
〔母標準偏差〕

$$\sigma = +\sqrt{\sigma^2} = \sqrt{\frac{1}{N} \sum_{i=1}^{N} (x_i - \mu)^2}$$

σ^2：母分散

σ　：母標準偏差

x_i　：i番目の要素の値　$i = 1, 2, 3, \cdots, N$

μ　：母平均

N　：母集団の大きさ

1-4-4　標本分散と標本標準偏差の定義式

次に標本分散と標本標準偏差について解説する。標本分散や標本標準偏差のような、母数を推定するための統計量を推定量（estimator）という。関数のかたちを推定量、関数に値を代入して得られた数値を推定値（estimate）として区別することもある。標本分散と標本標準偏差の推定量には、以下の理由から、いくつかの種類がある。

母集団からの標本抽出を何セットも行うと、そのたびに異なる標本が得られる。よって、手元にある標本は、無作為抽出により得られる無数の可能性

のなかの1セットがたまたま実現したものにすぎない。したがって、その標本から計算された標本分散は、母分散の1つの推定値にすぎず、真の値とは必ずしも一致しない。そこで、目的に応じて使い分けるために、何種類かの推定量が存在するようになった。

　金融市場で用いられるのは、「不偏分散」と「不偏分散から求めた標準偏差」なので、「金融市場のための統計学」という立場をとる本書においては、全稿を通じて、式1-5-1の「不偏分散」を単に標本分散、式1-5-2の「不偏分散から求めた標準偏差」を単に標本標準偏差と呼ぶ。また、式1-5-1は定義式、式1-6は、よく用いられる計算式である。式1-5-1から式1-6を求める過程は練習問題とする。不偏分散の意味はこの後すぐに解説される。

▌式1-5-1
〔標本分散〕

$$s^2 = \frac{1}{n-1} \sum_{i=1}^{n} (x_i - \bar{x})^2$$

$$= \frac{(x_1 - \bar{x})^2 + (x_2 - \bar{x})^2 + (x_3 - \bar{x})^2 + \cdots + (x_n - \bar{x})^2}{n-1}$$

▌式1-5-2
〔標本標準偏差〕

$$s = +\sqrt{s^2} = \sqrt{\frac{1}{n-1} \sum_{i=1}^{n} (x_i - \bar{x})^2}$$

s^2：標本分散

s：標本標準偏差

x_i：i番目の観測値　$i = 1, 2, 3, \cdots, n$

$\bar{x}$：標本平均

n：標本の大きさ

■ 式1-6

$$s^2 = \frac{1}{n-1}\left\{\sum_{i=1}^{n} x_i^2 - \frac{1}{n}\left(\sum_{i=1}^{n} x_i\right)^2\right\}$$

s^2：標本分散

x_i：i番目の観測値　$i = 1, 2, 3, \cdots, n$

n：標本の大きさ

1-4-5　不偏分散を得る際に「$n-1$」で割る理由

母分散であっても標本分散であっても、分散という用語の意味するところは同じである。しかし、標本分散の定義式1-5-1は、母分散定義式1-4-1とは次の2点で異なる特徴がある。

(1) 母平均ではなく標本平均を使っている
(2) 偏差平方和をnではなく「$n-1$」で割っている

相違点の(1)の理由は単純に、母平均が未知だからである。それゆえ標本平均を母平均のかわりに用いる。標本平均が母平均の最良の推定量であるというのは直観的に納得しやすい。

しかし、母平均のかわりに標本平均を用いた結果、必要となったのが(2)の操作である。本章の1-4-2において触れた、標本分散と標本標準偏差を求める際に考えなければならない追加事項というのが、この(2)である。

なぜ、偏差平方和をnではなく「$n-1$」で割るのか。それは、次に説明する自由度（degree of freedom）というものが1減るので、不偏分散（unbiased variance）を得るためには「$n-1$」で割る必要があるからである。不偏分散とは、不偏推定量（unbiased estimator）とも呼ばれるもので、未知の母分散を大きすぎることもなく小さすぎることもなく、偏りなく推定する推定量である。nで割ると母分散を過小評価してしまうが、「$n-1$」で割れば偏りのない推定値が得られる。

「偏りがない」ということを、統計学用語を用いて言い換えれば、「推定量の期待値が母数に一致する」ということである。「期待値」は第2章で解説される概念であるが、推定量の期待値が母数に一致する例としては標本平均

がある。標本平均はその期待値が母平均に一致するので、母平均の不偏推定量である（注2）。

> （注2）　1-6「数学的補足」には、式1-5-1の標本分散が不偏推定量であることの証明を記載している。期待値の概念を用いるので、第2章を参照してほしい。

「自由度が1減るから」という意味を直観的に説明してみる。標本分散を求めるにあたっては、n個の観測値ごとの偏差、

$$(x_1-\bar{x}), (x_2-\bar{x}), (x_3-\bar{x}), \cdots, (x_n-\bar{x})$$

の一つひとつが、平均値からの散らばりを表すものだから、それらを2乗して平均をとった分散が、平均的な散らばり度合いを表す一つの推定値であると考えてしまいそうである。しかし、n個ある偏差のうち、x_iが自由に動けるものは、実は「$n-1$」個しかない。なぜなら、標本平均を使っているので、式1-7に示すように、標本平均の定義式の制約を受けるからである。

■ 式1-7

$$\frac{(x_1+x_2+x_3+\cdots+x_n)}{n} \equiv \bar{x} \quad (1)$$

$$(x_1+x_2+x_3+\cdots+x_n) - n\bar{x} \equiv 0 \quad (2)$$

$$(x_1-\bar{x})+(x_2-\bar{x})+(x_3-\bar{x})+\cdots+(x_n-\bar{x}) \equiv 0 \quad (3)$$

式1-7の式(1)は標本平均の定義式である。これを変形した式(3)は、各観測値についての偏差の和が恒等的にゼロにならなければならないという意味である。

「$\equiv$」は、「恒等的に等しい」という意味を表す数学の記号である。恒等的に等しいとは、どのような$\{x_1, x_2, x_3, \cdots, x_n\}$であっても、常に等号が成立するという意味である。たとえば、「$x \times 2 = 6$」は「$x = 3$」でなければ成立しないので方程式であるが、「$x \times 2 = 2 \times x$」は、xがどのような値であっても成立するので恒等式である。

偏差の和が恒等的にゼロでなければならないので、「$n-1$」番目までの

x_i、つまり $\{x_1, x_2, x_3, \cdots, x_{n-1}\}$ が決まってしまうと、残りの x_n は、偏差の和がゼロになるような値に自動的に決まってしまう。したがって、自由に動くことができない。自由度とは自由に動ける変数の数という意味である。

このように、n 個ある偏差のうちの1つは制約によって散らばることができないので、n で割ると母分散を過小に推定してしまう。よって、自由に動ける偏差の数である $(n-1)$ で割れば、母分散を、大きすぎることもなく、小さすぎることもなく、偏りなく推定することができる。

研修講師からの応援メッセージ2

◆自由度がわかるにこしたことはないが……

長年の研修講師の経験からすると、多くの研修受講者にとって、この「自由度が1減るから『$n-1$』で割る」というところが統計学を勉強し始めて最初に行き当たる障害物のようである。よって、いったんこの問題を避けて1-4-2において分散の意味の解説に集中した後、1-4-5においてなぜ「$n-1$」で割ることが必要になるかの直観的説明を行った。

直観的説明を読んでも、なお釈然としない場合は、1-6の「数学的補足」を読むのがいちばんよいが、そうでなければ、本件の理由については放念しても、さほど問題にはならない。金融市場で取り扱うデータは、たとえば250営業日分など、観測値の数が多いことが通常だからである。標本の大きさが小さい場合、たとえば30以下であるような場合は、「$n-1$」で割るか n で割るかによって、得られる標本分散は相応に異なってくるが、標本の大きさが十分大きい場合には、「$n-1$」で割ろうが n で割ろうが大差はないからである。

第1章 度数分布表、ヒストグラム、データの「中心の尺度」と「散らばりの尺度」

1-5 実務における利用例

1-5-1　連続複利収益率の意味、定義、用いられる理由

　統計学の実務における利用例といえば、なんといってもボラティリティである。そこで、真っ先にボラティリティについて解説したいところであるが、そのためには連続複利収益率という概念を確認しておく必要がある。

1-5-1-1　複利の意味

　金利にはさまざまな種類があるが、複利の頻度によっても金利を分類することができる。

　複利という概念を説明するために、複利で運用するということを以下のように考えてみる。まず運用期間をいくつかの「期」に分ける。そして1期目の期初に投下された元本は、1期目の期末には利息が加算されて「元本＋利息」となりいったん回収されるとする。2期目には、1期目の「元本＋利息」という回収額が、新たな元本となり投下される。2期目の期末には2期目の新元本に利息が加算され、またいったん回収される。このように当期の利息が次期の元本に加えられるということが運用の満期まで、順次繰り返される。よって、利息が利息を生み、満期における運用からの回収額は、複利の頻度が高いほど大きくなる（注3）。

　（注3）　金利の種類の詳細は、拙共著『スワップ取引のすべて』改訂第五版（2016年5月、金融財政事情研究会）の第1章を参照されたい。

　理論的には年間の複利の回数はいかようにも大きくすることが可能であり、複利の頻度がゼロ回なら単利（simple interest rate）、1回なら1年複利（annually compounding）、2回なら半年複利（semi-annually compounding）、4回なら3カ月複利（quarterly compounding）、12回なら1カ月複利（monthly compounding）となる（注4）。

　（注4）　運用期間が1年であれば、結果として単利と1年複利は同一になる。

　このように複利の頻度はどこまでも増やせるので、その極限として無限回

の複利を定義することが可能である。1年の間に無限回の複利が行われるのであるから、名称は、1年複利、半年複利、3カ月複利、1カ月複利、1日複利、1時間複利、1分複利の続きで一瞬複利となりそうである。しかしそうはならず、この一瞬複利のことを連続複利（continuously compounding）と呼ぶ。

1-5-1-2　連続複利の定義と利用方法

連続複利の意味を解説するために、以下の例1-5のようなことを考える。

■ **例1-5　元本100万円を金利6.0%で2年間運用**

金利水準は同じ6.0%を用い、複利の頻度をいろいろと変えて、元本100万円を2年間運用した場合の、「満期における元本と利息の合計額（以下、合計額Fと呼ぶ）」がどのようになるかをみてみる。

表1-11は、複利の頻度別に合計額Fを計算式とともに示している。たとえば、$n=4$として1年を四期に分け、1年内に複利を4回行うのであれば、3カ月ごとの複利となる。よって、金利の種類は3カ月複利となる。

合計額Fを求める式の一般型を式1-8に示す。参考までに単利の場合の式も、式1-9に示す。

表1-11　満期における元本と利息の合計額（F）

金利の種類	1年内の複利の頻度n	満期における元本と利息の合計額F（万円）
1年複利	1	$100 \times \left(1 + \dfrac{0.06}{1}\right)^{1 \times 2} = 112.3600$
半年複利	2	$100 \times \left(1 + \dfrac{0.06}{2}\right)^{2 \times 2} = 112.5509$
3カ月複利	4	$100 \times \left(1 + \dfrac{0.06}{4}\right)^{4 \times 2} = 112.6493$
1カ月複利	12	$100 \times \left(1 + \dfrac{0.06}{12}\right)^{12 \times 2} = 112.7160$
1日複利	360	$100 \times \left(1 + \dfrac{0.06}{360}\right)^{360 \times 2} = 112.7486$
連続複利	∞	

+ 0.1909
+ 0.0984
+ 0.0667
+ 0.0326

＊元本$P=100$万円、金利$r=6.00\%$、期間$t=2$年

■ 式1-8

$$F = P \times \left(1 + \frac{r}{n}\right)^{n \times t}$$

F：満期における元本と利息の合計額
P：元本
r：金利（年率）
n：1年内の複利の頻度
t：期間（年）

■ 式1-9

$$F = P \times (1 + r \times t)$$

F：満期における元本と利息の合計額
P：元本
r：金利（年率）
t：期間（年）

　表1-11をみると、複利の頻度を大きくしているのであるから当然に、合計額Fが、表の上から下へと、次第に大きくなっていることがわかる。しかし合計額Fが大きくなっているのは確かであるが、欄外に示された差額をみると、その大きくなり方が徐々に緩やかになっていることにも気がつく。ということは、この調子でnを無限大に増やした場合、すなわち、連続複利とした場合には、合計額Fはさらに大きくなりながらも、ある値に向かって近づいていくであろうことが予想できる。わかりやすいように、nとFの関係をグラフにしてみると、図1-13のようになる。

　グラフを作成してみると、nを無限大に限りなく近づけた場合、金額が一定の値に収束していくようすがみてとれる。この極限値、グラフでは点線で示した金額が、連続複利の場合の合計額Fである。

　連続複利の場合の合計額Fを求めるのは、nの値が変わるだけなので、式1-8と類似の計算式となる。しかし、連続複利ではnは定数ではなく無限

図 1-13 満期における元本と利息の合計額（F）

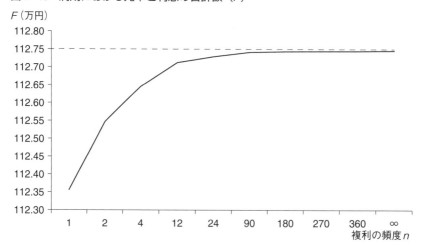

大であるから、数学の極限のテクニックを用いることになる。式 1-8 の $\left(1+\frac{r}{n}\right)^{n\times t}$ の部分の n を無限大にするということを極限 lim（リミット）の記号を用いて表すと、式 1-10 の左辺のようになる。さらに、左辺を変形すると右辺が得られる（注 5）。これが連続複利 e^{rt} の定義式である。

（注 5） 式 1-10 の左辺から右辺への変形は、1-6 の「数学的補足」に示す。

▌式 1-10

$$\lim_{n\to\infty}\left(1+\frac{r}{n}\right)^{n\times t}=e^{rt}$$

r：金利（年率）
n：1 年内の複利の頻度
t：期間（年）
e：自然対数の底

以上で連続複利の定義式 1-10 がわかったので、連続複利の場合の合計額 F は式 1-11 のように求められる。式 1-8 と式 1-10 は、複利の頻度が異なるだけの類似のものなので、使い方は同様である。元本 P に、

$$\left(1+\frac{r}{n}\right)^{n \times t}$$

を掛けるかわりに、

$$\lim_{n \to \infty} \left(1+\frac{r}{n}\right)^{n \times t}$$

すなわち、e^{rt} を掛ければよい。

▌式1-11

$F = P \times e^{rt}$

F：満期における元本と利息の合計額

P：元本

r：金利（年率）

t：期間（年）

よって、表1-11の空欄の値、連続複利の場合の合計額 F は以下のように求められる。

$F = 1,000,000 \times e^{0.06 \times 2} = 1,127,497$

式1-11と結局同じことであるが、式1-12は連続複利を用いて、現在価値 P（Present value）を将来価値 F（Future value）に変換する際の式である。この式はまた、現在の価格 P が、連続複利収益率 r で変化した場合の、将来の価格 F を求める式でもある。以降本書においても、式1-12をたびたび用いる。

▌式1-12

$F = P \times e^{rt}$

F：将来価値

P：現在価値

r：金利（年率）

t：期間（年）

将来価値 F を現在価値 P に変換する式も、式1-13に示しておく。

■ 式1-13

〔単利の場合〕

$$P = \frac{1}{1+rt} \times F$$

〔連続複利の場合〕

$$P = \frac{1}{e^{rt}} \times F = e^{-rt} \times F$$

研修講師からの応援メッセージ3

◆ e については、このくらいの知識があれば、かなりいける

時々、「e の計算はどのようにするのですか」と、e の演算を手計算する方法を質問されることがあるが、e は手計算できない。よって、e を手計算できないからといって、統計学の勉強をやめてしまうのは早計である。どんなに数学が特意な人でも e は手計算できず、関数電卓や表計算ソフトの関数を用いるものである。

「e」が何かということについては、最小限、以下の理解があればよいと思う。「e は定数であるが、無限に続く小数2.718281…であることから全部を書くことは不可能であり、そのため e と表記することが世界共通の約束事になっている」ということである。e というのは、それだけをテーマにして一冊の本が書けるほど、そして、そのような本が何冊も出版されているほど奥深い神秘的な概念であり、e を芯まで理解するには、相応に高度な数学が必要となる。e と同じようなものに円周率3.141592…がある。円周率のほうがはるかに簡単な概念であるが、これも無限に続く小数の定数であり、全部を書けないので、π と表記することが世界共通の約束事になっている。

e について多少の補足説明を行うと、e はネイピア数（Napier's constant）、オイラー数（Euler's number）、自然対数の底（natural base for logarithm, base of natural logarithm）などと呼ばれ、e の定義式は以下であ

る。ネイピアとオイラーはeと関連する数学上の業績を成し遂げた数学者の名前である。

〔eの定義〕

$$e = \lim_{n \to \infty} \left(1 + \frac{1}{n}\right)^n$$

この極限が存在していて、先ほどの2.718281…なのである。

eの定義式は、表1-11において金利水準を100％、すなわち$r=1$とした場合と同じである。数学者がeを発見するのとはまったく別個に、17世紀初頭の名もなき商人たちが、金貸し業に複利を用いていくうちに、表1-11と同じ考え方からeの存在に気づいていたという説もある。

1-5-1-3　連続複利収益率

収益率という概念は、単利であればなじみのあるものであろう。資産価格の変化のようすを、価格の変化額ではなく、変化率で表すものである。たとえば、ある日の米ドル対日本円為替レートが100円、翌日の為替レートが101円であれば、この1日間の単利の収益率は、＋1％である。頭のなかで無意識に、

$$\frac{(101-100)}{100} = 0.01000(+1.000\%)$$

という計算をしたわけである。これが単利ではなく連続複利収益率であれば、

$$\log_e \frac{101}{100} = 0.00995(+0.995\%)$$

となる。単利の収益率と連続複利収益率とは金利の種類が異なるだけで、収益率という点では同じものである。よって、連続複利収益率も連続複利という言葉に惑わされずに、「その意味するところは単利の収益率と同様である」と考えればわかりやすいと思う。

単利の収益率を求める式の一般型を式1-14-1と式1-14-2に、連続複利収益率を求める式の一般型を式1-15-1と式1-15-2に示す。それぞれ、年率化されていない収益率と、年率化された収益率の両方を求める式を示して

いる。式1-15-1と式1-15-2の自然対数部分を数字に変換するには、関数電卓等を用いて計算する必要がある。手計算ではできない。

▎式1-14-1

$$R_i = \frac{S_i - S_{i-1}}{S_{i-1}}$$

R_i ：$i-1$時点からi時点までの期間の単利収益率（年率化されていない）
S_i ：i時点の資産価格
S_{i-1}：$i-1$時点の資産価格

▎式1-14-2

$$R_i = \frac{S_i - S_{i-1}}{S_{i-1}} \times \frac{1}{t}$$

R_i：$i-1$時点からi時点までの期間の単利収益率（年率化されている）
t ：期間（年）

▎式1-15-1

$$r_i = \log_e \frac{S_i}{S_{i-1}}$$

r_i ：$i-1$時点からi時点までの期間の連続複利収益率（年率化されていない）
S_i ：i時点の資産価格
S_{i-1}：$i-1$時点の資産価格
$\log_e$：自然対数

▎式1-15-2

$$r_i = \log_e \frac{S_i}{S_{i-1}} \times \frac{1}{t}$$

r_i：$i-1$時点からi時点までの期間の連続複利収益率（年率化されている）

t：期間（年）

式1-14-1、式1-14-2、式1-15-1、式1-15-2においては、後の例で参照しやすいように、年率化されていない収益率も、年率化されている収益率も同じ記号を用いた。

研修講師からの応援メッセージ4

◆対数については、このくらいの知識があれば、かなりいける

「対数とはなんですか」という質問をたびたびいただいた結果、研修においては必ず、対数を説明することにしている。質問がたびたびあるということは、対数などは、忘れてしまっていることが普通だということである。よって、対数を忘れてしまっているからといって、統計学の勉強をやめてしまうのは早計である。以下を思い出せば、多くの場合は事足りる。

最初にクイズである。

Q：$\log_2 8$　はいくつか？

A：3である。

ちなみに、研修におけるこのクイズの正答率は3割ほどである。この対数の表すことは、2を何乗すると8になるかということであるから3である。

同じことを、以下のように、指数を用いて表すこともできる。

$2^3 = 8$

一般に、

$\log_a X$

である場合、aを底（てい）(base)、Xを真数と呼び、定義より、底は1ではない正の実数、真数は正の実数でなければならない。

金融工学においては、底としてeを用いることが多い。eが底である対数

$\log_e X$

を自然対数（natural logarithm）と呼び、自然対数は、$\log X$、$\ln X$と表記さ

れることもある。同じ意味である。

よく用いられる対数の性質に、底と真数が等しい場合に以下が成立するというものがある。

$\log_e e^m = m$

これは、例を見つめて、よくよく意味を考えると、そのようになることがわかる。

$\log_{10} 100 = \log_{10} 10^2 = 2$

であるから、当然である。この性質について研修中には、「底と真数が等しい場合には、肩に乗っている数字が地上に下りてくる」というワンフレーズでの覚え方を紹介している。金融工学では、

$\log_e e^{rt} = rt$

などがよく用いられ、本書でも、たびたび用いる。

式1-15-1と式1-15-2が連続複利収益率を表す理由は、以下のように考えればよい。年率化されている収益率の式1-15-2で考える。資産価格S_{i-1}と、収益率r_iと、資産価格S_iの関係は、「現在の価格Pが、連続複利収益率rで変化した場合の、将来の価格Fを求める式」が式1-12ということであったから、式1-12

$F = P \times e^{rt}$

に当てはめてみると、

$S_i = S_{i-1} e^{r_i \times t}$

となる。

これを式1-16のように変形すると、式1-15-2が得られる。

■ 式1-16

$e^{r_i \times t} = \dfrac{S_i}{S_{i-1}}$ (1)

$\log_e e^{r_i \times t} = \log_e \dfrac{S_i}{S_{i-1}}$ (2)

$$r_i \times t = \log_e \frac{S_i}{S_{i-1}} \quad (3)$$

$$r_i = \log_e \frac{S_i}{S_{i-1}} \times \frac{1}{t} \quad (4)$$

　式(2)では、両辺の対数をとっている。等式は左辺と右辺が等しいのであるから、両辺に同じことをしている限り、相変わらず左右は等しい。よって、両辺の対数をとっても左右が等しいことに変わりはない。
　式(3)の左辺は、「底と真数が等しい場合には、肩に乗っている数字が地上に下りてくる」というものである。
　以上で、式1-15-2が連続複利収益率を表すことがわかった。

1-5-1-4　連続複利収益率の計算例

　ここで、対数が登場する方程式の解法を思い出すために、式1-12を用いて、連続複利収益率を求める例を示しておく。期初の価格100円が182日後の期末に110円となった場合の、年率化された連続複利収益率を求めると、式1-17のようになる。

■ **式1-17**

$$F = P \times e^{rt} \quad (1)$$

$$S_{182} = S_0 \times e^{rt} \quad (2)$$

$$110 = 100 \times e^{r \times \frac{182}{365}} \quad (3)$$

$$e^{r \times \frac{182}{365}} = \frac{110}{100} \quad (4)$$

$$\log_e e^{r \times \frac{182}{365}} = \log_e \frac{110}{100} \quad (5)$$

$$r \times \frac{182}{365} = \log_e \frac{110}{100} \quad (6)$$

$$r = \log_e \frac{110}{100} \times \frac{365}{182} \quad (7)$$

$$r = 0.09531 \times \frac{365}{182} \qquad (8)$$

$$r = 0.19114(19.114\%) \qquad (9)$$

式(1)は式1-12そのものである。

式(2)は式(1)を、この問題にあう記号に書き換えただけのものである。S_0は期初の価格、S_{182}は182日後の価格、rは求める連続複利収益率、tは年単位の期間である。

式(5)は両辺の対数をとったものである。求めるrがeの肩に乗っていると方程式は解けないので、換言すると、求めるrがべき乗の指数の部分にあると方程式は解けないので、rを地上に下ろすために行ったものである。

よって、式(6)の左辺は、「底と真数が等しい場合には、肩に乗っている数字が地上に下りてくる」ことの結果である。

式(8)の右辺は、対数の部分を関数電卓等で数字にしたものである。以上のようにして、連続複利収益率が求められる。

もちろん、式1-15-2を直接用いて、

$$r_i = \log_e \frac{S_i}{S_{i-1}} \times \frac{1}{t}$$

$$r = \log_e \frac{S_{182}}{S_0} \times \frac{1}{t}$$

$$r = \log_e \frac{110}{100} \times \frac{365}{182}$$

$$r = 0.19114(19.114\%)$$

としても同じことである。

2つの方法から同じ結果が得られるということは、意味を理解していると、式1-15-2は覚える必要がないということである。式1-12は、「現在価値を、金利と期間を用いて変換すると、将来価値になる」という大原則を表す式であり、自然に出てくるものだと思う。よって、式1-12からスタートすれば、式1-15-2を覚えていなくても連続複利収益率を求めることができる。

1-5-1-5　連続複利収益率が用いられる理由

なぜ、金融工学において、連続複利収益率がよく用いられるのであろうか。それは、1-5-1-6において示す連続複利収益率の加法性など、数学的に扱いが簡単であることに加えて、連続複利収益率を用いれば価格が負の値にならないということがある。単利収益率の場合、収益率が－100％よりも絶対値の大きな負の値であると、すなわち、収益率が－100％よりも小さな値であると、価格が負の値になってしまう。

たとえば、当初の価格が100円、1期間の単利収益率が「－1％」であれば、
$$100 \times (1 - 0.01) = 99$$
のように問題ないが、当初の価格が100円、1期間の単利収益率が「－120％」であると、
$$100 \times (1 - 1.20) = -20$$
のように、価格が負の値になってしまう。

連続複利収益率であれば、価格が負の値になることはなく、それぞれ以下である。
$$100 e^{-0.01} \fallingdotseq 99.005$$
$$100 e^{-1.20} \fallingdotseq 30.119$$

このことを図1-14に示す。図1-14の横軸は収益率であり、縦軸は、横軸

図1-14　収益率別の1期後の価格、ただし当初の価格は100円

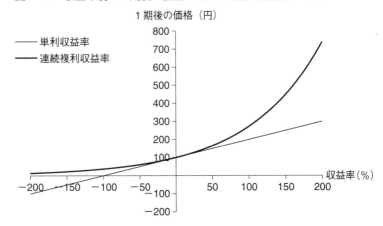

の収益率のそれぞれについて、当初の価格100円が、1期後にいくらになるかを示す。これをみると、連続複利収益率の場合、負の価格は出現しないが、単利収益率の場合は、単利収益率の絶対値が1（＝100％）より大きな負の値だと、負の価格が出現してしまう。負の価格は、現実に即さないので、金融工学では単利収益率ではなく連続複利収益率を用いるのである。

1-5-1-6　連続複利収益率の加法性

ここで「連続複利収益率の加法性」を式1-18に示す。加法性とは足し算できるという意味である。この特性があるので、連続複利収益率は数式中での取扱いが容易になることが多く、金融工学において連続複利収益率が用いられる理由の1つになっている。

▎**式1-18**

$$\log_e \frac{S_T}{S_0} = r_{0 \times T} = r_{0 \times 1} + r_{1 \times 2} + r_{2 \times 3} + \cdots + r_{(T-1) \times T}$$

$r_{i \times j}$：i 時点から j 時点までの連続複利収益率（年率化されていない）

0 ：期初の 0 時点

T ：満期の T 時点

式1-18が表すことは、期初の0時点から満期の T 時点までの連続複利収益率 $r_{0 \times T}$ は、各個別期間の連続複利収益率の和に等しいというものである。

証明は式1-19である。

▎**式1-19**

$$r_{0 \times T} = \log_e \frac{S_T}{S_0} \quad (1)$$

$$= \log_e \left(\frac{S_1}{S_0} \cdot \frac{S_2}{S_1} \cdot \frac{S_3}{S_2} \cdot \cdots \cdot \frac{S_T}{S_{(T-1)}} \right) \quad (2)$$

$$= \log_e \frac{S_1}{S_0} + \log_e \frac{S_2}{S_1} + \log_e \frac{S_3}{S_2} + \cdots + \log_e \frac{S_T}{S_{(T-1)}} \quad (3)$$

$$= r_{0\times 1} + r_{1\times 2} + r_{2\times 3} + \cdots + r_{(T-1)\times T} \qquad (4)$$

S_i：i 時点の資産価格

S_0：期初の 0 時点の資産価格

S_T：満期の T 時点の資産価格

式(2)は、同じ分母と分子をもつ分数、すなわち 1 の掛け算を入れ込んでいるだけである。記号「・」は掛け算を表す。

式(3)は、次の対数法則を思い出す必要がある。

〔対数法則〕

$$\log xy = \log x + \log y$$

この対数法則をワンフレーズで表現すると「対数の掛け算は足し算になる」というものである。これを用いて、掛け算を足し算に変形している。

式(4)は、対数のかたちで表されている連続複利収益率を、r の記号を用いて表しているだけである。これで連続複利収益率の加法性が簡単に証明できた。

連続複利収益率の加法性の具体例を示す。ある資産の 3 日間の価格が表 1-12 のようであったとする。表中の連続複利収益率 r は式 1-15-1、単利収益率 R は式 1-14-1 を用いて計算したものである。

連続複利収益率を用いて、3 日間の運用成績を計算すると、

$$r_{0\times 3} = \log_e \frac{102}{100} = 0.0198 \ (1.98\%) \qquad (1)$$

表 1-12　連続複利収益率の加法性の例

期	価格	連続複利収益率（％）	単利収益率（％）
0	100		
1	104	$r_{0\times 1}=$ 3.922	$R_{0\times 1}=$ 4.000
2	99	$r_{1\times 2}=$ -4.927	$R_{1\times 2}=$ -4.808
3	102	$r_{2\times 3}=$ 2.985	$R_{2\times 3}=$ 3.030
		合計　　1.980	合計　　2.223

となる。一方、3個の日次連続複利収益率の和は、

$$3.922\% - 4.927\% + 2.985\% = 1.980\% \quad (2)$$

となり、(1)と(2)が等しくなる。つまり、連続複利収益率の加法性、

$$r_{0\times3} = r_{0\times1} + r_{1\times2} + r_{2\times3}$$

が成立し、期間3日の連続複利収益率は、3個の日次連続複利収益率の和に等しくなる。

このことは、単利の収益率では成立しない。単利の収益率を用いて、3日間の運用成績を計算すると、

$$R_{0\times3} = \frac{102-100}{100} = 0.0200 \, (2.00\%) \quad (3)$$

となる。一方、3個の単利収益率の和は（四捨五入の誤差あり）、

$$4.000\% - 4.808\% + 3.030\% = 2.223\% \quad (4)$$

となり、(3)と(4)が等しくならない。つまり、

$$R_{0\times3} \neq R_{0\times1} + R_{1\times2} + R_{2\times3}$$

となってしまい、期間3日の単利収益率は、3個の日次単利収益率の和に等しくならない。

少し先走るが、この連続複利収益率の加法性と第5章で述べる中心極限定理を用いると、金融工学においてしばしば用いられる、連続複利収益率が正規分布に従うという仮定が、統計学的にも無理のない仮定であることを容易に示すことができる。このことは第5章5-7の「実務における利用例」にて、解説することとする。

1-5-2　ボラティリティ　その1（定義、計算、視覚化）

1-5-2-1　ボラティリティの定義

金融市場において最も頻繁に用いられる統計学上の概念といえば、ボラティリティ（volatility）であろう。ボラティリティの大まかな解釈としては、「ボラティリティが高いと価格が変動しやすいことを表し、ボラティリティが低いと価格が変動しにくいことを表す」ということでよい。

しかし、統計学を用いれば、もっと深い理解が得られる。ここではいった

ん、本章において解説された統計学の範囲で、ボラティリティについて説明してみたい。第3章の正規分布の解説後の「実務における利用例」においても、ボラティリティが再び登場することになる。

では最初にボラティリティの定義を示す。

◆ボラティリティの定義

　ある資産のボラティリティとは、当該資産の連続複利収益率の標準偏差を年率化した値である。

定義からわかるように、ボラティリティは標準偏差の一種である。しかしボラティリティの定義は標準偏差の定義よりも狭く、標準偏差はデータがなんであろうが標準偏差であるが、ボラティリティはデータが連続複利収益率でなければならず、加えて、年率化されていなければならない。しかし、標準偏差であるからには散らばり度合いを表し、連続複利収益率の散らばり度合いを表す。ボラティリティが大きいほど連続複利収益率の変動性が大きい、つまり、価格の変動性が大きいことを意味する。日次の連続複利収益率を用いて算出されることが多い。

例1-4で求めた株Aの標準偏差は、株価の標準偏差であり、連続複利収益率の標準偏差ではないうえに、年率化も施されていないので、標準偏差ではあるがボラティリティではない。

年率化を行うことは金融市場ではきわめて一般的な市場慣行である。金利が年率化された値で取り扱われるのは、よく知られていることである。たとえば、銀行の3カ月定期預金に100万円を預けたとしよう。金利は1.2％であるとする。この場合の満期の利息額は、

$$1,000,000 \times 0.012 \times \frac{3}{12} = 3,000$$

と計算できる。1.2％は年率化された値なので、預金期間である3カ月にあわせて$\frac{3}{12}$年を乗じているのである。ボラティリティも同様に年率化された値で扱われる。

ボラティリティが、価格そのものの標準偏差ではなく、収益率の標準偏差であることの理由の1つに、収益率にすれば2つの資産の標準偏差が比較可能となることがあげられる。たとえば、価格が数百円の株Cと、価格が数万円の株Dの価格変動性を比較するために、過去の時系列データから価格の標準偏差を計算したとしても、よほど特別な場合を除けば、株Dの標準偏差のほうが、大きな値となるであろう。価格が高いからである。このように、価格の標準偏差は価格の変化幅の散らばり度合いであるから、元の数字の桁数に左右されてしまう。収益率ならばそのようなことはない。

1-5-2-2　ヒストリカル・ボラティリティの計算

　ボラティリティには必ず対応する期間があり、それはたとえば3カ月であったり、1年であったりとさまざまである。それゆえ、金融市場でボラティリティを語る際には、期間3カ月のボラティリティとか、期間1年のボラティリティというように、必ずボラティリティと期間とをペアにして語る。

　また、ボラティリティには、ヒストリカル・ボラティリティ（historical volatility）とインプライド・ボラティリティ（implied volatility）の2種類がある。ヒストリカル・ボラティリティは過去の期間に対応し、インプライド・ボラティリティは将来の期間に対応する。このことからもわかるように、ヒストリカル・ボラティリティは過去の時系列データから計算できるが、インプライド・ボラティリティは将来のデータが未知なので、同様の計算方法で求めることはできない。本章では、ボラティリティという概念の理解を目的として、ヒストリカル・ボラティリティを計算してみる。計算をしてみれば意味するところがわかり、数字の意味はインプライド・ボラティリティも同様である。インプライド・ボラティリティについては、第4章4-4の「実務における利用例」にて解説する。

　ヒストリカル・ボラティリティを、例1-6を用いて計算してみる。

■ 例1-6　ヒストリカル・ボラティリティの計算例

　表1-13の日次為替レートを用いてヒストリカル・ボラティリティを計算する。

表1-13　日次為替レート

何日目	為替レート
1	100.11
2	99.75
3	100.66
4	100.28
5	101.10
6	101.44
7	100.41
8	100.92
9	102.03
10	101.14

表1-14　ヒストリカル・ボラティリティの計算

何日目	為替レート	連続複利収益率(％)	偏差（％）	（偏差）^{2}
1	100.11			
2	99.75	-0.360	-0.474	0.0000225
3	100.66	0.908	0.794	0.0000631
4	100.28	-0.378	-0.492	0.0000242
5	101.10	0.814	0.701	0.0000491
6	101.44	0.336	0.222	0.0000049
7	100.41	-1.021	-1.134	0.0001287
8	100.92	0.507	0.393	0.0000154
9	102.03	1.094	0.980	0.0000961
10	101.14	-0.876	-0.990	0.0000980
	収益率の平均値	0.114％	分散	0.0000627
			標準偏差（年率化前）	0.792％
			ボラティリティ	12.524％

表1-13の数字は為替レートそのものなので、まずこれらの値を連続複利収益率に変換しなければならない。式1-15-1を用いて、日次為替レートを日次連続複利収益率に変換した後、例1-4と同様の方法で、得られた日次連続複利収益率の標準偏差を求める。そして最後に年率化が必要である。表1-14に計算結果を示す。年率化は、次の式1-20を用いて行った。

▍式1-20

ボラティリティ＝年率化前の日次連続複利収益率の標準偏差×$\sqrt{250}$

$\sigma_{1year} = \sigma_{1day} \times \sqrt{250}$

σ_{1year}：年率化された連続複利収益率の標準偏差、すなわち、ボラティリティ

σ_{1day}：日次連続複利収益率の標準偏差

よって、ボラティリティは式1-21のようになった。

▍式1-21

ボラティリティ＝$0.792\% \times \sqrt{250}$
　　　　　　　＝12.524%

日次連続複利収益率を年率化する際には、1年間の営業日の日数である250日等を用いる。市場が開いていない日の市場価格は存在せず、価格が変動しようがないので、市場が開いている日の年間日数を用いるのである。金利の年率化は、土日や祝祭日にも利息はつくので、365日や360日等を用いて、それぞれの金利の慣習に従って行われる。

式1-20のように年率化するにあたり、なぜ250日という期間にルートがつくのかについては、第5章5-7の「実務における利用例」を参照されたい。

1-5-2-3　ボラティリティの視覚化

連続複利収益率の変動性を表すのがボラティリティであると述べたが、ボラティリティの値の大小によって、日次連続複利収益率の変動がどのように

図1-15　ボラティリティが5％の場合の日次連続複利収益率の推移例

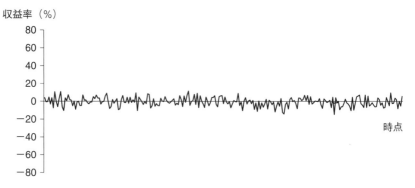

図1-16　ボラティリティが15％の場合の日次連続複利収益率の推移例

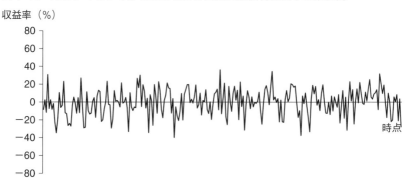

図1-17　ボラティリティが25％の場合の日次連続複利収益率の推移例

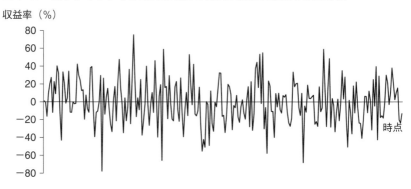

図1-18 ボラティリティが5％の場合の日次連続複利収益率のヒストグラム

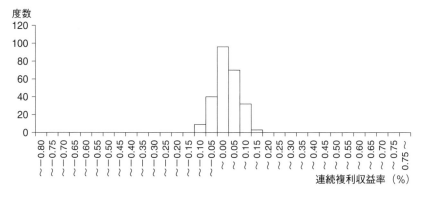

図1-19 ボラティリティが15％の場合の日次連続複利収益率のヒストグラム

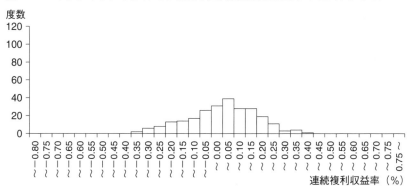

図1-20 ボラティリティが25％の場合の日次連続複利収益率のヒストグラム

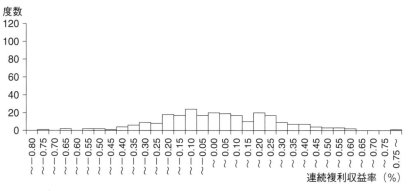

異なってくるのかということをグラフで示してみる。図1-15、図1-16、図1-17は、それぞれボラティリティがおよそ5％、15％、25％の場合の、1年間（250営業日）の日次連続複利収益率（年率化してある値）の推移の例をグラフで示すものである。日次連続複利収益率の平均値はいずれのグラフもおよそ0％である。また、図1-18、図1-19、図1-20には、ヒストグラムも示した。なお、これらの例で用いているデータは正規乱数を発生させて作成しているため、平均値は厳密にはゼロではなく、およそゼロである。またボラティリティも、たとえばボラティリティ5％のグラフのボラティリティは厳密には5％ではなく、およそ5％である。

　時系列グラフをみると、ボラティリティが低いと連続複利収益率の変動幅が小さく、ボラティリティが高いと変動幅が大きいことがわかる。またヒストグラムをみると、ボラティリティが低いと平均値の近傍の頻度が高く、ボラティリティが高いと平均から大きく離れた値の頻度も、ある程度存在するようすがわかる。

1-5-3　2008年の世界的金融危機時の連続複利収益率とヒストリカル・ボラティリティの考察

以下、質問形式にて解説を行う。

質問1：

　ボラティリティは、たとえば10％というように、パーセント（％）を単位として表示されるが、ボラティリティの値が100％を超えることは、理論的にあるのか、ないのか。理由も述べよ。

解答1：

　ボラティリティの値が100％を超えることはありうる。なぜなら、ボラティリティの単位がパーセントであるのは、計算対象である連続複利収益率の単位を引き継いでいるだけのことであって、割合を表すものではないからである。割合を表すものなら最大値は100％であるが、そうではない。

　ボラティリティの計算のもととなる標準偏差の計算方法を思い出してほし

表1-15 ボラティリティが100%超となる計算例

何日目	為替レート	連続複利収益率(%)	偏差（%）	(偏差)^2
1	110.00			
2	115.00	4.445	3.951	0.0015613
3	105.00	−9.097	−9.591	0.0091989
4	110.00	4.652	4.158	0.0017290
5	95.00	−14.660	−15.154	0.0229651
6	115.00	19.106	18.612	0.0346392
7	120.00	4.256	3.762	0.0014153
8	105.00	−13.353	−13.847	0.0191741
9	100.00	−4.879	−5.373	0.0028868
10	115.00	13.976	13.482	0.0181772

	収益率の平均値	0.494%	分散	0.0139684
			標準偏差（年率化前）	11.819%
			ボラティリティ	186.871%

い。分散には、その単位が、元データの単位の2乗となってしまうという欠点があった。そこで、元データの単位に戻すために、分散のルートをとったものが標準偏差であった。よって、標準偏差と元データの単位は等しい。したがって、標準偏差を年率化しただけのボラティリティと元データの単位も等しい。

ある期間に連続複利収益率が大きく変動すれば、ボラティリティの値は理論的にいくらでも大きくなる。表1-15に、ボラティリティが100%を超える場合の計算例を示す。

この例のボラティリティの計算結果は186.871%と100%を大きく超えた。ボラティリティの計算対象である連続複利収益率が−14%〜+19%と、年率化前の日次収益率としてはきわめて大きな数字であったからである。先に表1-14においてボラティリティを計算した際の連続複利収益率がおおむね

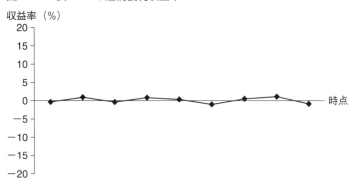

図1-21　表1-14の連続複利収益率

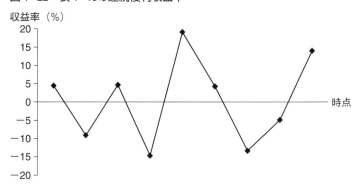

図1-22　表1-15の連続複利収益率

−1％〜＋1％という水準であったことと比べてほしい。比較しやすいように、表1-14と、表1-15の連続複利収益率の時系列グラフを、図1-21と図1-22に示す。

ところで表1-15の日次連続複利収益率の絶対値は、最大のものでも19.106％である。それなのに、ボラティリティは、それよりはるかに大きい186.871％になっている。それはなぜか。その理由は当然に年率化である。この例のように、短期に市場が大きく変動した場合に、その短期間の日次連続複利収益率を用いてヒストリカル・ボラティリティを計算すると、とても大きな値になる。

よって、ヒストリカル・ボラティリティは計算に用いるデータの期間に応じて値が大きく変わることに注意が必要である。たとえば市場に大きな影響を与える事件が発生したために、その後3カ月にわたって市場が乱高下したとする。その乱高下した3カ月の日次連続複利収益率を用いて計算したヒストリカル・ボラティリティは当然にきわめて大きな値となる。しかし3カ月後以降、市場が平常の状態を取り戻したとすると、事件から1年後までの期間の日次連続複利収益率を用いて計算したヒストリカル・ボラティリティは、そこまで大きな値とはならない。

質問2:
現実の金融市場において、ヒストリカル・ボラティリティが100%を超えるという事態は、過去に実際にあったか、なかったか。

解答2:
金融市場において100%超のヒストリカル・ボラティリティが観察されたことは実際にあった。図1-23は、2008年度の日経平均株価指数の時系列データ（time series data）からヒストリカル・ボラティリティを計算して、グラフにしたものである。各ヒストリカル・ボラティリティの値は、当該日の20営業日前から、当該日までの期間1カ月の日次連続複利収益率の標準偏差を年率化したものである。

図1-23　日経平均株価指数のヒストリカル・ボラティリティの時系列グラフ

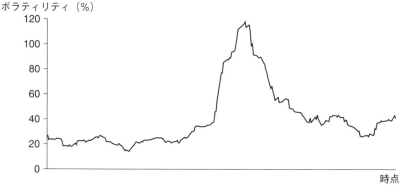

質問3：
　では、このヒストリカル・ボラティリティの急激な上昇の原因はなんであったか。
解答3：
　原因は、いわゆるリーマン・ショックと呼ばれた世界的金融危機であっ

図1-24　日経平均株価指数の日次連続複利収益率の時系列グラフ

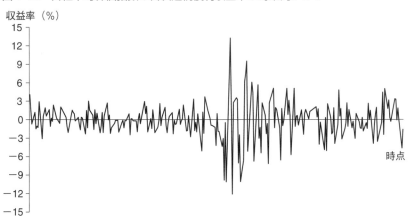

図1-25　日経平均株価指数の日次連続複利収益率のヒストグラム

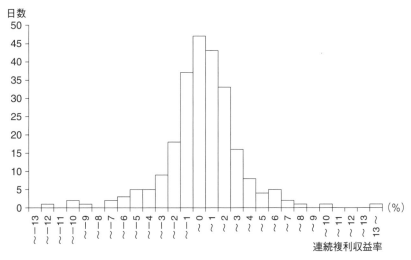

た。その後しばらくの間は株価の乱高下が幾度も観察され、100％超のヒストリカル・ボラティリティが何回か記録された。ヒストリカル・ボラティリティを計算した際に用いた、日次連続複利収益率の時系列グラフを図1-24に、ヒストグラムを図1-25に示した。日次連続複利収益率は年率化していない値である。これらをみると、日次の収益率としてはきわめて大きな値が、ヒストリカル・ボラティリティの100％超えの要因となったことがわかる（注6）。

(注6) このヒストリカル・データのさらなる考察は、第4章4-4の「実務における利用例」参照。

1-6 数学的補足

1-6-1 偏差の和が必ずゼロとなることの証明

$$(x_1 - \bar{x}) + (x_2 - \bar{x}) + (x_3 - \bar{x}) + \cdots + (x_n - \bar{x})$$
$$= (x_1 + x_2 + x_3 + \cdots + x_n) - n\bar{x}$$
$$= (x_1 + x_2 + x_3 + \cdots + x_n) - n \cdot \frac{1}{n}(x_1 + x_2 + x_3 + \cdots + x_n)$$
$$= 0$$

x_i：i番目の観測値　$i = 1, 2, 3, \cdots, n$

$\bar{x}$：標本平均

n：標本の大きさ

1-6-2 標本平均が母平均の不偏推定量であることの証明

以下は第2章、第5章の内容も用いるので、それらを学んだ後に読むのがよいかもしれない。

標本平均$\bar{x}$の期待値は、

$$E[\bar{x}] = E\left[\frac{1}{n}(x_1 + x_2 + x_3 + \cdots + x_n)\right]$$

$$= \frac{1}{n} E[x_1 + x_2 + x_3 + \cdots + x_n]$$

$$= \frac{1}{n}\left(E[x_1] + E[x_2] + E[x_3] + \cdots + E[x_n]\right)$$

ここで、確率変数 $x_1, x_2, x_3, \cdots, x_n$ は同じ母集団から発生したものであるから、その期待値は等しく、母平均 μ である。

$$E[x_1] = E[x_2] = E[x_3] = \cdots = E[x_n] = \mu$$

よって、標本平均の期待値は、

$$= \frac{1}{n}\left(E[x_1] + E[x_2] + E[x_3] + \cdots + E[x_n]\right)$$
$$= \frac{1}{n} \cdot n\mu$$
$$= \mu$$

となる。標本平均の期待値が母平均となったので、標本平均は母平均の不偏推定量である。

1-6-3 標本分散が母分散の不偏推定量であることの証明

以下は第2章、第5章の内容も用いるので、それらを学習したあとに読むのがよいかもしれない。わかりやすさを優先したので、少々長くなった。

n 個の確率変数 $x_1, x_2, x_3, \cdots, x_n$ は同じ確率分布に従う独立な確率変数である。また、母平均 μ と母分散 σ^2 の定義を確認しておくと、それぞれ以下である。

$$\mu = E[x_i]$$
$$\sigma^2 = V[x_i] = E[(x_i - \mu)^2]$$

標本分散 s^2 の期待値を計算し、それが母分散 σ^2 となることを示す。

$$E[s^2] = E\left[\frac{1}{n-1}\sum_{i=1}^{n}(x_i - \bar{x})^2\right]$$

$$= \frac{1}{n-1}E\left[\sum_{i=1}^{n}\left\{(x_i-\mu)-(\bar{x}-\mu)\right\}^2\right]$$

$$= \frac{1}{n-1}E\left[\sum_{i=1}^{n}\left\{(x_i-\mu)^2-2(\bar{x}-\mu)(x_i-\mu)+(\bar{x}-\mu)^2\right\}\right]$$

$$= \frac{1}{n-1}E\left[\sum_{i=1}^{n}(x_i-\mu)^2-2(\bar{x}-\mu)\sum_{i=1}^{n}(x_i-\mu)+n(\bar{x}-\mu)^2\right]$$

$$= \frac{1}{n-1}E\left[\sum_{i=1}^{n}(x_i-\mu)^2-2(\bar{x}-\mu)\left(\sum_{i=1}^{n}x_i-n\mu\right)+n(\bar{x}-\mu)^2\right]$$

$$= \frac{1}{n-1}E\left[\sum_{i=1}^{n}(x_i-\mu)^2-2(\bar{x}-\mu)(n\bar{x}-n\mu)+n(\bar{x}-\mu)^2\right]$$

$$= \frac{1}{n-1}E\left[\sum_{i=1}^{n}(x_i-\mu)^2-2n(\bar{x}-\mu)^2+n(\bar{x}-\mu)^2\right]$$

$$= \frac{1}{n-1}E\left[\sum_{i=1}^{n}(x_i-\mu)^2-n(\bar{x}-\mu)^2\right]$$

$$= \frac{1}{n-1}\left\{E\left[\sum_{i=1}^{n}(x_i-\mu)^2\right]-nE\left[(\bar{x}-\mu)^2\right]\right\}$$

$$= \frac{1}{n-1}\left\{E\left[(x_1-\mu)^2+(x_2-\mu)^2+\cdots+(x_n-\mu)^2\right]-nV\left[\bar{x}\right]\right\}$$

$$= \frac{1}{n-1}\left\{E\left[(x_1-\mu)^2\right]+E\left[(x_2-\mu)^2\right]+\cdots$$
$$+E\left[(x_n-\mu)^2\right]-nV\left[\frac{1}{n}(x_1+x_2+\cdots+x_n)\right]\right\}$$

$$= \frac{1}{n-1}\left\{\sum_{i=1}^{n}E\left[(x_i-\mu)^2\right]-n\cdot\frac{1}{n^2}\left(V[x_1]+V[x_2]+\cdots+V[x_n]\right)\right\}$$

$$= \frac{1}{n-1}\left\{\sum_{i=1}^{n}\sigma^2-n\cdot\frac{1}{n^2}\cdot n\sigma^2\right\}$$

$$= \frac{1}{n-1}\left\{n\sigma^2-\sigma^2\right\}$$

$$= \frac{1}{n-1}(n-1) \cdot \sigma^2$$

$$= \sigma^2$$

となる。標本分散の期待値が母分散となったので、標本分散は母分散の不偏推定量である。

ここで1点注意事項は、不偏分散の正の平方根は不偏標準偏差とはならないことである。よって、本書では「不偏分散」、「不偏分散から求めた標準偏差」という表現を使った。

1-6-4　連続複利の定義式の導出

$$\lim_{n \to \infty} \left(1 + \frac{r}{n}\right)^{n \times t} = e^{rt}$$

r：金利（年率）

n：1年内の複利の頻度

t：期間（年）

上式の左辺から右辺を導く。次の e の定義を用いる。

$$e = \lim_{n \to \infty} \left(1 + \frac{1}{n}\right)^n$$

$$\lim_{n \to \infty} \left(1 + \frac{r}{n}\right)^{n \times t}$$

$$= \lim_{n \to \infty} \left(1 + \frac{r}{n}\right)^{n \times r \times \frac{1}{r} \times t}$$

ここで $\frac{n}{r} = N$ とすると、$n \to \infty$ のとき $N \to \infty$ なので、

$$= \lim_{N \to \infty} \left\{ \left(1 + \frac{1}{N}\right)^N \right\}^{rt}$$

$$= e^{rt}$$

1-7 練習問題

1. 本章で登場した架空のシーソーの考え方を用いて、図1-26のヒストグラムの支点が、平均値に等しいことを手順1〜4に従って確認せよ。架空のシーソーとは、重さのない板の上に、度数に等しい重さの積み木が載っているものである。

手順1：ヒストグラムから平均値を求める。

手順2：仮に支点が平均値に等しいとして、「支点の左側にかかる力」を計算する。

手順3：仮に支点が平均値に等しいとして、「支点の右側にかかる力」を計算する。

手順4：「支点の左側にかかる力」と「支点の右側にかかる力」とが等しくなるので、支点＝平均値で間違いないことを確認する。

ヒント：支点にかかる力は、「積み木の重さ×支点までの距離」である。

図1-26　ヒストグラム

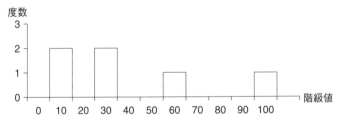

2. 以下の2つのデータについて解答せよ。

　　データA：$\{3, 3, 4, 4, 5\}$

　　データB：$\{3, 3, 4, 4, 80\}$

(1) データAとデータBのそれぞれについて、平均値と中央値を求めよ。

(2) データAとデータBのそれぞれについて、中心の尺度としてどちらが適しているかを、理由とともに述べよ。

3. 「中心の尺度」を考える際に、多くの場合、平均値しか計算しない。中

央値や最頻値も「中心の尺度」であるのに、平均値だけを求めて計算を終了することが多い。これは無意識のうちに、分布がどのようなかたちであると仮定していることになるのか。

4．ある n 個の観測値 $\{x_1, x_2, x_3, \cdots, x_n\}$ の偏差平方和がゼロになるのは、どのような場合か。

5．表1-16のデータA、表1-17のデータBのそれぞれについて、解答せ

表1-16　データA

	データA
1	80
2	90
3	90
4	100
5	100
6	100
7	100
8	110
9	110
10	120

図1-27　データAのヒストグラム

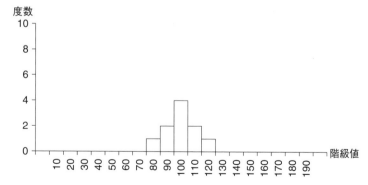

表1-17 データB

	データB
1	10
2	100
3	100
4	100
5	100
6	100
7	100
8	100
9	100
10	190

図1-28 データBのヒストグラム

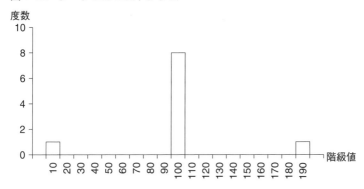

よ。これらは母集団である。ヒストグラムを図1-27と図1-28に示した。

(1) データAの平均値、分散、標準偏差を求めよ。

(2) データBの平均値、分散、標準偏差を求めよ。

(3) データAとデータBとを比較して、標準偏差が散らばりの尺度として機能しているか否かについて論じよ。

6. 標本分散 s^2 の定義式は式1-5-1であるが、式1-6によっても s^2 を計

算できることを述べた。これを確認せよ。

■ 式1-5-1 （再掲）

$$s^2 = \frac{1}{n-1} \sum_{i=1}^{n} (x_i - \bar{x})^2$$

■ 式1-6 （再掲）

$$s^2 = \frac{1}{n-1} \left\{ \sum_{i=1}^{n} x_i^2 - \frac{1}{n} \left(\sum_{i=1}^{n} x_i \right)^2 \right\}$$

すなわち、次の式の左辺から右辺を導けることを確認せよ。

$$\sum_{i=1}^{n} (x_i - \bar{x})^2 = \sum_{i=1}^{n} x_i^2 - \frac{1}{n} \left(\sum_{i=1}^{n} x_i \right)^2$$

7．以下を計算せよ。

(1) 金額1億円を、3.00％の単利で、2年間預金した場合の、満期における元本＋利息の金額を求めよ。小数点以下切捨。

(2) 金額1億円を、3.00％の1年複利で、2年間預金した場合の、満期における元本＋利息の金額を求めよ。小数点以下切捨。

(3) 金額1億円を、3.00％の半年複利で、2年間預金した場合の、満期における元本＋利息の金額を求めよ。小数点以下切捨。

(4) 金額1億円を、3.00％の3カ月複利で、2年間預金した場合の、満期における元本＋利息の金額を求めよ。小数点以下切捨。

(5) 金額1億円を、3.00％の連続複利で、2年間預金した場合の、満期における元本＋利息の金額を求めよ。小数点以下切捨。

8．期初の価格200円が91日後に210円となった。この場合の年率化された連続複利収益率を求めよ。91日を年単位に変換する際には、「$\frac{91日}{365日}$」を用いることとする。

1-8 練習問題の解答

1．

$$\bar{x} = \frac{10 \times 2 + 30 \times 2 + 60 \times 1 + 100 \times 1}{6} = 40$$

$(40-10) \times 2 + (40-30) \times 2 = 80$

$(60-40) \times 1 + (100-40) \times 1 = 80$

「支点の左側にかかる力」と「支点の右側にかかる力」とが等しいので、支点＝平均値で間違いないことが確認できた。

2．

(1) データA：平均値＝3.8、中央値＝4

 データB：平均値＝18.8、中央値＝4

(2) 平均値はすべての観測値の情報を用いて求めるという点で優れているが、外れ値に影響を受けやすいという欠点がある。中央値は観測値の情報を多く捨てているという欠点があるが、外れ値の影響を受けないという利点がある。データAの場合は中心の尺度として、平均値を用いても、中央値を用いてもどちらでもよいが、データBの場合は外れ値があるので、目的にもよるが一般には中央値を用いるほうが適切であろう。

3．無意識に、分布が左右対称であると仮定していることになる。完全に左右対称の分布では、平均値と中央値と最頻値は等しい。

4．すべての観測値が以下のように等しい場合である。

 $x_1 = x_2 = x_3 = \cdots = x_n$

5．

(1) 平均値＝100、分散＝120、標準偏差＝$\sqrt{120}$

(2) 平均値＝100、分散＝1620、標準偏差＝$\sqrt{1620}$

(3) 本章の解説を引用すると、「分散や標準偏差は平均値への集中の度合い、裏を返せば、平均値からの散らばりの度合いを表すものである。通常、平均値の近傍に、より多くの値が集中すると、分散や標準偏差の値は

小さくなる」というものであった。設問のケースでは、観測値の数でいえば、データBはデータAよりも多くの観測値が平均値の近傍に集中しているので、散らばり度合いは小さいともいえる。それにもかかわらず、データBの標準偏差はデータAの標準偏差よりも大きくなっている。よって標準偏差は散らばりの尺度としてうまく機能していない。このように、標準偏差には、ごくわずかの観測値が平均値から極端に離れた位置にあると、値が大きくなってしまうという欠点がある。

6．偏差平方和の部分は以下のように変形できる。

$$\sum_{i=1}^{n}(x_i-\bar{x})^2$$

$$=\sum_{i=1}^{n}(x_i^2-2\bar{x}x_i+\bar{x}^2)$$

$$=\sum_{i=1}^{n}x_i^2-2\bar{x}\sum_{i=1}^{n}x_i+n\bar{x}^2$$

$$=\sum_{i=1}^{n}x_i^2-2\cdot\frac{1}{n}\sum_{i=1}^{n}x_i\cdot\sum_{i=1}^{n}x_i+n\left(\frac{1}{n}\sum_{i=1}^{n}x_i\right)^2$$

$$=\sum_{i=1}^{n}x_i^2-2\cdot\frac{1}{n}\left(\sum_{i=1}^{n}x_i\right)^2+\frac{1}{n}\left(\sum_{i=1}^{n}x_i\right)^2$$

$$=\sum_{i=1}^{n}x_i^2-\frac{1}{n}\left(\sum_{i=1}^{n}x_i\right)^2$$

よって

$$s^2=\frac{1}{n-1}\left\{\sum_{i=1}^{n}x_i^2-\frac{1}{n}\left(\sum_{i=1}^{n}x_i\right)^2\right\}$$

7．

(1) $100,000,000\times(1+0.03\times 2)=106,000,000$

(2) $100,000,000\times(1+0.03)^2=106,090,000$

(3) $100,000,000\times\left(1+\dfrac{0.03}{2}\right)^4=106,136,355$

(4) $100,000,000 \times \left(1 + \dfrac{0.03}{4}\right)^8 = 106,159,884$

(5) $100,000,000 \times e^{0.03 \times 2} = 106,183,654$

8.

$S_{91} = S_0 \times e^{rt}$

$210 = 200 \times e^{r \times \frac{91}{365}}$

$\dfrac{210}{200} = e^{r \times \frac{91}{365}}$

$\log_e \dfrac{210}{200} = \log_e e^{r \times \frac{91}{365}}$

$0.04879 = r \times \dfrac{91}{365}$

$r = 0.04879 \times \dfrac{365}{91}$

$r = 0.19570 \ (19.570\%)$

第 2 章

確率変数、確率分布、「中心の尺度」と「散らばりの尺度」

2-1 確率変数と確率分布

2-1-1　関連用語の解説

2-1-1-1　確率変数と確率

　一般に金融市場に統計的手法を適用する際には、市場価格等を変数ととらえ、その変数がとる値は、母集団内の起こりうる無数の可能性のなかから、1つの値が結果としてたまたま具現化したものであると考える。そして、その変数のとりうる値と、可能性の関係は定まっていて、確率的に記述できるとする。このような場合、その変数を確率変数（random variable）という。

　確率（probability）とは、確率変数がある1つの値をとる、あるいは、確率変数がある範囲の値をとることの起こりやすさを数値で表したものである（注1）。

（注1）　確率の公理を2-6「数学的補足」に記した。

　確率変数と確率の関係をまとめると、変数Xはさまざまな値xをとりうるが、各々のxに、そのxという値をとる確率が対応しているとき、変数Xを確率変数という。

　変数を表す際の大文字と小文字の使い分けであるが、大文字のXを用いる場合はとりうる値全体を示し、小文字のxを用いる場合は、特定の値を示すことが多い。

2-1-1-2　確率関数

　確率変数がある値をとる、あるいは、ある範囲の値をとる確率を示す関数を確率関数（probability function）と呼ぶ。確率関数は、たとえば、$P(X=1)$、$P(1 \leq X \leq 10)$という形式で表される。カッコのなかは事象（event）である。事象とは、「確率変数Xが1の値をとる」とか、「確率変数Xが1以上10以下の範囲の値をとる」などという現象である。よって、たとえば、$P(1 \leq X \leq 10) = 0.2$であれば、「確率変数$X$が1以上10以下の範囲の値をとる確率は0.2である」という意味である。異なる確率関数であることを意識

する場合には $P_X(X)$、$P_Y(Y)$ などと、区別することもある（注2）。

(注2) 確率変数と確率関数についての補足を「数学的補足」に記した。

2-1-1-3 確率質量関数と確率密度関数

確率の値を求める際の計算式を示す関数を、離散型確率変数の場合は確率質量関数あるいは単に確率関数、連続型確率変数の場合は確率密度関数と呼ぶ。「離散型と連続型」は、2-1-3にて解説される。

確率質量関数や確率密度関数は $f(X)$ という形式で表される。カッコのなかは値である。$f(X)$ のようにカッコのなかが大文字であると関数全体を表し、$f(x)$ のようにカッコのなかが小文字であると、ある特定の値 x を関数に代入して計算した結果の値を表す。異なる関数であることを意識する場合には $f(X)$、$g(Y)$、$f_z(Z)$ などと、区別することもある。

2-1-1-4 確率分布

確率変数のすべてのとりうる値について、各値と確率の関係を表すものが確率分布（probability distribution）である。確率分布は、確率変数がどのような確率メカニズムによって発生するかという全体像を、関数 $f(X)$ を用いて表している。また、確率変数 X の発生メカニズムが確率分布によって記述されるとき、X はその確率分布に従うという。確率分布が記述するのは母集団の理論的な姿であり、確率メカニズムによって、たまたま今回、母集団から発生した確率変数の集合が標本である。また、標本平均等の統計量は標本の関数であり、標本ごとに異なる値となるから確率変数である。統計量の確率分布を標本分布（sampling distribution）という。単に確率分布といった場合は、母集団の確率分布を意味する。

以上、確率変数、確率、確率関数、確率質量関数、確率密度関数、確率分布、標本分布について解説した。しかし、これらの名称は厳密には統一されておらず、確率関数を確率分布と呼ぶ、確率質量関数を確率関数と呼ぶなどの例も多いので留意されたい。しかし、デリバティブなどに比べれば、統計学の用語使いは、はるかに整っているということも、ここに述べておく（注3）。

(注3) P、f 等の記号使いについて、さらに「数学的補足」にまとめた。

2-1-2 簡単な確率変数と確率分布の例

簡単な確率変数と確率分布の例を、例2-1に示す。

■ 例2-1　2個のサイコロの目の和の確率分布

2個の公平なサイコロAとBを振って得られる、2つの目の和を確率変数とする。サイコロという単純なものであるので、理論的な確率分布は表2-1を数えれば容易に得られる。確率分布を表2-2に、それをグラフにしたものを図2-1に示す。図2-1のように、横軸に確率変数を列挙し、各確率変数に対応する$f(x)$を、線の長さで表したグラフを確率線図と呼ぶ。

この確率分布は理論的に導かれるものであり、確率変数Xがxという値をとる確率$f(x) = P(X=x)$を示している。$f(x)$は必ずゼロ以上の値であり、$f(x)$の合計は、起こりうるすべての場合の確率の合計であるから必ず1である。

いま、2つのサイコロを振って得られた目の和が3であったとする。ちな

表2-1　2個のサイコロの目の和

表中の数字は目の和		サイコロB					
		1	2	3	4	5	6
サイコロA	1	2	3	4	5	6	7
	2	3	4	5	6	7	8
	3	4	5	6	7	8	9
	4	5	6	7	8	9	10
	5	6	7	8	9	10	11
	6	7	8	9	10	11	12

表2-2　2個のサイコロの目の和の確率分布

x	2	3	4	5	6	7	8	9	10	11	12
$f(x)$	$\frac{1}{36}$	$\frac{2}{36}$	$\frac{3}{36}$	$\frac{4}{36}$	$\frac{5}{36}$	$\frac{6}{36}$	$\frac{5}{36}$	$\frac{4}{36}$	$\frac{3}{36}$	$\frac{2}{36}$	$\frac{1}{36}$

図2-1　2個のサイコロの目の和の確率分布——確率線図

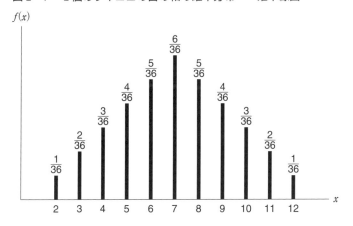

みに確率分布から、確率は$f(3) = P(X = 3) = \frac{2}{36}$であることがわかる。繰り返しになるが、その得られた$X = 3$は、確率メカニズムによって今回たまたま得られた結果であり、$X = 7$などの異なる結果となる可能性もあったわけである。その可能性の全体像、すなわち、今回発生した事象の背後に存在する確率メカニズム全体を記述するものが確率分布である。確率分布は起こりうるすべてのxに対して、確率を割り当てており、母集団の姿を記述する。

2-1-3　離散型確率変数と連続型確率変数

　ここで離散型確率変数と連続型確率変数を解説する。例2-1のように、確率変数のとりうる値が$\{2, 3, 4, \cdots, 12\}$と飛び飛びの値である場合、その確率変数を離散型確率変数（discrete random variable）と呼ぶ。離散型確率変数が、ある値をとる確率は、確率質量関数（probability mass function）、あるいは単に確率関数（probability function）とも呼ばれる関数によって表される（注4）。また、すべての離散型確率変数の起こりうる場合について、確率変数と確率の関係を示すものが離散型確率分布（discrete probability distribution）である。

（注4）　2-6の「数学的補足」参照。

離散型確率変数がとる飛び飛びの値は、整数でなくとも実数であればよい。たとえば、確率変数を2個のサイコロの目の和ではなく、2個のサイコロの目の平均値とした場合でも、この確率変数は離散型である。確率変数のとりうる値は飛び飛びの値であり、$\{1.0, 1.5, 2.0, 2.5, 3.0, 3.5, 4.0, 4.5, 5.0, 5.5, 6.0\}$と列挙することができ、その数も11個と数えられる。まとめると、離散型確率変数は有限個、もしくは無限個であっても数えることができ、そのとりうる値は$\{x_1, x_2, x_3, \cdots\}$と列挙できる。この場合の「列挙できる」とは、必ずしも全部を列挙できなくともよい。無限個であれば全部を列挙できないのは当然であり、「列挙できる」とは少なくとも確率変数の一部は順に並べてみせることができるという意味である。

　離散型に対する概念として連続型がある。離散型確率変数のとりうる値が飛び飛びの点であったのに対し、連続型確率変数（continuous random variable）のとりうる値は、区間内のすべての点である。連続型確率変数の確率は確率密度関数（probability density function）によって表される。また、すべての連続型確率変数の起こりうる場合について、確率変数と確率の関係を示すものが連続型確率分布（continuous probability distribution）である。

　たとえば1から6の間の区間のすべての実数値をとる連続型確率変数を考えてみる。連続型であるので、1の次は2ではなく、1.1でもなく、1.11でもなく、どんな細かい小数の値でもとることができる。よって、連続型確率変数のとりうる値は無限個であり、個数を数えることは不可能である。また、$\{x_1, x_2, x_3, \cdots\}$と列挙することもできない。たとえば、1から昇順に実数を列挙しようとしても、1の次は1.1でもなく、1.11でもなく、どんな細かい小数の値でもとることができるので、1の次にくる値すら列挙してみせることができない。

　連続型確率変数の典型的な例は、長さ、重さ、時間のように、いくらでも細かく測ることができるものである。金融市場における価格も、一般に連続型確率変数であるとして扱われる。価格付け（quotation）の最小単位には市場ごとの慣行があり、たとえば日本株であれば1円、米ドル対日本円為替

レートであれば通常は小数点以下第2位までと、厳密には連続型ではないが、連続型としたほうが取扱いが簡単な場合が多いので、連続型として扱われる。またデリバティブ理論等においては特に、価格そのものよりも連続複利収益率を取り扱うことのほうが多いので、その点からも連続型確率変数がよく登場する。

2-1-4　確率分布のグラフ

　例2-1の場合は、確率分布を図2-1に示したような確率線図で表すことができた。しかし、これは確率変数が離散型であり、かつ確率変数のとりうる値が11個という少ない数に限られているからこそ可能となる、むしろ特殊なケースである。一般に確率分布は、離散型確率分布であれば、これから解説する確率ヒストグラムを用いて、連続型確率分布であれば曲線のグラフを用いて図示される。

　そして、これらの確率分布のグラフには独特の「見方」が存在する。筆者の研修講師の経験によれば、その見方、特に連続型確率分布の見方が、多くの研修受講者が越えなければならないハードルとなるようである。そこで本書では、その見方を特に丁寧に解説してみたい。そのためにまず確率ヒストグラムというものを解説する。そして、その確率ヒストグラムの階級幅を徐々に狭くしていくと、最終的には連続型確率分布の曲線のグラフが得られ、それら2つのグラフは階級幅を変えただけのものであるから、確率分布の見方は共通であるということを示す。

　確率ヒストグラム（確率柱状図）（probability histogram）とは、確率と階級値の関係を示すヒストグラムであり、標本ではなく母集団の姿を表すものである。第1章で解説されたヒストグラムは、標本についての、度数と階級値の関係を示すものであり、確率ヒストグラムとは異なるものである。度数のヒストグラムのことを、通常は単にヒストグラムと呼ぶが、特に区別したい場合には絶対度数ヒストグラム（absolute frequency histogram）と呼ぶ。また、相対度数と階級値の関係を示すヒストグラムもあり、相対度数ヒストグラム（relative frequency histogram）と呼ばれる。相対度数ヒスト

グラムについては後述する。

　ここで特筆すべきは、確率ヒストグラムは各柱の規格化（normalization）された面積が確率に等しくなるように描かれなければならないということである。規格化された面積とは、図形の物理的な面積のことではなく、確率分布における図形の全面積の合計を1とみなした場合の、相対的な面積のことである。離散型確率分布の確率ヒストグラムであれば、すべての柱の面積の合計を1とみなした場合の相対的な面積、連続型確率分布の曲線であれば、曲線と横軸に狭まれたエリアの全面積を1とみなした場合の相対的面積のことである。

　この解説のみであると、なぜ規格化された面積（以降、単に「面積」）が確率を表すようにしなければならないのかが、イメージしにくいと思うので、例2-2の具体例を用いて説明する。

■ 例2-2　確率変数が－5から＋5までの値をとる確率分布

　確率変数が－5から＋5の間の実数値をとる確率分布を考える。まず図2-2に示すように、階級幅を1とし、横軸を階級値、縦軸を確率として確

図2-2　正しくない確率ヒストグラム：階級幅1

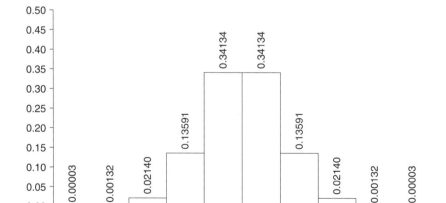

＊各柱のラベルは縦軸の値を示す。

率ヒストグラムを作成してみる。実はこれは正しい確率ヒストグラムではない。先に述べたように、縦軸を確率とするのではなく、柱の面積を確率とするのが正しい。ここでは、このように縦軸を確率としてしまうと、どのような不都合が生じるのかを目の当たりにするために、あえていったん、正しくない確率ヒストグラムを作成する。ここで階級値とは、第1章で解説したように、当該階級の上限値と下限値の算術平均である。

図2-2は、各階級の柱の高さが確率を示すものとして作成してあるので、たとえば確率変数が0から1の間の値をとる確率は、階級値0.5の柱の高さであり、0.34134と読める。

次に同じ確率分布について、階級幅を0.5と狭くして確率ヒストグラムを作成してみる。これを図2-3に示す。

さらに、同じ確率分布について、階級幅を0.25と一段と狭くして確率ヒストグラムを作成してみる。これを図2-4に示す。

図2-3 正しくない確率ヒストグラム：階級幅0.5

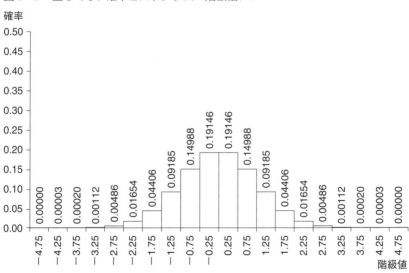

＊各柱のラベルは縦軸の値を示す。

図2-4　正しくない確率ヒストグラム：階級幅0.25

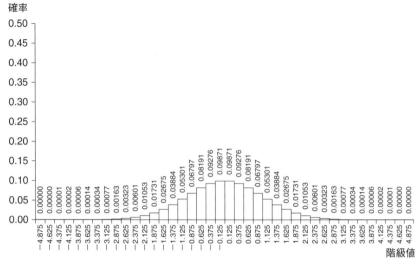

＊各柱のラベルは縦軸の値を示す。

　これらをみると、階級幅を狭くするたびに、柱の総面積が小さくなっていくことがわかる。その理由は、柱の高さが確率だけに依存して決まり、階級幅が柱の高さを決めるにあたって、まったく考慮されていないからである。これでは、階級幅を狭くすれば、その階級に個別の確率変数が入る確率が小さくなるのは当然であるから、柱の高さはどんどん低くなっていってしまう。よって、確率ヒストグラムの階級幅を徐々に狭くしていって最終的に連続型確率分布の曲線のグラフを得るという今回の目的が達成できない。階級幅を極限まで狭くすると、グラフが横軸とほとんど同化するほど小さくなってしまうからである。

　ではどのようにすればよいか。答えはすでに述べてある。縦軸が確率を表すのではなく、柱の面積が確率を表すようにすればよい。

　やってみよう。そのためには縦軸を何にすればよいか。柱の面積が確率、すなわち、

　　　底辺×高さ＝確率

となるようにすればよいのであるから、式を変形して、

$$\text{高さ} = \frac{\text{確率}}{\text{底辺}}$$

つまり、

$$\text{高さ} = \frac{\text{確率}}{\text{階級幅}}$$

となるようにすればよい。高さをこのように変更して作成したヒストグラムを、図2-5、図2-6、図2-7に示す。これらが正しい確率ヒストグラムである。階級幅は、それぞれ1.0、0.5、0.25である。たとえば図2-6の階級値0.25の柱の高さは、

$$\text{高さ} = \frac{\text{確率}}{\text{階級幅}} = \frac{0.19146}{0.50} = 0.38292$$

というように計算されたものである。今回は解説のために、これらの値をグラフのラベルとして明記したが、通常は明記されない。

図2-5 正しい確率ヒストグラム：階級幅1

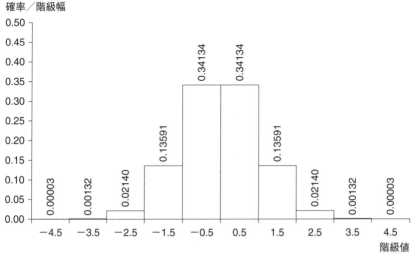

＊各柱のラベルは縦軸の値を示す。

図2-6　正しい確率ヒストグラム：階級幅0.5

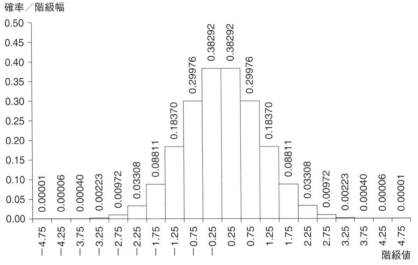

＊各柱のラベルは縦軸の値を示す。

図2-7　正しい確率ヒストグラム：階級幅0.25

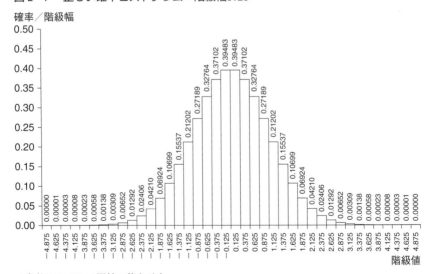

＊各柱のラベルは縦軸の値を示す。

このように、縦軸を「確率／階級幅」とすれば、柱の総面積が小さくならないことが確認できた。

　では次に、柱の面積が本当に確率を表しているのかを確認するために、3つの確率ヒストグラムから、たとえば確率変数が0から1の範囲に入る確率を読み取ってみる。3つの確率ヒストグラムは階級幅を変えているだけで、同じ確率分布を表すものであるから、グラフが正しく作成されていれば、同じ値が得られるはずである。

　階級幅1の確率ヒストグラムにおいては、確率変数が0から1の範囲に入る確率は、階級値0.5という、1つの柱の面積によって表されるので、

　　確率＝階級幅×高さ＝1×0.34134＝0.34134

となる。

　階級幅0.5の確率ヒストグラムにおいては、確率変数が0から1の範囲に入る確率は、階級値0.25と階級値0.75の2つの柱の面積の合計なので、

　　確率＝0.5×0.38292＋0.5×0.29976＝0.34134

となる。

　階級幅0.25の確率ヒストグラムにおいては、確率変数が0から1の範囲に入る確率は、階級値0.125と階級値0.375と階級値0.625と階級値0.875の4つの柱の面積の合計なので、

　　確率＝0.25×(0.39483＋0.37102＋0.32764＋0.27189)＝0.34134

となる。ただし、四捨五入の丸めによる誤差はある。

　3つのグラフから同じ確率が得られ、確率ヒストグラムの面積が確率を表していることが確認できた。同様にすれば、すべての柱の面積の合計が1となることも確認できる。

　図2-7からさらに階級幅を狭くしていくと、最終的にはグラフが、滑らかな曲線となることは容易に想像がつくであろう。図2-8は、図2-7の確率ヒストグラムの上に、階級幅を限りなく小さくしていった場合の極限である曲線のグラフを重ねて表示したものである。この曲線が、連続型の確率分布である。ただし、連続型確率分布としては、縦軸と横軸の軸ラベルが正しく表示できていないので、正しく表示したものを図2-9に示す。

図2-8　確率ヒストグラムと連続型確率分布

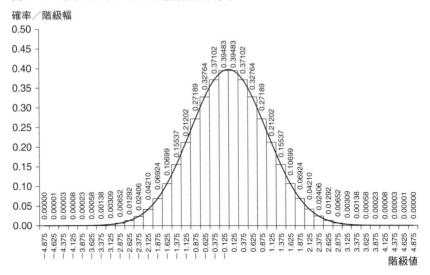

図2-9　連続型確率分布

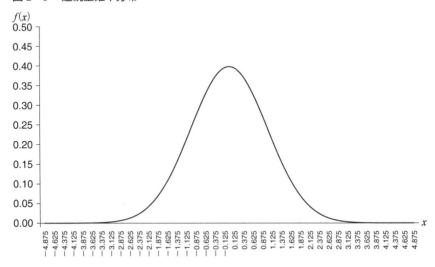

　図2-5、図2-6、図2-7の確率ヒストグラムにおいて確率変数が0と1の範囲に入る確率をみたが、今度はこの連続型確率分布において確率変数

図2-10 確率変数が0と1の間に入る確率

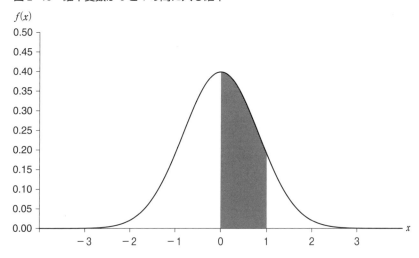

が0から1の範囲に入る確率をみると、それは図2-10の網掛けエリアの面積で表される。ここでは確率を図で示すのみになるが、第3章において、数学を使わずに、およその値を得る方法が解説される(注5)。

(注5) 網掛けエリアの示す確率の求め方は、2-6の「数学的補足」も参照されたい。

研修講師からの応援メッセージ5

◆連続型確率分布のグラフの縦軸 $f(x)$ の意味

研修を行っていると、「連続型確率分布のグラフの縦軸である $f(x)$ は何を意味するのですか」という質問をしばしば受ける。それに対する回答は、「横軸上の連続的な各点に対応する、曲線の位置を示すものにすぎない」である。

確率ヒストグラムにおいても、縦軸が表すものは「確率/階級幅」であり、たとえば「確率」といったような、わかりやすい概念を表すものではなかった。連続型確率分布も同様に、縦軸がわかりやすい概念を表すものではなく、グラフの線の位置取りを指定するにすぎない。繰り返しになるが、いかなる確率分布であっても、そのグラフの見方は共通であり、図形の面積が確率を

表す。したがって、確率密度関数のグラフの縦軸に「確率」と表示されているのは誤りであり、これに混乱させられてはならない。「$f(x)$」、もしくは、「確率密度」とされるべきである。

確率分布のグラフの見方についての質問が多いことから、本稿では縦軸とグラフについて、特に詳しく解説してみた。要は慣れの問題である。「規格化された面積が確率」ということに慣れることである。

確率ヒストグラムの説明が終わったので、先に確率線図を用いて図2-1に示した表2-2の確率分布を、図2-11に確率ヒストグラムを用いて示しておく。面積が確率を表すのは確率ヒストグラムである。線には横幅がないので、確率線図では面積が計算できない。以上のことから、「いかなる確率分布も図形の規格化された面積が確率を表す」というフレーズにおける「確率分布」は、確率ヒストグラムと確率密度関数の曲線のグラフを意味する。

2-1-5 相対度数ヒストグラム

母集団について確率ヒストグラムが果たす役割と同様のことを、標本につ

図2-11　2個のサイコロの目の和の確率分布－確率ヒストグラム

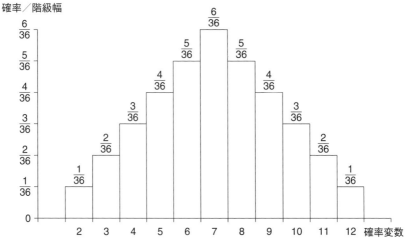

いてはこれから説明する規格化相対度数ヒストグラムが果たす。確率ヒストグラムの面積が確率を表すのに対し、規格化相対度数ヒストグラムの面積は相対度数を表す。

第1章において、例1-1の日次収益率のデータを用いて、表1-2の度数分布表と図1-1のヒストグラムを作成した。図1-1の縦軸は、「度数」であった。ここでは同じ例1-1のデータを用いて、規格化相対度数ヒストグラムを作成する。縦軸は「相対度数／階級幅」となる。柱の総面積が、相対度数の合計である1に等しくなるように、規格化されているわけである。

表1-2の度数分布表を再掲し、その相対度数をもとに作成した規格化相対度数ヒストグラムを図2-12に示す。階級幅は2を用いた。

グラフ中の柱の面積の合計が1になることは以下のように容易に確認できる。柱の面積が、

$$柱の面積 = 底辺 \times 高さ = 階級幅 \times \frac{相対度数}{階級幅} = 相対度数$$

であるから、すべての柱の面積の合計は、相対度数の合計なので1になる。

表1-2　120営業日の収益率の度数分布表（再掲）

階級番号	階級 （単位：％）	階級値 （単位：％）	度数	累積度数	相対度数	累積相対度数
1	$-8 \sim -6$	-7	1	1	0.008	0.008
2	$-6 \sim -4$	-5	4	5	0.033	0.042
3	$-4 \sim -2$	-3	6	11	0.050	0.092
4	$-2 \sim 0$	-1	26	37	0.217	0.308
5	$0 \sim 2$	1	48	85	0.400	0.708
6	$2 \sim 4$	3	23	108	0.192	0.900
7	$4 \sim 6$	5	8	116	0.067	0.967
8	$6 \sim 8$	7	3	119	0.025	0.992
9	$8 \sim 10$	9	1	120	0.008	1.000
合計			120		1.000	

図2-12 階級幅2の規格化相対度数ヒストグラム

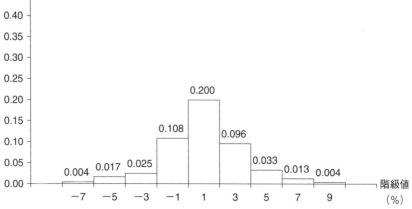

図2-13 階級幅1の規格化相対度数ヒストグラム

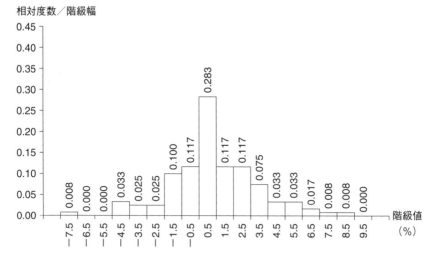

比較のために、同じデータを用いて、階級幅を1として作成した度数分布表と規格化相対度数ヒストグラムをそれぞれ、表2-3、図2-13に示す。同様に、柱の面積が相対度数を表すことが確認できる。また、階級幅を狭くしても、柱の総面積が小さくならないことも確認できる。

表2-3 階級幅1で作成した度数分布表

階級番号	階級 (単位：％)	階級値 (単位：％)	度数	累積度数	相対度数	累積相対度数
1	$-8\sim-7$	-7.5	1	1	0.008	0.008
2	$-7\sim-6$	-6.5	0	1	0.000	0.008
3	$-6\sim-5$	-5.5	0	1	0.000	0.008
4	$-5\sim-4$	-4.5	4	5	0.033	0.042
5	$-4\sim-3$	-3.5	3	8	0.025	0.067
6	$-3\sim-2$	-2.5	3	11	0.025	0.092
7	$-2\sim-1$	-1.5	12	23	0.100	0.192
8	$-1\sim 0$	-0.5	14	37	0.117	0.308
9	$0\sim 1$	0.5	34	71	0.283	0.592
10	$1\sim 2$	1.5	14	85	0.117	0.708
11	$2\sim 3$	2.5	14	99	0.117	0.825
12	$3\sim 4$	3.5	9	108	0.075	0.900
13	$4\sim 5$	4.5	4	112	0.033	0.933
14	$5\sim 6$	5.5	4	116	0.033	0.967
15	$6\sim 7$	6.5	2	118	0.017	0.983
16	$7\sim 8$	7.5	1	119	0.008	0.992
17	$8\sim 9$	8.5	1	120	0.008	1.000
18	$9\sim 10$	9.5	0	120	0.000	1.000
			120		1.000	

2-1-6　確率分布のグラフの見方のまとめ

　離散型確率変数の確率ヒストグラムと、連続型確率変数の曲線のグラフに共通な、「確率分布のグラフの見方」をまとめると次のようになる。

◆確率分布のグラフの見方
(1) 確率分布の横軸は、起こりうるすべての場合、すなわち確率変数のとりうる値すべてを表している。

　離散型確率変数：確率ヒストグラムの階級幅が1である場合には、まさに確率変数のとりうる値が横軸に列挙されている。階級幅が1ではない場合には階級値が、その階級に入る確率変数を代表して表している。

　連続型確率変数：目盛は付されていなくとも、横軸上の連続な点のすべてが確率変数のとりうる値を表している。

(2) 図形の規格化された面積が確率を表す。
規格化とは、確率分布の総面積を1とみなすことである。

　離散型確率変数：確率ヒストグラムの柱の規格化された面積が確率を表す。たとえば図2-5、図2-6、図2-7の例では、確率変数が0と1の間の値をとる確率は、0と1の間にある、すべての柱の規格化された面積の合計であった。

　連続型確率変数：曲線と横軸に挟まれたエリア（領域）の規格化された面積が確率を表す。たとえば図2-10の例では、確率変数が0と1の間の値をとる確率は、0と1の間で、曲線と横軸に挟まれたエリア（網掛けエリア）の規格化された面積であった。

2-2　確率変数の期待値

2-2-1　離散型確率変数の期待値

すでに述べたように、すべての確率変数について、確率変数が母集団か

ら、どのような確率メカニズムによって発生するのかを記述するのが確率分布である。そして、確率分布は母数あるいはパラメータと呼ばれる分布を特徴づける定数をもつ。ここでは、離散型確率分布のパラメータのうち、中心の尺度である期待値（expected value）を解説する。確率変数 X の期待値は母平均とも呼ばれる。期待値という場合は $E[X]$、母平均という場合は μ という記号が用いられる。

期待値という概念をワンフレーズで表せば、「確率変数の、確率をウェイトとした加重平均」となる。別の表現では、「結果に確率を掛けた総和」ともいえる。例 2-1 の 2 個のサイコロの目の和の確率分布の期待値を求めてみよう。「結果に確率を掛けた総和」であるから、すべての起こりうる結果に確率を掛けて足せばよい。よって期待値 $E[X]$ は、各サイコロの目の和の値に、各々が発生する確率を乗じた値の総和であり、式 2-1 のようになる。

■ 式 2-1

$$E[X] = 2 \times \frac{1}{36} + 3 \times \frac{2}{36} + 4 \times \frac{3}{36} + 5 \times \frac{4}{36} + 6 \times \frac{5}{36} + 7 \times \frac{6}{36}$$
$$+ 8 \times \frac{5}{36} + 9 \times \frac{4}{36} + 10 \times \frac{3}{36} + 11 \times \frac{2}{36} + 12 \times \frac{1}{36} = 7$$

期待値は 7 と計算できた。ここでは計算して期待値を求めたが、期待値は確率分布の中心の位置、すなわち重心を示すものなので、左右対称の確率分布であれば計算するまでもなく、グラフの中心が期待値である。

離散型確率変数の期待値の定義式を式 2-2 にまとめておく。

■ 式 2-2

X が、$x_1, x_2, x_3, \cdots, x_n$ の値を、それぞれ確率 $f(x_1), f(x_2), f(x_3), \cdots, f(x_n)$ でとる離散型確率変数であるとき、以下の $E[X] = \mu$ が、X の期待値である。

$$E[X] = \mu = \sum_{i=1}^{n} x_i f(x_i)$$
$$= x_1 \times f(x_1) + x_2 \times f(x_2) + x_3 \times f(x_3) + \cdots + x_n \times f(x_n)$$

無限個の離散型確率変数である場合、定義式は無限和となる。本書では原則として有限個の場合の定義式のみを示すが、無限個の場合も同様に考えればよい。

ところで第1章において、度数分布表の階級値から標本平均を計算した際の計算式が式1-3であった。式1-3を再掲する。

■ **式1-3**（再掲）

$$\bar{x}' = \sum_{j=1}^{m} x_j' \times \frac{f_j}{n}$$

$\bar{x}'$：階級値から計算した標本平均
x_j'：第 j 階級の階級値　$j = 1, 2, 3, \cdots, m$
f_j：第 j 階級の度数
n ：標本の大きさ
m ：階級数

式2-2と、式1-3を比較すると、式の基本的なかたちがよく似ていることがわかる。式2-2の確率変数を階級値に変え、確率を相対度数に変えると、式1-3になる。このことから、確率ヒストグラムの母平均 $\mu = E[X]$ が母集団の重心を表し、相対度数ヒストグラムの標本平均 $\bar{x}'$ が標本の重心を表すという対応関係がわかる。このような対応関係は、先ほどの確率ヒストグラムの面積と、規格化相対度数ヒストグラムの面積の間でもみられた。このことを活用して、母集団を理解する際に、標本における対応物とあわせて理解するのも1つの方法かもしれない。標本のほうが具体的である分だけイメージがつかみやすいので、母集団という抽象的なものの理解の助けにな

ることがある。

2-2-2 連続型確率変数の期待値

離散型確率変数の期待値を解説したが、確率変数が連続型であっても本質的な差異はない。ただ、連続型確率変数は連続的な点であり、列挙することができないため、確率変数の一つひとつについて順に確率を乗じて足すという離散型確率変数において用いた方法をとることができない。よって、連続型確率変数の期待値の定義式は、式2-3のようになる。

■ 式2-3

連続型確率変数 X が、確率密度関数 $f(x)$ に従うとき、以下の $E[X] = \mu$ が、X の期待値である。

$$E[X] = \mu = \int_{-\infty}^{\infty} x f(x) dx$$

この式は、離散型確率変数の期待値を求める場合と同様に「結果に確率を掛けた総和」を行っているだけなのだが、起こりうる結果が連続な点であるために、積分を用いている。ちなみに積分とは、関数のグラフにおける曲線と横軸に挟まれたエリアの面積を計算するものであり、式2-3においては、

$$\int_{-\infty}^{\infty} f(x) dx$$

が面積を計算する部分である。式2-3には x も登場しているが、これは x を乗じているからである。面積の部分は再三述べているように確率である。よって離散型の場合の計算式は、各確率変数に確率を掛けてから足しているということがよくわかるが、連続型の場合も同様のことを行っていると考えればよい。

2-2-3 確率変数の関数の期待値

X が確率変数である場合、X の関数 $g(x)$ も確率変数である。例2-3のサイコロゲームAを用いて、X の関数 $g(x)$ の期待値を確認しておく。

▌例 2-3　サイコロゲーム A

サイコロゲーム A は、参加者が 1 個の公平なサイコロを振り、出た目が x であった場合に、「$g(x) = 100x + 20$」円の賞金をもらうゲームである。

このゲームの賞金の期待値を計算する。期待値は起こりうる場合の各々についての「結果に確率を掛けた総和」であるから、式 2-4 のようになる。

▌式 2-4

$$E[g(x)] = E[100x + 20]$$
$$= (100 \times 1 + 20) \times \frac{1}{6} + (100 \times 2 + 20) \times \frac{1}{6}$$
$$+ (100 \times 3 + 20) \times \frac{1}{6} + (100 \times 4 + 20) \times \frac{1}{6}$$
$$+ (100 \times 5 + 20) \times \frac{1}{6} + (100 \times 6 + 20) \times \frac{1}{6} = 370$$

一般に、離散型確率変数 X の確率分布を $f(x)$ とした場合、X の関数 $g(X)$ の期待値は式 2-5 で求められる（注 6）。

（注 6）　連続型確率変数の関数の期待値は 2-6「数学的補足」参照。

▌式 2-5

X が、$x_1, x_2, x_3, \cdots, x_n$ の値を、それぞれ確率 $f(x_1), f(x_2), f(x_3), \cdots, f(x_n)$ でとる離散型確率変数であるとき、以下の $E[g(X)]$ が、関数 $g(X)$ の期待値である。

$$E[g(X)] = \sum_{i=1}^{n} g(x_i) f(x_i)$$
$$= g(x_1) f(x_1) + g(x_2) f(x_2) + \cdots + g(x_n) f(x_n)$$

2-2-4　確率変数の期待値の性質

例 2-3 においては、サイコロゲーム A の期待値を定義どおりに計算し、

370という値を得た。ここで、例2-4に示すサイコロゲームBの賞金の期待値を式2-6で計算してみる。

■ 例2-4　サイコロゲームB

サイコロゲームBは、参加者が1個の公平なサイコロを振り、出た目がxであった場合に、「x」円の賞金を貰うゲームである。

■ 式2-6

$$E[X] = 1 \times \frac{1}{6} + 2 \times \frac{1}{6} + 3 \times \frac{1}{6} + 4 \times \frac{1}{6} + 5 \times \frac{1}{6} + 6 \times \frac{1}{6} = 3.5$$

すると気づくのは、例2-3のサイコロゲームAの賞金を計算する関数、$g(x) = 100x + 20$のxに、式2-6で計算したXの期待値$E[X] = 3.5$を代入してみると、

$$100 \times E[X] + 20 = 100 \times 3.5 + 20 = 370$$

となり、$g(x)$の期待値が得られることである。期待値には、このように線型変換について、次の式2-7の性質がある。線型変換とは一次式で表される変換という意味である。この期待値の性質は確率変数が離散型であっても連続型であっても成立する（注7）。

（注7）　証明は「数学的補足」参照。

◆確率変数の期待値の性質

■ 式2-7

$$E[aX + b] = aE[X] + b$$

特別な場合として、以下が得られる。

$a = 0$のときは、$E[b] = b$

$b = 0$のときは、$E[aX] = aE[X]$

第2章　確率変数、確率分布、「中心の尺度」と「散らばりの尺度」

2-3 確率変数の分散と標準偏差

2-3-1 確率変数の分散と標準偏差の定義と計算例

確率分布のパラメータのうち、中心の尺度である期待値を解説したが、本節では散らばりの尺度である分散と標準偏差を解説する。母集団の分散は、母分散と呼ばれ $V[X]$ あるいは σ^2 という記号で表される。母集団の標準偏差は母標準偏差と呼ばれ σ という記号で表される。

母集団の分散や標準偏差も、その意味するところは第1章で解説した標本の分散や標準偏差と同じであり、確率変数がその期待値＝平均値からどれほど散らばっているかを表す。意味が同じであるので、母集団の分散や標準偏差を計算する際の考え方も、標本の分散や標準偏差を計算する際の考え方と共通である。各確率変数が、確率変数の平均からどれだけ隔たっているかを表す偏差を計算し、すべての偏差を正の値に変換するために2乗し、最後に平均的な値を求めたものが分散である。ワンフレーズでいえば「偏差の2乗の期待値」が分散である。平均からの距離がマイナスであろうがプラスであろうが、平均から離れた値が多いほど、分散や標準偏差の値は大きくなるという考え方のもとに定義された概念である（注8）。離散型確率変数の場合の定義式を式2-8に、連続型確率変数の場合の定義式を式2-9に示す。

（注8）　分散や標準偏差が、散らばりの度合いを適切に表しているとはいえないケースもあるということを第1章において述べ、第1章には関連の練習問題を入れた。

■ 式2-8

X が、$x_1, x_2, x_3, \cdots, x_n$ の値を、それぞれ確率 $f(x_1), f(x_2), f(x_3), \cdots, f(x_n)$ でとる離散型確率変数であるとき、以下の $V[X] = \sigma^2$ は X の分散、σ は X の標準偏差である。

$$V[X] = \sigma^2 = E\left[(X - E[X])^2\right]$$

$$= E\left[(X-\mu)^2\right]$$
$$= \sum_{i=1}^{n}(x_i-\mu)^2 f(x_i)$$
$$= (x_1-\mu)^2 f(x_1) + (x_2-\mu)^2 f(x_2) + \cdots + (x_n-\mu)^2 f(x_n)$$
$$\sigma = +\sqrt{\sigma^2}$$

式 2-9

連続型確率変数 X が、確率密度関数 $f(x)$ に従うとき、以下の $V[X]=\sigma^2$ は X の分散、σ は X の標準偏差である。

$$V[X] = \sigma^2 = E\left[(X-E[X])^2\right]$$
$$= E\left[(X-\mu)^2\right]$$
$$= \int_{-\infty}^{\infty}(x-\mu)^2 f(x)\,dx$$
$$\sigma = +\sqrt{\sigma^2}$$

分散は以下の式 2-10 を用いて計算することもできる (注9)。

(注9) 証明は 2-6「数学的補足」参照。

式 2-10

$$V[X] = \sigma^2 = E[X^2] - E[X]^2$$

例として、例 2-1 の 2 個のサイコロの目の和の確率分布の分散と標準偏差を求めたものが、式 2-11 である。式中の「7」は期待値であり、式 2-1 において計算されたものである。

式 2-11

$$V[X] = (2-7)^2 \times \frac{1}{36} + (3-7)^2 \times \frac{2}{36} + (4-7)^2 \times \frac{3}{36} + (5-7)^2 \times \frac{4}{36}$$

$$+(6-7)^2 \times \frac{5}{36} + (7-7)^2 \times \frac{6}{36} + (8-7)^2 \times \frac{5}{36} + (9-7)^2 \times \frac{4}{36}$$

$$+(10-7)^2 \times \frac{3}{36} + (11-7)^2 \times \frac{2}{36} + (12-7)^2 \times \frac{1}{36}$$

$$=\frac{210}{36} = \frac{35}{6}$$

$$\sigma = +\sqrt{\frac{35}{6}}$$

2-3-2 確率変数の分散の性質

分散の性質もまとめておく。この性質も確率変数が離散型であっても連続型であっても成立する(注10)。

(注10) 証明は2-6「数学的補足」参照。

◆確率変数の分散の性質

■ 式2-12

$$V[aX+b] = a^2 V[X]$$

特別な場合として、以下が得られる。

$a = 0$ のときは、$V[b] = 0$

$b = 0$ のときは、$V[aX] = a^2 V[X]$

例2-3のサイコロゲームAの賞金の分散を、分散の定義どおりの方法と、分散の性質を用いた方法の2通りで計算してみる。サイコロゲームAの賞金の期待値はすでに式2-4において、$E[100X+20] = 370$ と計算してある。

まず、定義どおりの方法を式2-13に示す。

■ 式2-13

$$
\begin{aligned}
V[g(x)] &= V[100x+20] \\
&= (100\times 1 + 20 - 370)^2 \times \frac{1}{6} + (100\times 2 + 20 - 370)^2 \times \frac{1}{6} \\
&\quad + (100\times 3 + 20 - 370)^2 \times \frac{1}{6} + (100\times 4 + 20 - 370)^2 \times \frac{1}{6} \\
&\quad + (100\times 5 + 20 - 370)^2 \times \frac{1}{6} + (100\times 6 + 20 - 370)^2 \times \frac{1}{6} \\
&= 29,166.\dot{6}
\end{aligned}
$$

次に、分散の性質を用いた方法で、$V[100X+20]$ を求める式を、式2-15に示す。$V[X]$ が必要になるので式2-14で計算しておく。X の期待値は式2-6において $E[X]=3.5$ と得られている。

■ 式2-14

$$
\begin{aligned}
V[X] &= (1-3.5)^2 \times \frac{1}{6} + (2-3.5)^2 \times \frac{1}{6} + (3-3.5)^2 \times \frac{1}{6} \\
&= (4-3.5)^2 \times \frac{1}{6} + (5-3.5)^2 \times \frac{1}{6} + (6-3.5)^2 \times \frac{1}{6} \\
&= 2.91\dot{6}
\end{aligned}
$$

■ 式2-15

$$
\begin{aligned}
V[100X+20] &= 100^2 V[X] \\
&= 10,000 \times 2.91\dot{6} = 29,166.\dot{6}
\end{aligned}
$$

以上のように、例2-3のサイコロゲームAの賞金の分散 $V[100X+20]$ を、分散の定義どおりの方法と、分散の性質を用いた方法の2通りで計算し、両者が同じになることを確認した。

2-4 確率変数の標準化とZスコア

どのような確率変数であっても、確率変数からその期待値を引いて、標準偏差で割ると、期待値ゼロ、分散1、したがって標準偏差1の確率変数に変換される。この変換を式で表す。元の確率変数をX、変換後の確率変数をZ、期待値をμ、標準偏差をσとすると、以下のようになる。

$$Z = \frac{X - \mu}{\sigma}$$

この変換は標準化（規格化）（standardization）と呼ばれ、Zは標準化変数（standard random variable）、あるいはZスコア（Z-score）などと呼ばれる。

Zスコアの平均が0、分散が1であることは、説明したばかりの期待値の性質と分散の性質を使って、以下のように簡単に確認できる。

Zの期待値、$E[Z]$は、

$$E[Z] = E\left[\frac{X-\mu}{\sigma}\right] = E\left[\frac{1}{\sigma}X - \frac{\mu}{\sigma}\right] = \frac{1}{\sigma}E[X] - \frac{\mu}{\sigma} = \frac{1}{\sigma}\mu - \frac{\mu}{\sigma} = 0$$

となり、ゼロであることが確認できた。

Zの分散、$V[Z]$は、

$$V[Z] = V\left[\frac{X-\mu}{\sigma}\right] = V\left[\frac{1}{\sigma}X - \frac{\mu}{\sigma}\right] = \left(\frac{1}{\sigma}\right)^2 V[X] = \frac{1}{\sigma^2} \cdot \sigma^2 = 1$$

となり、1であることが確認できた。

よって、Zの標準偏差σは、分散の正の平方根であるので、

$$\sigma = +\sqrt{1} = 1$$

となる。

ここでは式を用いて標準化を解説したが、第3章において正規分布に従う確率変数の標準化を解説する際には、グラフを用いて解説してみたい。

2-5 実務における利用例

2-5-1 ポートフォリオ理論 その1

2-5-1-1 金融市場において最も有名な「ポートフォリオ理論」

　金融市場において資産運用に携わるだれもが必ず勉強するものとして、米国の経済学者ハリー・マーコウィッツ（Harry Markowitz）の「ポートフォリオの選択（"Portfolio selection", The Journal of Finance, March 1952）」という理論がある。以降「ポートフォリオ理論」と呼ぶこととする。その理論においては、統計学がさまざまに用いられているので、「実務における利用例」において取り上げる格好の題材であるのだが、本格的に解説するためには、第5章における二次元確率変数の解説を待たなければならない。しかし、ポートフォリオ理論の序論をなす、単一資産への投資理論であれば、本章で述べられた統計学の範囲内で解説することができるので、ここで述べてみたい。「ポートフォリオ」の意味は第5章5-7の「実務における利用例」を参照されたい。

2-5-1-2 金融市場におけるリスクの定義

　単一資産への投資の理論に進む前に、関連する概念をいくつか確認しておく。最初に、金融市場における「リスク（risk）」の意味を確認する。金融市場においてリスクとは、「変化にさらされていること」を意味する。よって、リスクがあるといえば、損失が発生する可能性だけではなく、利益が発生する可能性があることも意味する。リスクを「危険」と訳すのは、金融市場においては正しくない。

　具体的には、実際の投資収益率（rate of return）が、投資収益率の期待値からぶれることをリスクと考える。そして、その「ぶれ」を表すのが標準偏差であるので、標準偏差はリスクの尺度である。よって個別資産の投資収益率の標準偏差は、個別資産を単独で保有した場合のリスク量であり、トータル・リスク（Total risk）と呼ばれる。

また以降しばしば、投資収益率の期待値のことを「期待リターン」、投資収益率の標準偏差のことを「リターンの標準偏差」あるいは単に「リスク」と呼ぶ。

2-5-1-3　リスク回避型投資家、リスク愛好型投資家、リスク中立型投資家

リスク回避型投資家（risk-averse investor）とは、期待リターンが同じ2資産が存在する場合に、リスクが低いほうの資産を好む投資家のことである。これに対して、リスク愛好型投資家（risk-loving investor）とは、期待リターンが同じ2資産が存在する場合に、リスクが高いほうの資産を好む投資家である。リスク中立型投資家（risk-neutral investor）とは、リスクを問題としない投資家のことである。ポートフォリオ理論における投資家は、リスク回避型投資家である。

機関投資家でリスク回避型投資家の例をあげれば、年金資産の運用を行うファンド・マネジャー、生命保険会社や損害保険会社のファンド・マネジャーなどがあげられる。これらの投資家が、同じ期待リターンならば、リスクは低いほうがよいと考えるのは、その運用資産の性格から当然のことであろう。

一方、リスク愛好型投資家の例としては、富裕層の個人投資家などがあげられる。たとえば、富裕層の個人投資家が金融資産1億円を運用する場合、たとえ見通しが当たったとしても少額の利益しか得られない無難な資産への投資より、見通しが外れたら大きな損失が出るかもしれないが、見通しが当たれば大きな利益が得られる資産への投資のほうを好むというような場合である。

リスク中立型投資家の例としては、オプション価格理論等において想定される投資家があげられる。リスク中立型投資家はリスクに対して無関心であるので、リスクが高い資産への投資であっても、上乗せリスクに対して追加の収益率を要求しない。オプション価格理論については、第3章において解説する。

表2-4 資産Xと資産Wのシナリオ別投資収益率

シナリオ	確率	資産Xの投資収益率(%)	資産Wの投資収益率(%)
景気過熱	0.3	+11	-4
安定成長	0.3	+25	+5
景気後退	0.4	-2	+23

2-5-1-4 単一資産への投資の理論

例2-5を用いて、マーコウィッツのポートフォリオ理論のうち、単一資産へ投資する場合の理論について解説する。リスク回避型投資家が、2資産から、単一資産を選択して投資する場合、どちらを選択すべきかを考える。

■ 例2-5 資産Xと資産W

資産Xと資産Wのそれぞれについて、シナリオ別の投資収益率の予想値が、表2-4のように得られたとする。ここで確率とは、各シナリオの発生確率である。また表中のパーセント単位で表した数字は、経済状態が各々のシナリオとなった場合の、各資産の投資収益率（リターン）である。

これら2資産のいずれかを投資対象として選ぼうとする際に、何を判断基準にすればよいか。それは、期待リターンとリターンの標準偏差である。同じリスクの資産であれば期待リターンは高いほうが望ましい。同じ期待リターンであるならリスクは低いほうが望ましい。先に述べたように、この場合のリスクとはリターンの標準偏差のことである。

資産Xについて、期待リターンとリターンの標準偏差を計算したものが、式2-16である。資産Wについて、期待リターンとリターンの標準偏差を計算したものが、式2-17である。

■ 式2-16

$$E[R_X] = 0.3 \times 0.11 + 0.3 \times 0.25 + 0.4 \times (-0.02)$$
$$= 0.1000 (10.00\%)$$
$$V[R_X] = \sigma_X^2 = 0.3 \times (0.11 - 0.10)^2$$

$$+0.3\times(0.25-0.10)^2+0.4\times(-0.02-0.10)^2$$
$$=0.01254$$
$$\sigma_X=+\sqrt{0.01254}$$
$$\fallingdotseq 0.1120(11.20\%)$$

式2-17

$$E[R_W]=0.3\times(-0.04)+0.3\times 0.05+0.4\times 0.23$$
$$=0.0950(9.50\%)$$
$$V[R_W]=\sigma_W^2=0.3\times(-0.04-0.095)^2$$
$$+0.3\times(0.05-0.095)^2+0.4\times(0.23-0.095)^2$$
$$=0.01337$$
$$\sigma_W=+\sqrt{0.01337}$$
$$\fallingdotseq 0.1156(11.56\%)$$

これらの結果から、資産Xのほうが資産Wよりも、期待リターンが高く、かつ、リターンの標準偏差が低い。よって、資産Wではなく資産Xに投資するのが、合理的な行動であると判断できる。

以上、本章においては、ポートフォリオ理論の序論を解説するにとどめる。その理由は、たとえば「単一資産を選択するにあたり、なぜ、期待リターンとリターンの標準偏差という2つだけを問題にするのか」という問に解答するのでさえ、本章の統計学の範囲を越えるからである。この問への解答も含めて、ポートフォリオ理論の続きは、第5章5-7の「実務における利用例」で述べる。

2-6 数学的補足

2-6-1 確率の公理

1回の試行（実験）（trial）によって起こりうる可能な結果の一つひとつを標本点（sample point）と呼び、起こりうるすべての可能な結果の集合を標本空間（sample space）と呼ぶ。各標本点をω、標本空間をΩで表すことが多い。標本点は有限個の場合もあれば、無限個の場合もある。離散型の場合もあれば、連続型の場合もある。

標本空間の部分集合（subset）が事象（event）である。すなわち、事象は標本点の集まりである。確率（probability）とは、ある事象の起こりやすさを数値化したものである。

以下は確率の公理と呼ばれ、この3つの条件を満たしているものが確率である。

(1) すべての事象Aについて、$0 \leq P(A) \leq 1$
(2) $P(\Omega) = 1$
(3) 事象A_1と事象A_2がともに起こることがないとき、事象A_1と事象A_2は排反であるという。互いに排反な事象$A_1, A_2, A_3, \cdots$に対して、

$P(A_1 \cup A_2 \cup \cdots) = P(A_1) + P(A_2) + \cdots$

排反については、第5章5-7の「数学的補足」も参照されたい。

2-6-2 確率変数と確率関数の本来の意味

確率変数と確率関数について、例2-6のコイン投げゲームを用いて補足する。

■ 例2-6 コイン投げゲームAとコイン投げゲームB

コイン投げゲームA：1枚の公平なコインを1回投げ、表が出たら500円、裏が出たら100円貰えるゲームである。ゲームへの参加料は300円である。

コイン投げゲームB：1枚の公平なコインを1回投げ、表が出たら200円、裏が出たら40円貰えるゲームである。ゲームへの参加料は120円である。

コインを投げた場合の標本空間は$\Omega = \{表、裏\}$である。しかし、同じ表が出るという標本点に対し、コイン投げゲームAでは500が対応し、コイン投げゲームBでは200が対応する。このように各標本点に実数を対応させる関数が確率変数である。よって、確率変数は実は確率関数と呼んだほうが適切なのであるが、一般に確率変数と呼ばれることと、$P(\ )$で表される確率関数と区別する必要があることから、本書でも確率変数という名称を用いる。

同じ表が出るという標本点に対して、コイン投げゲームAでは実数値500が対応し、コイン投げゲームBでは実数値200が対応するのは、対応の仕方が異なるから、つまり、確率変数が異なるからである。コイン投げゲームAの確率変数をX、コイン投げゲームBの確率変数をYとすると、確率変数Xと確率変数Yは以下のように表すことができる。確率変数のカッコのなかは標本点である。

$X(表) = 500$

$X(裏) = 100$

$Y(表) = 200$

$Y(裏) = 40$

しかし、一般には、確率変数が関数であることは、あまり意識されないことから、確率変数を$X=500$、$Y=200$などと省略して記す。

次に確率関数であるが、本文でも述べたように、確率関数$P(\ )$のカッコのなかは事象である。よって、コイン投げゲームの確率は以下のように表せる。P_Xはコイン投げゲームAの確率関数、P_Yはコイン投げゲームBの確率関数である。

$P_X(\{\omega \mid \omega \in \Omega, X(\omega) = 500\}) = 0.50$

$P_X(\{\omega \mid \omega \in \Omega, X(\omega) = 100\}) = 0.50$

$P_Y(\{\omega \mid \omega \in \Omega, Y(\omega) = 200\}) = 0.50$

$P_Y(\{\omega \mid \omega \in \Omega, Y(\omega) = 40\}) = 0.50$

しかし、必ずしもこのように書かれるとは限らず、たとえば $P_X(\{\omega \mid \omega \in \Omega, X(\omega)=500\})$ は、$P_X(\{\omega \mid X(\omega)=500\})$、$P_X(\{\omega ; X(\omega)=500\})$、$P_X(X=500)$、$P(X=500)$、$P(\{500\})$、$P(500)$ など、さまざまに省略して書かれる。特に、P の添え字の X や Y が省略されることも多く、同じ P と表記されていても、P が異なる確率関数を意味することがあるので、それを文脈から読み解く必要がある。

たとえば、コイン投げゲームCが以下であり、コイン投げゲームCの確率変数が Z であるとする。

コイン投げゲームC：表が出る確率が0.51、裏が出る確率が0.49である、1枚のゆがんだコインを1回投げたとき、表が出たら500円、裏が出たら100円貰えるゲームである。ゲームへの参加料は304円である。

コイン投げゲームCの確率関数は、$P_Z(\{\omega \mid \omega \in \Omega, Z(\omega)=500\})=0.51$ のように書けるが、これが省略されて、$P(\{500\})$、$P(500)$ などと表記されていると、この値がはたして0.50であるのか、0.51であるのかは、文脈から読み解かなければならない。

2-6-3　$P(\ )$、$f(\ )$、$E[\ ]$ 等のカッコのなかは何か

ここまでで、確率変数、確率関数、確率質量関数、確率密度関数など、いくつかの概念を解説した。そして、それらを記号で表す際に、カッコのなかが必ずしも値ではなく、標本点であったり、事象であったりすることを指摘した。ここで、カッコのなかには何が入るのかをまとめておく。

　　確率変数：X(標本点) = カッコ内の標本点に対応する値

　　確率関数：P(事象) = カッコ内の事象の確率

　　確率質量関数：f(確率変数) = カッコ内の確率変数の確率質量

　　確率密度関数：f(確率変数) = カッコ内の確率変数の確率密度

　　期待値：$E[$関数$]$ = カッコ内の関数の期待値

　　分散：$V[$関数$]$ = カッコ内の関数の分散

　　共分散：$C[$関数$]$ = カッコ内の関数の共分散

期待値や分散の表記に、丸カッコ（　）ではなく角カッコ [　] を用いる

のは、カッコのなかが値ではなく関数であるからである。丸カッコを用いる関数は、カッコのなかの値に対して1つの値を対応させる通常の関数である。これに対し角カッコを用いる関数は、カッコのなかの関数に対して1つの値を対応させる関数である。このように関数に値を対応させる関数は、汎関数と呼ばれる。汎関数には角カッコを用いるという慣行があるので、期待値や分散には角カッコが用いられることが多い。

2-6-4　確率質量関数

離散型確率変数 X が、$X=x$ という値をとる確率を与える関数 $f(x)$ を確率質量関数という。$X=x$ となる確率は以下である。

$P(X=x) = f(x)$

また、確率質量関数は以下の性質をもつ。

$f(x) \geqq 0$

$$\sum_x f(x) = 1$$

2-6-5　確率密度関数

連続型確率変数 X が、ある範囲 $a \leqq X \leqq b$ の値をとる確率を与える関数 $f(x)$ を確率密度関数という。$a \leqq X \leqq b$ となる確率は以下である。

$$P(a \leqq X \leqq b) = \int_a^b f(x)\,dx$$

線は面積をもたないから、連続型確率変数がある1点の値をとる確率はゼロである。よって、不等号にイコールが付いても付かなくても上記は同じ値となる。すなわち、

$P(a \leqq X \leqq b) = P(a<X \leqq b) = P(a \leqq X<b) = P(a<X<b)$
$\qquad = \int_a^b f(x)\,dx$

また、確率密度関数は以下の性質をもつ。

$f(x) \geqq 0$

$$\int_{-\infty}^{\infty} f(x)\,dx = 1$$

2-6-6　連続型確率変数の関数の期待値

連続型確率変数 X が、確率密度関数 $f(x)$ に従うとき、X の関数 $g(x)$ の期待値は以下である。

$$E[g(X)] = \int_{-\infty}^{\infty} g(x)\,f(x)\,dx$$

2-6-7　確率変数の期待値の性質の証明

〔離散型確率変数の場合〕

$$\begin{aligned}
E[aX+b] &= \sum_{i=1}^{n}(ax_i+b)\,f(x_i)\\
&= \sum_{i=1}^{n}(ax_i)\,f(x_i) + \sum_{i=1}^{n} bf(x_i)\\
&= a\sum_{i=1}^{n} x_i f(x_i) + b\sum_{i=1}^{n} f(x_i)\\
&= aE[X] + b
\end{aligned}$$

〔連続型確率変数の場合〕

$$\begin{aligned}
E[aX+b] &= \int_{-\infty}^{\infty}(ax+b)\,f(x)\,dx\\
&= \int_{-\infty}^{\infty}(ax)\,f(x)\,dx + \int_{-\infty}^{\infty} bf(x)\,dx\\
&= a\int_{-\infty}^{\infty} xf(x)\,dx + b\int_{-\infty}^{\infty} f(x)\,dx\\
&= aE[X] + b
\end{aligned}$$

2-6-8　分散の計算式の証明

$$V[X] = \sigma^2 = E\bigl[(X-\mu)^2\bigr]$$

第2章　確率変数、確率分布、「中心の尺度」と「散らばりの尺度」

$$= E[X^2 - 2\mu X + \mu^2]$$
$$= E[X^2] - E[2\mu X] + E[\mu^2]$$
$$= E[X^2] - 2\mu E[X] + \mu^2$$
$$= E[X^2] - 2\mu\mu + \mu^2$$
$$= E[X^2] - \mu^2$$
$$= E[X^2] - E[X]^2$$

2-6-9　確率変数の分散の性質の証明

$Y = aX + b$　とすると、

$E[Y] = E[aX + b] = aE[X] + b = a\mu + b$

よって、

$Y - E[Y] = (aX + b) - (a\mu + b) = a(X - \mu)$

$$V[aX + b] = V[Y] = E[Y - E[Y]]^2$$
$$= E[a(X - \mu)]^2$$
$$= a^2 E[X - \mu]^2$$
$$= a^2 V[X]$$

2-7　練習問題

1．例2-1のサイコロの目の和の確率分布について解答せよ。
(1) 目の和が10以上になる確率はいくつか。
(2) この確率分布の中央値はいくつか。
(3) この確率分布の最頻値はいくつか。
(4) このように、左右対称かつ単峰性の確率分布の場合、平均値、中央値、最頻値にはどのような関係があるか。

2．米ドルを原資産とする期間1年の通貨オプションのプライシングを行おうとしている。「オプション」が何かについては第3章を参照。1年後の

図2-14　1年後の満期における米ドル対日本円為替レートの確率分布

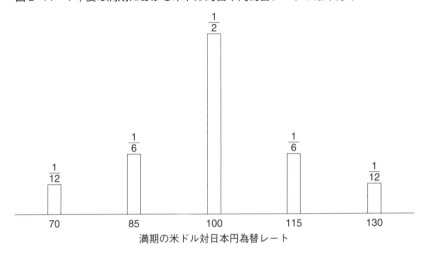

満期の米ドル対日本円為替レート

　米ドル対日本円為替レートが、図2-14の確率分布に従うと仮定することとした。この確率分布について(1)～(6)に解答せよ。ただし、各柱の上の数字は確率を表すものとする。

(1) 平均値はいくつか。
(2) 分散はいくつか。
(3) 標準偏差はいくつか。
(4) この確率分布を仮定するということは、1年後の満期に、米ドル対日本円の為替レートが105.00円になる確率は、いくつになると仮定していることになるか。
(5) この確率分布は現実的か、それとも非現実的か。理由も述べよ。
(6) この確率分布を仮定してプライシングしたオプション価格を、そのまま取引価格として提示することは妥当か。理由も述べよ。

3．以下のサイコロゲームDについて解答せよ。サイコロの目を確率変数Xとした場合の期待値は$E[X]=3.5$、分散は$V[X]=2.917$である。
　サイコロゲームD：参加者が1個の公平なサイコロを振って出た目がxであった場合に、「$20x+50$」円の賞金を貰うゲームである。

(1) 賞金の期待値を定義どおりの方法で求めよ。
(2) 賞金の期待値を期待値の性質を利用した方法で求めよ。
(3) 賞金の分散を定義どおりの方法で求めよ。
(4) 賞金の分散を分散の性質を利用した方法で求めよ。
4．以下のコイン投げゲームについて解答せよ。

コイン投げゲーム：表が出る確率が0.60、裏が出る確率が0.40である、1枚のゆがんだコインを1回投げたとき、表が出たら賞金400円、裏が出たら賞金100円が貰えるゲームである。

(1) ゲームへの参加料が300円であったとする。このゲームに参加するのは合理的な行動か。理由も述べよ。
(2) 賞金の分散を計算せよ。
(3) 賞金の標準偏差を計算せよ。
5．$E[X]=60$、$V[X]=5$ である。以下を求めよ。
(1) $E[2X]$
(2) $E[2X+3]$
(3) $V[2X]$
(4) $V[2X+3]$

2-8 練習問題の解答

1．
(1) $\dfrac{1}{6}$
(2) 7
(3) 7
(4) 平均値と中央値と最頻値が等しい。

2．
(1) 確率分布が左右対称であるので、平均値は計算するまでもなく100であ

る。確認のために計算してみると、以下のようになる。

$$E[X] = 70 \times \frac{1}{12} + 85 \times \frac{1}{6} + 100 \times \frac{1}{2} + 115 \times \frac{1}{6} + 130 \times \frac{1}{12} = 100$$

(2) 分散は以下である。

$$V[X] = \sigma^2$$

$$= (70-100)^2 \times \frac{1}{12} + (85-100)^2 \times \frac{1}{6} + (100-100)^2 \times \frac{1}{2}$$

$$+ (115-100)^2 \times \frac{1}{6} + (130-100)^2 \times \frac{1}{12} = 225$$

(3) 標準偏差は以下である。

$$\sigma = +\sqrt{225} = 15$$

(4) ゼロ

(5) 図2-14の確率分布を仮定するということは、満期における米ドル対日本円の為替レートが、1米ドル当り、70円、85円、100円、115円、130円のどれかにしかならないということを仮定していることになるので、きわめて非現実的な確率分布である。

(6) 確率分布が、市場が仮定する確率分布とかけ離れているために、この価格を取引価格として提示することは妥当ではない。確率分布が市場の総意と大きく異なるということは、計算されるオプション価格が市場の気配値から大きく異なることになるので、いわゆるミスプライスであるといえよう。もしも市場にとっての割安な買値、あるいは割高な売値となった場合には、裁定取引の格好の餌食になると思われる。

3.

(1) $E[20X+50] = (20 \times 1 + 50) \times \frac{1}{6} + (20 \times 2 + 50) \times \frac{1}{6}$

$$+ (20 \times 3 + 50) \times \frac{1}{6} + (20 \times 4 + 50) \times \frac{1}{6}$$

$$+ (20 \times 5 + 50) \times \frac{1}{6} + (20 \times 6 + 50) \times \frac{1}{6}$$

$$= 120$$

(2) $E[20X+50] = 20 \times E[X] + 50 = 20 \times 3.5 + 50 = 120$

(3) $V[20X+50] = (20 \times 1 + 50 - 120)^2 \times \dfrac{1}{6}$

$$+ (20 \times 2 + 50 - 120)^2 \times \dfrac{1}{6} + (20 \times 3 + 50 - 120)^2 \times \dfrac{1}{6}$$

$$+ (20 \times 4 + 50 - 120)^2 \times \dfrac{1}{6} + (20 \times 5 + 50 - 120)^2 \times \dfrac{1}{6}$$

$$+ (20 \times 6 + 50 - 120)^2 \times \dfrac{1}{6} = 1,166.67$$

(4) $V[20X+50] = 20^2 V[X] = 400 \times 2.917 = 1,166.67$

ただし、数字の丸めの誤差あり。

4.

(1) 賞金の期待値を計算する。

$E[X] = 400 \times 0.6 + 100 \times 0.4 = 280$

よって、期待値が参加料より低いのでゲームに参加するのは合理的な行動ではない。

(2) $V[X] = (400 - 280)^2 \times 0.6 + (100 - 280)^2 \times 0.4 = 21600$

(3) $\sigma = +\sqrt{21600}$

5.

(1) $E[2X] = 2E[X] = 120$

(2) $E[2X+3] = 2E[X] + 3 = 123$

(3) $V[2X] = 2^2 V[X] = 20$

(4) $V[2X+3] = 2^2 V[X] = 20$

第3章

正規分布

3-1 正規分布の定義

　第2章において、確率分布についての一般論を解説したので、本章では具体的な確率分布として正規分布（normal distribution）を取り上げる。正規分布は最もよく用いられる確率分布であり、たとえば重さや長さ等の製品測定、体長等の生物測定、測定誤差など、現実社会や自然界において、何か測定が関連すると、その測定結果や誤差が正規分布に従うことが知られている。金融市場においては、しばしば連続複利収益率が正規分布に従うと仮定され、デリバティブのプライシング、ポートフォリオ理論、リスク管理等、多くの場面で使われている。

　正規分布は連続型確率分布の一種であり、正規分布の1つの例をグラフにすると図3-1に示すような左右対称の単峰性の確率分布となる。このかたちは、しばしば「釣鐘型（bell shaped）」と呼ばれる。図3-1の釣鐘型の曲線は横軸の－55％から＋65％の範囲しか描かれていないが、実際の曲線の範囲は－∞から＋∞であり、曲線は左右どちらに行っても、横軸に限りなく近づくが決して横軸に到達することはない。すなわち、横軸が漸近線（asymptote）である。漸近線とは曲線が限りなく近づく相手方の線のことである。図3-1が横軸に付いているようにみえるのは、グラフの画素数の

図3-1　正規分布の例

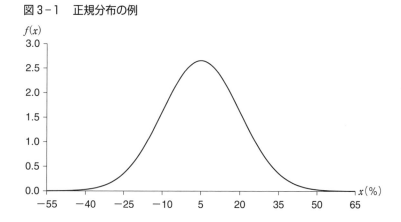

制約によるものである。

正規分布の確率密度関数を示すと式3-1のようになる。

■ 式3-1

$$f(x) = \frac{1}{\sqrt{2\pi}\sigma} e^{-\frac{1}{2\sigma^2}(x-\mu)^2} \quad -\infty < x < \infty$$

- x：確率変数
- μ：確率変数 X の平均
- σ：確率変数 X の標準偏差
- e：自然対数の底
- π：円周率

この確率密度関数は多くの人々にとっては覚える必要のないものである。それよりも、正規分布のさまざまな特性を知っておくことのほうが重要である。

3-2 正規分布の特性

3-2-1 正規分布のパラメータ

正規分布も他の確率分布と同様に、その分布の特性を表すパラメータをもつ。正規分布のパラメータは、平均と分散の2つである。平均と標準偏差の2つといっても同じことである。よって正規分布は、平均と分散が指定されると一意に定まる。確率変数 X が、平均 μ、分散 σ^2 の正規分布に従うということを、

$$X \sim N(\mu, \sigma^2)$$

と表記する。N は正規分布の英語名である Normal distribution の頭文字で

ある。

たとえば、図3-1は、$X \sim N(0.05, 0.15^2)$ である。2乗を計算して、$X \sim N(0.05, 0.0225)$ としてもよい。

正規分布は平均と分散を指定するとかたちが決まるのであるから、裏を返せば、平均と分散を変えることによって正規分布のかたちが変わる。それでは、平均や分散の値によって、正規分布が具体的にどのようなかたちになるかをみることにする。

図3-2は平均が等しく、標準偏差が異なる3つの正規分布を、同じ軸を用いて描いたものである。いずれの正規分布も平均は5％であるが、標準偏差は順に5％、10％、15％である。先ほどの表現を用いると、$X \sim N(5\%, 5\%^2)$、$X \sim N(5\%, 10\%^2)$、$X \sim N(5\%, 15\%^2)$ となる。

図3-3は平均が異なり、標準偏差が等しい2つの正規分布を、同じ軸を用いて描いたものである。それぞれ、$X \sim N(10\%, 10\%^2)$、$X \sim N(20\%, 10\%^2)$ である。

以上のように、正規分布のグラフをみれば平均がいくつであるかは自明である。先に確率分布のグラフが左右対称であれば、その中心が平均であると述べた。正規分布も左右対称であるのでグラフの中心が平均である。より正

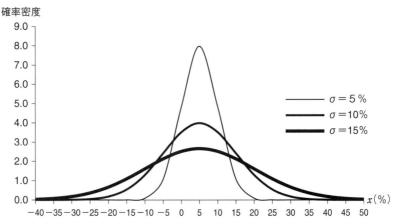

図3-2　平均が等しく標準偏差が異なる正規分布

図3-3 平均が異なり標準偏差が等しい正規分布

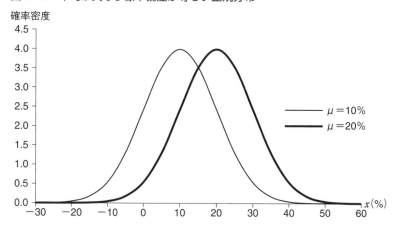

確にいえば、線対称である正規分布の対称軸が横軸と交わる点が平均である。

では、標準偏差の値はグラフ上にどのように表れているのであろうか。このことを平均10%、標準偏差20%の正規分布を用いて、図3-4に表してみた。

正規分布は連続型の確率分布であるので、第2章で述べたように横軸上の

図3-4 正規分布と標準偏差

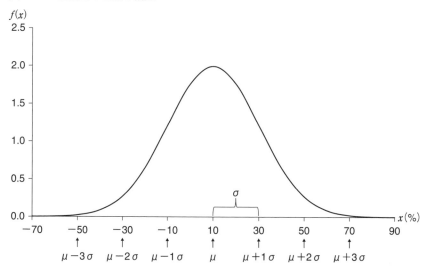

すべての点が確率変数を表す。それにもかかわらず、図3-4においてはなぜ特に、−50%、−30%、−10%、10%、30%、50%、70%という7つの点にのみ、注釈が付されているのか。7つの点が表す数字は注釈どおりに計算した結果であり、たとえば「$\mu-3\sigma$」は「$10\% - 3 \times 20\% = -50\%$」である。注釈が付されている理由は、正規分布の釣鐘型曲線が横軸の「$\mu-3\sigma$」から「$\mu+3\sigma$」の範囲に、おおむね収まるという特性を図示するためである。つまり、いかなる正規分布であっても、「$\mu-3\sigma < X < \mu+3\sigma$」の範囲にグラフがだいたい収まるという特性がある。この「$\mu-3\sigma < X < \mu+3\sigma$」のことを、「3シグマの範囲」と呼ぶ。平均を挟んで、上下それぞれに標準偏差の3個分の範囲という意味である。

「3シグマの範囲」の特性を知っていると、正規分布のグラフをみれば、標準偏差のおおよその値を読み取ることができる場合もある。図3-5の正規分布の平均と標準偏差のおおよその値をグラフから読み取ってみよう。

まず、分布の中心が平均なので、平均は0.00だとわかる。次に標準偏差であるが、この釣鐘型曲線は−0.09から+0.09の範囲におおむね収まっているので、−0.09が「$\mu-3\sigma$」、+0.09が「$\mu+3\sigma$」であろうと見当がつく。ここから、標準偏差σを求めれば、標準偏差は0.03と推測できる。実際に、この正規分布は$X \sim N(0.00, 0.03^2)$である。

図3-5　グラフ上の標準偏差

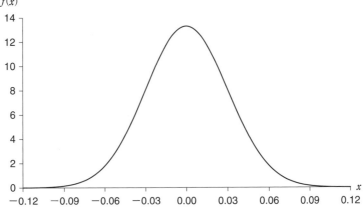

以上のことから、標準偏差の値が相対的に小さいと尖ったかたちとなり、標準偏差の値が相対的に大きいと平らなかたちとなることがわかり、先の図3-2の状況の説明がつく。ただし、図によって軸の目盛の取り方がさまざまなので、異なる軸上のグラフを比較する際には、軸の目盛を考慮しなければならない。

3-2-2　正規分布の線型性

 正規分布は線型性という特性ももつ。正規分布の線型性とは、確率変数 X が正規分布に従うとき、X の線型変換により得られる確率変数 $Y = aX + b$ も正規分布に従うということである。すなわち、

$$X \sim N(\mu, \sigma^2)$$

であるとき、

$$Y \sim N(a\mu + b, a^2\sigma^2)$$

ということである。Y の平均と分散は、第2章で述べた期待値の性質と分散の性質から求められる。正規分布の線型性の例は、確率変数の標準化の項において示される。

3-2-3　正規分布が表す確率

 第2章で述べた、「いかなる確率分布であっても、図形の規格化された面積が確率を表す」という確率分布の特性は、もちろん正規分布にも当てはまる。実は、第2章で用いた連続型確率分布のグラフは、すべて正規分布であったので、正規分布のグラフがどのように確率を表すかは、すでに説明が完了している。復習のために、図3-5の正規分布を用いてこのことを再度確認する。

 まず、グラフを一見して明らかなことは、縦軸の $f(x)$ が確率を表してはいないということである。縦軸の値は確率の値としては、いかにも大きすぎる。確率は0以上1以下の値であるから、縦軸が確率を表すものではないことは自明である。再三述べたように、確率を表すのは、曲線と横軸に挟まれたエリアの規格化された面積である。その前提として、確率分布は確率変数

のとりうる範囲、すなわち−∞から+∞の範囲における曲線と横軸で挟まれたエリアの面積が1となるように規格化されているということがある。以降、本書においては、「規格化された面積」を単に「面積」ということとする。

では、図3-5において、たとえば確率変数Xが0.03以上となる確率は、グラフ上のどのエリアの面積となるのか。その解答を図3-6の網掛けエリアで示した。

ここでの留意事項は「確率変数Xが0.03以上の値となる確率」も、「確率変数Xが0.03より大きい値となる確率」も、どちらも数学的には同じ値となることである。どのような連続型確率分布であっても、確率変数Xがある1つの値をとる確率は数学的にゼロである。このことは以下のように考えると明らかである。確率変数$X=0.03$となる確率は、概念上はX軸上の$X=0.03$の点から、その真上の曲線までをつなぐ線分の面積である。しかし線は幅をもたないので、この面積はゼロである。よって、確率変数Xが0.03となる確率はゼロである。仮に線分の面積がゼロではなく、なんらかの値をもつとすると、図の網掛けエリアは、横軸上に無限個の点があり、その無限個の点が各々無限個の線分に対応し、その無限個の線分がいくら微小とはいえ面積をもつとすると、網掛けエリアの面積が無限大になってしまう。そのため、線分の面積はゼロとなるのである。

図3-6 正規分布と確率

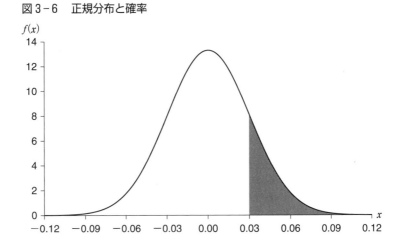

これは、連続型確率分布の最も扱いにくい特徴であり、確率を語る際には、確率変数 X がある値をとる確率ではなく、ある範囲の値をとる確率で語らなければならない。「確率変数 X が−0.06以下の範囲の値をとる確率」、「確率変数 X が−0.03以上、かつ、0.03以下の範囲の値をとる確率」などが例である。本書では原則としていいやすいほうを選択し、「〜より大きい、〜より小さい」ではなく、「〜以上、〜以下」という表現を用いることとする。

　さて、網掛けエリアの面積に戻るが、このエリアの面積を得るには第2章2-6の「数学的補足」で示したように、積分が必要となる。ただし、おおよその値を得るための方法が広く知られている。また、表計算ソフトウェアの関数を利用するという方法もあり便利である。次節において、統計学で伝統的に説明されてきた、面積の概算値を求める方法を解説する。

3-3　標準正規分布

　正規分布のエリアの面積、すなわち確率を求める方法に進む前に、そのために必要となる、いくつかの概念を確認しておく。

3-3-1　標準化と標準正規分布と Z スコア

　確率変数を標準化すると、平均がゼロ、標準偏差が1の確率変数に変換されることを第2章で述べた。そして式3-2の Z は、Z スコアと呼ばれると解説した。

■ 式3-2

$$Z = \frac{X - \mu}{\sigma}$$

μ：確率変数 X の平均

σ：確率変数 X の標準偏差

正規分布に従う確率変数も、標準化すると、平均がゼロ、標準偏差が1の正規分布に従う確率変数となる。平均がゼロ、標準偏差が1の正規分布は標準正規分布（standard normal distribution）と呼ばれる。図3-7に標準正規分布のグラフを示す。

　標準正規分布も正規分布であるので、平均を中心に線対称であり、平均に標準偏差の3倍を足した値＋3から、平均から標準偏差の3倍を引いた値－3の間の、「3シグマの範囲」にグラフがだいたい収まる。確率密度関数は式3-3のようになる。

▍式3-3

$$f_z(z) = \frac{1}{\sqrt{2\pi}} e^{-\frac{z^2}{2}} \quad -\infty < z < \infty$$

　一般の正規分布に従う確率変数を標準化すると、標準正規分布に従う確率変数となるということを、グラフを用いて説明してみる。平均10、標準偏差3の正規分布に従う確率変数Xから始める。確率変数Xのグラフを図3-8に表す。

図3-7　標準正規分布

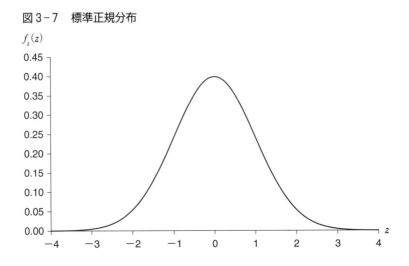

確率変数 X を標準化する第一ステップとして、確率変数 X からその平均を引いて、Y という新たな確率変数に変換する。すなわち、

$$Y = X - \mu = X - 10$$

とする。

確率変数 X のいずれの値も、10を引かれると10小さくなるので、グラフは全体に左に10移動して確率変数 Y のグラフとなる。そのことを図に表したのが、図3-9である。

たとえば確率変数 X の平均10は、10を引かれると0になるので、$X = 10$ は $Y = 0$ に変換される。つまり、X の確率分布の中心は10であったが、Y の確率分布の中心は0になる。

別の点を例にあげれば、確率変数 X の平均から+3シグマとなる値は、「$\mu + 3\sigma = 10 + 3 \times 3 = 19$」であり、この19は10を引かれると9になるの

図3-8 平均10、標準偏差3の正規分布に従う確率変数 X

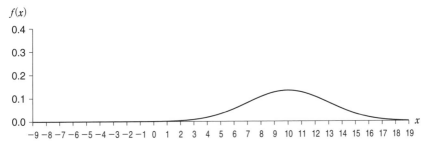

図3-9 平均0、標準偏差3の正規分布に従う確率変数 Y

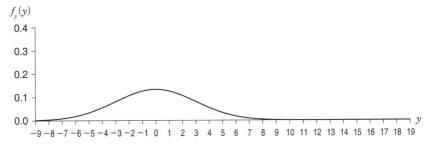

で、$X=19$ は $Y=9$ に変換される。このことは、$X=19$ における X の曲線と横軸の距離が、$Y=9$ における Y の曲線と横軸の距離に等しいことに表れている。

標準化の第二ステップとして、確率変数 Y を、その標準偏差で割り、Z という新たな確率変数に変換する。すなわち、

$$Z = \frac{X-\mu}{\sigma} = \frac{Y}{\sigma} = \frac{Y}{3}$$

とする。

確率変数 Y のいずれの値も、3で割られると3分の1になるので、グラフは全体に幅が3分の1になり確率変数 Z のグラフとなる。0は3で割っても0なので、確率分布の中心は変わらない。そのことを図に表したのが、図3-10である。

このようにして、一般の正規分布に従う確率変数は、標準正規分布に従う確率変数に変換される（注1）。

（注1） 確率変数の変換については、本章3-5の「数学的補足」参照。

3-3-2 標準正規分布表の見方

標準正規分布のエリアの面積は、巻末付録のような標準正規分布表を用いておよその値を得るという方法が伝統的に解説されている。標準正規分布表の一部を表3-1に示し、その利用方法を解説する。

図3-10 平均0、標準偏差1の正規分布に従う確率変数 Z

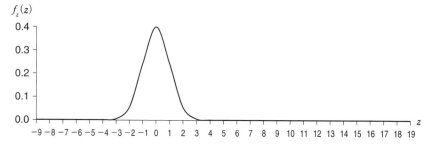

通常、標準正規分布表には小さな図が付いていて、表中の数字が標準正規分布におけるどのエリアの面積を表すのかを示している。表3-1の標準正規分布表も、図が行と列で表される各zの値に対応する、網掛けエリアの面積を表すことを示している。つまり、標準正規分布において、$Z \geq z$となる確率を表中の数字が表すことを示している。なお、この図のエリアは、Zがz以上の値をとる確率であるので、上側確率と呼ばれる。Zがz以下の値をとる確率は下側確率と呼ばれる。

　標準正規分布表の使い方の例をあげる。$Z \geq 0.93$となる確率を表から得たいのであれば、まず小数点第1位までの数字は0.9であるので、行見出しが0.9である行に注目する。次に、小数点第2位は3であるので、当該行の数字のなかから、列見出しが0.03である数字を探す。得られた数字は0.17619となる。よって$Z \geq 0.93$となる確率はおよそ0.17619である。

表3-1　標準正規分布表（部分）

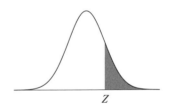

Z	0.00	0.01	0.02	0.03	0.04	0.05
0.0	0.50000	0.49601	0.49202	0.48803	0.48405	0.48006
0.1	0.46017	0.45620	0.45224	0.44828	0.44433	0.44038
0.2	0.42074	0.41683	0.41294	0.40905	0.40517	0.40129
0.3	0.38209	0.37828	0.37448	0.37070	0.36693	0.36317
0.4	0.34458	0.34090	0.33724	0.33360	0.32997	0.32636
0.5	0.30854	0.30503	0.30153	0.29806	0.29460	0.29116
0.6	0.27425	0.27093	0.26763	0.26435	0.26109	0.25785
0.7	0.24196	0.23885	0.23576	0.23270	0.22965	0.22663
0.8	0.21186	0.20897	0.20611	0.20327	0.20045	0.19766
0.9	0.18406	0.18141	0.17879	0.17619	0.17361	0.17106
1.0	0.15866	0.15625	0.15386	0.15151	0.14917	0.14686

表3-1は上側確率しか示していないが、正規分布は左右対称であるので、少しの工夫を加えれば、さまざまなエリアの確率を得ることができる。最も簡単な例を示せば、$Z<0.93$となる確率である。Zが0.93以上となる確率がおよそ0.17619であるのだから、Zが0.93より小さくなる確率は、およそ「$1-0.17619=0.82381$」と計算できる。ただし、すでに述べたように、連続型確率分布であるので、不等号にイコールが含まれても含まれなくても、確率の値は変わらない。

　別の例として、Zが$-0.52 \leq Z \leq +0.52$の範囲の値をとる確率を求めてみる。まず$Z \geq +0.52$となる確率を表3-1から0.30153と得る。正規分布の左右対称性を考えれば図3-11に示すように、$Z \leq -0.52$となる確率も同様に0.30153であるから、Zが$-0.52 \leq Z \leq +0.52$の範囲の値となる確率は「$1-0.30153 \times 2 = 0.39694$」と計算できる。

3-3-3　$N(Z)$ という記号の意味

　$N(Z)$という記号も紹介しておく。$N(Z)$は標準正規分布に従う確率変数Zが、$Z \leq d$となる確率を表す。これはdの下側確率であり、図3-12の網掛

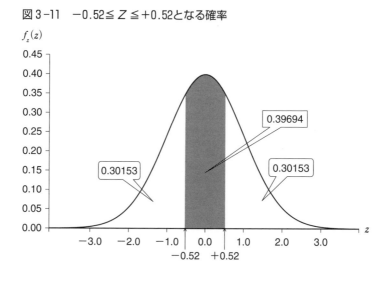

図3-11　$-0.52 \leq Z \leq +0.52$となる確率

図3-12 N(d)

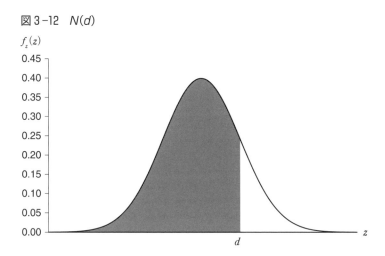

けエリアで示される。

この$N(Z)$という記号は、金融工学においてよく用いられる記号である。なぜかというと、最も有名なオプション・プライシング・モデルであるブラック・ショールズ・モデルに登場する記号であるからである。読者の多くはブラック・ショールズ・モデルのコール・オプション理論価格式をみたことがあるであろう。一見しただけでは意味がわかりにくい式であるとの印象を抱く読者が多かったと思う。しかし、あの式は、統計学の知識をもってみると、微分方程式を知らなくても、おおよそ何をしているのかを推測できる式である。このことは、本章3-4の「実務における利用例」で解説する。

3-3-4 累積分布関数

下側確率が登場したので、関連する概念を紹介しておく。一般に、ある確率分布に従う確率変数Xがxという値以下の値となる確率、すなわちxの下側確率を表す関数は、累積分布関数（cumulative distribution function）と呼ばれる。累積分布関数は$F(x)$と表記される。

Xがx以下となる確率であるので、累積分布関数は確率変数が離散型の場合と連続型の場合それぞれ順に、以下のようになる。

$$F(x) = \sum_{y \leq x} f(y)$$

右辺の総和の記号の意味は、$f(y)$をすべて足すのではなく、$y \leq x$の条件を満たすyから計算された$f(y)$のみを足すという意味である。

$$F(x) = \int_{-\infty}^{x} f(y)\,dy$$

累積分布関数という用語を用いて$N(Z)$を説明すれば、「$N(Z)$は、標準正規累積分布関数（standard normal cumulative distribution function）である」となる。標準正規分布の確率密度関数を$f_z(z)$とすると、$Z = d$の場合の$N(d)$は以下である。

$$N(d) = \int_{-\infty}^{d} f_z(z)\,dz$$

$$= \int_{-\infty}^{d} \frac{1}{\sqrt{2\pi}} e^{-\frac{z^2}{2}}\,dz$$

3-3-5 一般の正規分布が表す確率

以上で準備ができたので、一般の正規分布の面積、すなわち確率のおおよその値を得る方法を解説する。図3-13の平均5、標準偏差3の正規分布を例に用い、確率変数Xが2以上、5以下となる確率の概算値を求める。

まず図3-13の正規分布の$X = 2$と$X = 5$を、それぞれZに変換すると、以下のようになる。

$$z_2 = \frac{2-5}{3} = -1$$

$$z_5 = \frac{5-5}{3} = 0$$

$X = 5$が$Z = 0$に対応するのは、わざわざ計算しなくともわかることである。

以上のことから、Xが$2 \leq X \leq 5$となる確率は、Zが$-1 \leq Z \leq 0$となる確率に等しいことがわかる。これを図で示すと、図3-13の一般の正規分

布の網掛けエリアの面積は、図3-14の標準正規分布の網掛けエリアの面積に等しい。図3-13と図3-14は同じ軸で描いたので、両方の図を比べると、面積が等しいことがなんとなくわかると思う。

図3-14の網掛けエリアの表す確率の概算値を求めるのは簡単である。まず正規分布の左右対称性を利用すると、$Z \leq -1$ となる確率は $Z \geq +1$ とな

図3-13　一般の正規分布におけるエリア

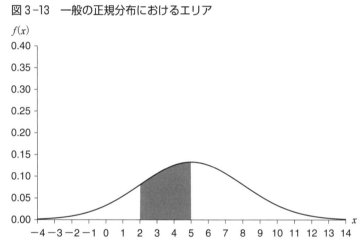

図3-14　標準正規分布における対応するエリア

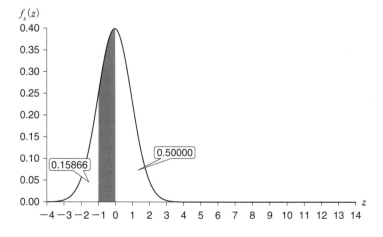

第3章　正規分布　131

る確率に等しいから、標準正規分布表から$Z \geq +1$となる確率を得ると0.15866となる。また、平均0は確率分布の中心であるので、Zが0以上となる確率は0.50000である。よって、網掛けエリアが表す確率は「$1-0.15866-0.50000=0.34134$」と、計算できる。

このようにして、一般の正規分布のエリアの面積は、確率変数を標準化して、対応する標準正規分布のエリアの面積を求めることにより、概算値を得ることができる。Zの値が標準正規分布表の見出しの間の数値である場合は、適宜補完する必要がある。

3-3-6 「シグマ範囲」の確率

先に「3シグマの範囲」という用語を紹介したが、同様に「1シグマの範囲」、「2シグマの範囲」という用語も頻繁に用いられ、それらの範囲に確率変数が収まる確率もよく知られている。これらの確率も、標準正規分布表から求めることができる。

「1シグマの範囲」：$\mu-1\sigma<X<\mu+1\sigma$　確率は、約68%
「2シグマの範囲」：$\mu-2\sigma<X<\mu+2\sigma$　確率は、約95%
「3シグマの範囲」：$\mu-3\sigma<X<\mu+3\sigma$　確率は、約99.7%

ここで「1シグマの範囲」の確率も、「2シグマの範囲」の確率も、あえて小数点以下の値を四捨五入した数字を記した。その理由は、この程度の粗さで記憶しておけば実務の範囲では十分であるからである。本や資料等を読んでいると、「よって約68%になる」というような文脈で、なんの説明もなくこれらの数字が出てくる。数字を記憶していれば、そのやや説明不足の文章の意味もわかる。

念のためそれぞれの範囲と確率を、図3-15、図3-16、図3-17の網掛けエリアに示しておく。

3シグマの範囲の図は、グラフの解像度の限界で曲線と横軸の間の領域すべてにみえてしまうが、いうまでもなく、すべてではなく、約99.7%である。

図 3-15　1シグマの範囲

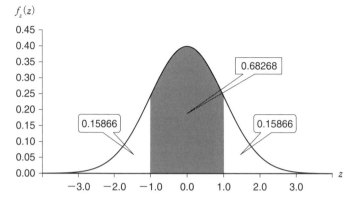

図 3-16　2シグマの範囲

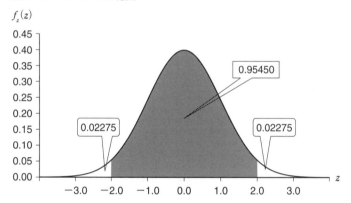

図 3-17　3シグマの範囲

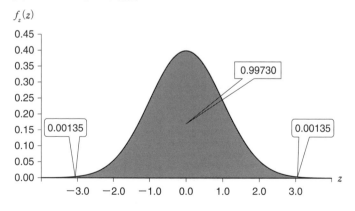

3-3-7　だれもが過去にお世話になったZスコア

広く用いられているZスコアの例を示す。質問形式で解説する。

質問1：
　だれにでも、これまでの人生で、Zスコアをおおいに利用していた時期があった。といってもZスコアそのものを利用していたのではなく、Zスコアに多少の変換を加えた値で利用していた。そのZスコアに多少の変換を加えた値は、なんという名称で呼ばれていたか。

解答1：
　その値は偏差値という名称で呼ばれていた。試験における各人の得点から算出される個人別偏差値のことである。ある模擬試験でAさんが78点を獲得したら、その偏差値が65と計算されたというような例である。

　偏差値の役割はよく知られている。偏差値を用いると、異なる試験を同じ基準で比較できるようになる。たとえば、毎月行われる学力試験において、Aさんの得点が、9月は40点、10月は60点であったとする。成績が向上したかどうかの評価は他の受験者との比較で行われなければならない。試験の平均点が9月は40点、10月は60点であったとしたら、Aさんの成績は両試験とも変わらずに平均的であったことになる。このような場合に、偏差値は両方とも変わらず50となり、全受験者中のAさんの相対的な位置が変わらないことを示す。

質問2：
　個人の点数をXとし、質問1における「多少の変換」の式を示せ。ただし、全受験者の得点から計算された平均点μと、標準偏差σは発表されるものとする。

解答2：
　「多少の変換」の式、すなわち偏差値の定義式は以下である。

$$\text{偏差値} = 10 \times \frac{X - \mu}{\sigma} + 50 = 10Z + 50$$

　偏差値の定義式が、このように定められた理由を説明する。試験における受験者の得点からヒストグラムを作成すると、中心近辺の階級の人数が多く、中心から上下どちらの方向に離れても人数が少なくなり、かつ、左右対称に近い形状となることが多い。そこで、得点のヒストグラムを正規分布で近似する。すると個人の得点は、その正規分布の横軸のどこかに対応する。しかし異なる試験の結果を比較しようとすると、試験の難易度が毎回異なるため、正規分布の平均と標準偏差が試験ごとに異なり、つまり試験ごとの正規分布がいろいろなかたちとなり、共通の基準で比較できない。そこで、各試験の個人の得点をZスコアに変換する。Zスコアであれば、常に平均0、標準偏差1の標準正規分布に従うので、共通の基準で比較できる。

　ただ偏差値がZスコアそのものであると、偏差値はたとえば、－1.9、－0.2、＋2.5というような値になり、マイナスや小数の扱いが煩わしいうえに、試験の得点とはかけ離れた数字となりイメージが湧きにくい。そこで、もう少し得点に近い数字にして雰囲気を出すために、Zに「多少の変換」が行われることとなった。そして、偏差値の標準偏差を10にするためにZを10倍し、偏差値の平均を50にするために50が加えられるという一次変換が選択された。この一次変換は単にそのように選択されたというだけのことである。50という平均値はともかくとして、10という標準偏差を選択したことのセンス（sense）がよかったかどうかは、暇な時にでも考えてみてほしい。

　以上述べたことを、例を用いて説明すると、たとえば500人が受験した模擬試験における、全受験者の得点をヒストグラムにしたところ、図3-18のようになったとする。

　平均は40、標準偏差は15と発表された。そこで、このヒストグラムを図3-19のような平均40、標準偏差15の正規分布で近似し、個人の得点をZスコアに変換してから偏差値を計算する。

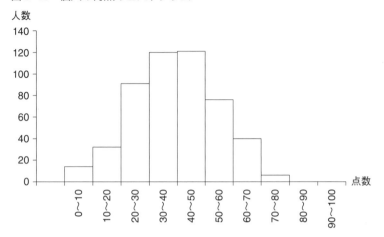

図3-18 個人の得点のヒストグラム

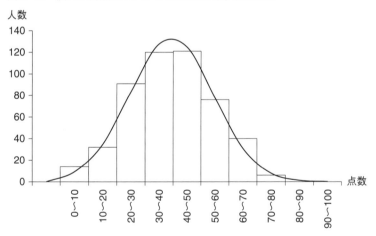

図3-19 個人の得点のヒストグラムを正規分布で近似

Aさんの得点が45点であれば、偏差値は以下のように計算される。

$$偏差値 = 10 \times Z + 50$$

$$= 10 \times \frac{X - \mu}{\sigma} + 50$$

$$= 10 \times \frac{45 - 40}{15} + 50$$

$$= 10 \times \frac{1}{3} + 50$$

$$\fallingdotseq 53.3$$

質問3：

　受験者数1万人の模擬試験において、偏差値70以上を獲得した受験者は、理論的には何人くらい存在すると考えられるか。

解答3：

$$Z = \frac{70-50}{10} = 2$$

　標準正規分布表から、$Z = 2$の上側確率0.02275が得られる。よって、偏差値70以上の受験者は、1万人の2.275%であるから、およそ228人である。ただし、あくまでも個人の得点のヒストグラムが正規分布で近似できるようなかたちをしている限り、という前提がある。個人の得点のヒストグラムが、正規分布で近似することには無理があるような形状を示している場合には、この数字はあまり意味をなさない。

質問4：

　偏差値が100より大きい値となることは、理論的にありうるか。

解答4：

　ありうる。ただし、実際の試験の結果には、0点という下限と満点という上限があるので、偏差値が100を超える頻度は、そう多くはない。しかしたとえば、平均点29点、標準偏差8点の試験において、ある学生の点数が99点であったとする。すると偏差値は以下のように100を超える。

$$偏差値 = 10 \times \frac{99-29}{8} + 50 = 137.5$$

　平均点が低いほど、標準偏差が低いほど、偏差値は100より大きくなりやすい。

質問5：
偏差値がマイナスの値となることは、理論的にありうるか。

解答5：
ありうる。ただし、実際の試験の結果には、0点という下限と満点という上限があるので、偏差値がマイナスとなる頻度は、そう多くはない。しかしたとえば、平均点70点、標準偏差8点の試験において、ある学生の点数が20点であったとすると、偏差値は以下のようにマイナスになる。

$$偏差値 = 10 \times \frac{20 - 70}{8} + 50 = -12.5$$

平均点が高いほど、標準偏差が低いほど、偏差値はマイナスになりやすい。

質問6：
毎月の模擬試験におけるAさんの得点が、9月は40点、10月は60点であった場合に、Aさんの実力が向上したか否かの評価は、偏差値を用いれば可能になると述べた。しかしこれは、ある仮定が満たされた場合にのみ成立することである。その仮定とは、2つの試験の受験者層の学力レベルがどのようであると仮定するものか。

解答6：
2つの試験の受験者層の学力レベルが同程度であると仮定するものである。

3-4　実務における利用例

3-4-1　ボラティリティ　その2

第1章1-5の「実務における利用例」においてボラティリティを取り上

げたが、その際には、第1章で解説された統計学の範囲でしかボラティリティを説明できないという制約があった。そのため、ボラティリティの定義とヒストリカル・ボラティリティの計算方法を示したところで説明を終了した。第2章と第3章の統計学の解説が終了したので、ボラティリティの説明を、もう少しだけ追加する。

実務においてボラティリティは、「資産Aの1カ月ボラティリティを10％と予想する」というような文脈で語られる。これは何を意味するのか。意味を解釈するためには、この文において言及されていない当然の仮定を認識する必要がある。その仮定とは、「資産Aの連続複利収益率が正規分布に従う」というものである。

よって、この仮定と、「資産Aの1カ月ボラティリティを10％と予想する」という文とをあわせて解釈すれば、その意味は、「資産Aの期間1カ月の連続複利収益率が標準偏差10％の正規分布に従うと予想する」ということになる。この例の正規分布を図3-20に示す。期待値は1％とした。また、この正規分布の確率変数は年率化された連続複利収益率であるので、標準偏差をボラティリティと呼んでも同じことである。

この正規分布の表すことが先の「資産Aの1カ月ボラティリティを10％と予想する」という文の意味のすべてである。よって、正規分布を示すことで

図3-20　ボラティリティ10％の正規分布の例

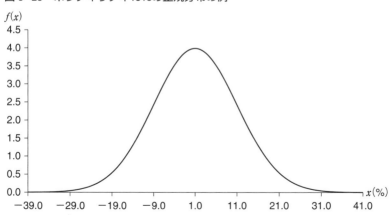

言い尽くされているのだが、具体的に何を意味するのかという例をいくつか示してみる。確率の数字は標準正規分布表を用いて得た、およその値である。

(1) 資産Aの現在から1カ月後までの連続複利収益率が、68％の確率で、－9％と11％の間の範囲に収まると予想する。－9％と11％の間の範囲は1シグマの範囲である。

(2) 資産Aの現在から1カ月後までの連続複利収益率が、＋21％以上となる確率を、およそ2.275％と予想する。21％は「$\mu+2\sigma$」である。

(3) 当初の資産Aの価格が1000である場合、資産Aの1カ月後の価格が1017以上となる確率は、(2)の結果も用いて、およそ2.275％であると予想される。価格1017は、以下のように求めたものである。

$$1000 \times e^{0.21 \times \frac{30}{365}} \fallingdotseq 1017$$

3-4-2　オプション・プライシング——ブラック・ショールズ・モデルを統計学を用いて考察

オプション価格を算出する理論にも、統計学がおおいに利用されている。本項では、世界でいちばん有名なオプション・プライシング・モデル（option pricing model）である「ブラック・ショールズ・モデル（Black-Scholes model）（Fischer Black and Myron Scholes "The Pricing of Options and Corporate Liabilities" Journal of Political Economy, May/June 1973）」において、統計学がどのように利用されているかをみていく。ブラック・ショールズ・モデルとはヨーロピアン・オプション（European option）の理論価格を算出するモデルであり、狭義では原資産（underlying asset）が配当のない株である場合をいうが、広義では原資産が配当のない株以外であっても、ブラック・ショールズ・モデルと呼ぶ。ブラック・ショールズ・マートン・モデル（Black-Scholes-Merton model）と呼ばれることもある。ブラック・ショールズ・モデルの式は、難解であるとの印象を与えるが、統計学の知識があれば、何を行っているのかがみえてくるという話をしたい。

オプション理論の教科書では通常、ブラック・ショールズ・モデルに先だって、二項分布モデルによるオプション・プライシングが解説されるが、実務において二項分布モデルが用いられることは、あまりないので、本書では取り上げないこととする。また、実務では数値計算法等、さまざまなオプション・プライシング・モデルが使われているが、それらも本書の範囲を超えるので取り上げないこととする。

　しかし、トレーダーがどのようなプライシング・モデルを用いていたとしても、ブラック・ショールズ・モデルもあわせて使っているというのが実務の現状である。これについては、第4章でも触れる。

3-4-2-1　オプション関連の専門用語

　最初に、本書に出てくる範囲のオプション関連の専門用語の意味を示しておく。専門用語を説明なしに使うことを極力避けるという研修講師としての習性が身についているので、本書はオプションの専門書ではないが、簡単な解説は行っておきたい。

3-4-2-1-1　スポットとフォワード

(1)　スポット取引：スポット取引（spot transaction）とは、通貨、債券、株等の資産の現物取引のことであり、約定後にすみやかに受渡しが行われる通常の取引のことである。

　受渡日が異なると価格が異なってくるので、取引の受渡時点を明示するために、「取引」という漠然とした言い方をせずに「スポット取引」と呼ぶ。

(2)　スポット日：スポット日（spot date）とは、通貨、債券、株等の資産のスポット取引の受渡日、つまり現物取引の標準の受渡日のことである。先物取引（後述）というわけではなく、現物取引であっても、事務処理等の都合から、約定日の数営業日後をスポット日とすることが多い。約定日の何営業日後がスポット日であるかは資産ごとに異なり、それぞれ市場慣行がある。たとえば通貨であれば通常2営業日後がスポット日である。日本株であれば3営業日後がスポット日であり、これは起算日も含めて「4日目」という言い方をすることもある。

なお、本書においては、まさに今日を現在時点とするのではなく、スポット日を現在時点とすることとする。

(3) スポット価格：スポット価格（spot price）とは、スポット日に受渡しを行う場合の価格、すなわちスポット取引の価格のことである。

受渡日が異なると価格が異なってくるので、取引の受渡時点を明示するために、「価格」という漠然とした言い方をせずに「スポット価格」と呼ぶ。

(4) フォーワード取引：フォーワード取引（先渡取引）（forward）とは、2当事者間の相対取引（Over the counter, OTC）であり、スポット日以外の時点を受渡日とする取引のことである。一般には、約定時に合意した将来時点（満期）（expiry, expiration）に、約定時に合意したフォーワード価格で原資産を受け渡すことを、今日約束する取引である。

受渡日が、スポット日と1日でも異なれば、フォーワード取引であり、スポット価格とフォーワード価格は異なる。スポット日を基準にして、たとえば受渡日がスポット日より1日将来のフォーワード取引をワン・デイ・フォーワード（1 day-forward）、受渡日がスポット日より3カ月将来のフォーワード取引を3カ月フォーワード（3 month-forward）、などと呼ぶ。

フォーワード取引の受渡日は満期日（expiry, expiration）、または単に満期と呼ばれる。スポット日から満期日までの期間をフォーワードの期間（time to maturity）と呼ぶ。

ちなみに先物取引（future）も将来の決められた時点（満期）に、約定時に合意した先物価格で、原資産を受け渡すことを約束する取引であるが、相対取引ではなく取引所取引であるという点がフォーワード取引とは異なる。

(5) フォーワード価格：フォーワード価格（forward price）とは、スポット日以外の日に受渡しを行う場合の価格、すなわちフォーワード取引の価格のことである。

フォーワードはスポットのデリバティブ（後述）であるから、フォー

ワード理論価格はスポット価格から導くことができる。フォーワード理論価格式の例を、式3-4に示す。連続複利に慣れていない場合には、式3-5の単利の式によって意味を解釈するとよい。式3-4と式3-5は金利の種類が異なるだけで、行っていることは同様である。金融工学で用いられるのは、もっぱら連続複利のほうである。

また、フォーワードに限らず、デリバティブの理論価格式は、原資産が何かを意識することが必要である。原資産が何かにより多少の違いが出てくるからである。関連の問題を「練習問題」に入れたので参考にされたい。式3-4と式3-5は、原資産が配当のない株の場合である。

▌式3-4
〔フォーワードの理論価格式、原資産は配当のない株、金利の種類は連続複利〕

$F = Se^{rt}$

F：フォーワード理論価格

S：現在のスポット価格

r：金利（連続複利）

t：フォーワード取引の期間（年）

▌式3-5
〔フォーワードの理論価格式、原資産は配当のない株、金利の種類は単利〕

$F = S(1 + rt)$

F：フォーワード理論価格

S：現在のスポット価格

r：金利（単利）

t：フォーワード取引の期間（年）

3-4-2-1-2　オプション

(1)　コール・オプション：満期に原資産（原証券）(underlying asset, underlying securities) を行使価格（strike price, exercise price）で買う

ことのできる権利をコール・オプション（call option）という。原資産とは、通貨、債券、株等の権利の対象となる資産のことである。コール・オプションの買い手は、コール・オプションの売り手にオプション価格（オプション料）（option price, premium）を払う必要がある。本書では、特に断りがない限り、オプション料はスポット日に受渡しされるものとする。

(2) プット・オプション：満期に原資産を行使価格で売ることのできる権利をプット・オプション（put option）という。プット・オプションの買い手はプット・オプションの売り手にオプション価格を払う必要がある。

(3) ヨーロピアン・オプション：ヨーロピアンとはオプションの種類を表す名称である。満期日にのみ権利行使できる種類のオプションを、ヨーロピアン・オプション（European option）と呼ぶ。ブラック・ショールズ・モデルは、ヨーロピアン・オプションの理論価格式である。さまざまな種類があるオプションのなかで、最も取引量の多い種類のオプションであり、プレイン・バニラ・オプション（plain vanilla option）とも呼ばれる。プレイン・バニラとは、最も一般的という意味であり、たとえばプレイン・バニラ・スワップというように、他のプロダクトに対しても用いられる。本書では、特に断りのないかぎり、オプションの種類は、ヨーロピアン・オプションであるとする。

ちなみに、アメリカン・オプション（American option）という種類のオプションが、オプションの教科書ではヨーロピアン・オプションと並列に解説されている。しかし、日本におけるアメリカン・オプションの取引量は微量であり、ヨーロピアン・オプションとは比べ物にならないほど少ない。アメリカン・オプションとは、満期日のみならず、満期日以前であればいつでも権利行使できる種類のオプションのことである。プレイン・バニラ・オプションにアメリカン・オプションを含めるのが一般的な定義であるが、プレイン・バニラ・オプションといっても文脈によってはヨーロピアン・オプションを意味していることがあるので注意が必要である。米国の上場株式オプションや、ETF（exchange traded fund）、ETN（exchange traded note）を原資産とする上場オプションがアメリカン・

オプションである。

(4) エキゾティック・オプション：エキゾティック・オプション（exotic option）という名称も、オプションの種類を表すものであるが、総称である。プレイン・バニラ・オプション以外の種類のオプションを総称してエキゾティック・オプションと呼び、ノックアウト・オプション、ノックイン・オプション、デジタル・オプション等、さまざまな種類がある。名称が統一されていないので、注意が必要である。たとえば、表題が「ノックアウト・オプション」となっている2つの提案書をよく読み込んでみたら、異なる商品性のオプションであったなどということは、よくあることである。

(5) デルタ：デルタ（delta）とは、オプションのリスク指標（risk measures）の一種であり、オプション・プライシング・モデルへの他の投入要素が不変で、原資産のスポット価格のみが微小に変化した場合の、オプション価格の変化額を表す（注2）。原資産のスポット価格だけが微小な幅だけ変化した場合の、オプション価格の変化額の近似値は、デルタを用いると以下のように計算できる。

（注2） デルタの定義は、3−5の「数学的補足」参照。

オプション価格の変化額の近似値 = delta × (ΔS)

delta：オプションのデルタ

Δ：「変化額」を意味する数学の記号。これもデルタと読むので紛らわしいが、オプションのデルタとは別物である。本書ではオプションのデルタはデルタ、または、deltaと記し、Δという記号は数学の変化額の意味のみで用いることとする。

S：原資産のスポット価格、よって、ΔSは原資産のスポット価格の変化額を表す。

たとえば、原資産のスポット価格が100、デルタが+0.40のとき、コール・オプションの価格が12.1であったとする。その直後に原資産のスポット価格だけが102に上昇したとする。オプション価格の変化額の近似値と、変化後のオプション価格のおよその値は以下のように求められる。

$$\text{オプション価格の変化額の近似値} = \text{delta} \times \Delta S$$
$$= +0.40 \times (+2)$$
$$= +0.80$$

原資産価格変化後のオプション価格の近似値$= 12.1 + 0.8 = 12.9$

3-4-2-1-3 その他

(1) デリバティブ：デリバティブ（派生商品）(derivative) は、フォワード、フューチャー、オプション等の原資産から派生（derive）して生まれた金融商品の総称。

(2) クォート、クォーテーション：トレーダーが取引のための価格やボラティリティを提示することをクォート（quote）するといい、提示された価格をクォーテーション（quotation）と呼ぶ。

(3) ビッド・プライスとオファー・プライス：価格をクォートしているトレーダーが買う場合の価格をビッド・プライス（bid price）、価格をクォートしているトレーダーが売る場合の価格をオファー・プライス（offer price）、または、アスク・プライス（ask price）と呼ぶ。

(4) 裁定取引：狭義の裁定取引（arbitrage）とは、マーケット・リスクなしに、必ず確定の利益が得られる取引のことである。

3-4-2-1-4 イン・ザ・マネー、アット・ザ・マネー、アウト・オブ・ザ・マネー

日本市場において圧倒的に取引量の多いヨーロピアン・オプションについてのみ解説する。イン・ザ・マネー（in the money, ITM）、アット・ザ・マネー（at the money, ATM）、アウト・オブ・ザ・マネー（out of the money, OTM）という3つの用語は、満期時点で使われる場合と、まだ満期まで期間がある時点で使われる場合とに分けて、定義する必要がある。満期までの期間が数カ月であろうが、10日であろうが、満期以前という点では同じ説明が当てはまる。

満期におけるイン・ザ・マネー、アット・ザ・マネー、アウト・オブ・ザ・マネーの定義は単純であり、オプションを権利行使することが合理的な状態にあることをイン・ザ・マネーといい、権利行使することが合理的では

ない状態にあることをアウト・オブ・ザ・マネーと呼ぶ。コール・オプションであれば、行使価格が、満期における原資産のスポット価格より低い状態をイン・ザ・マネー、行使価格がスポット価格と等しい状態のことをアット・ザ・マネー、行使価格がスポット価格より高い状態のことをアウト・オブ・ザ・マネーと呼称する。

しかし、まだ満期まで期間が残っている場合には、満期の場合の定義は当てはまらない。また、実務においては、さらなる派生語も生まれている。たとえばアット・ザ・マネーであれば、ATMF（アット・ザ・マネー・フォワード）(at the money forward)、ATMS（アット・ザ・マネー・スポット）(at the money spot)、ATMDN（アット・ザ・マネー・デルタ・ニュートラル）(at the money delta neutral) などと、いくつかの種類を設けて使い分けている。以下、ATMF等の記号で解説する。

まず、先にATMDNを説明すると、ATMDNとはコール・オプションとプット・オプションのデルタの絶対値が等しい水準にある状態を意味する。

そして本題のATMFとATMSであるが、いまはヨーロピアン・オプションについて考えているので、理論的にはATMFが正しい。Fが表すのは、原資産と満期が当該オプションと等しいフォワードの価格である。そして、ATMFとはオプションの行使価格とフォワード価格とが等しい状態を意味する。なぜ、行使価格とスポット価格が等しいATMSではなく、行使価格とフォワード価格が等しいATMFが正しいのかといえば、行使価格とフォワード価格は、時点が等しいからである。行使価格はオプションの満期日時点の値、つまり将来価値（future value）で表された値であり、スポット価格は現在価値（present value）で表された値である。時点が異なる数字は、お金の価値が異なるのであるから、比較することも、足したり引いたりすることもできない。

ATMSは、単にオプションの行使価格と、現在のスポット価格の数字が等しいということをいっているだけで、金融工学の観点からは、あまり意味をもたない。

たとえば、「オプションの価値は、本源的価値（intrinsic value）と時間的

価値（time value）で構成され、式に表すと、オプション価格＝本源的価値＋時間的価値となる」といわれるが、この場合の本源的価値の定義は、以下のようなフォワード価格と行使価格との差とすべきである。スポット価格と行使価格の差としてしまうと、時点が混在することになり正しくない。

〔ヨーロピアン・コール・オプションの本源的価値〕
　　　max（フォワード価格－行使価格，0）
〔ヨーロピアン・プット・オプションの本源的価値〕
　　　max（行使価格－フォワード価格，0）
「max」はカッコ内の値の大きいほうという意味である。

　ITM、ATM、OTMという用語、および、本源的価値という用語を、満期日以前に使う場合に、以下のような誤用がみられるので、ここで確認しておく。引き続きヨーロピアン・オプションについてであり、かつ、満期日まで、まだ期間がある場合の話である。「コール・オプションの行使価格がスポット価格より低い状態がイン・ザ・マネーである」という記述は、時点が異なる数字は比較できないので適切ではなく、「コール・オプションの行使価格がフォワード価格より低い状態がイン・ザ・マネーである」とするのが正しい。また、「コール・オプションの行使価格が原資産価格より低い状態がイン・ザ・マネーである」という記述も、「原資産価格」がスポット価格を指すのかフォワード価格を指すのかがよくわからずあいまいである。「権利行使できる状態をイン・ザ・マネーと呼ぶ」という記述も、ヨーロピアン・オプションは満期前には権利行使できないので意味が不明である。

研修講師からの応援メッセージ6

◆時点を意識してオプション関連用語を定義することが重要

　以上のようなITM、ATM、OTMという用語の誤用は、ヨーロピアン・オプションとアメリカン・オプションを混同していることが原因であると推察できる。1973年4月26日に世界で最初の上場株式オプション取引がCBOE（シカゴオプション取引所）（Chicago Board Options Exchange）で開始されて以降、特に黎明期は、オプション関連の理論は米国から世界に発信されること

が多かった。ところがCBOEの株式オプションはアメリカン・オプションであるため、ITM、ATM、OTM、本源的価値という用語の解説がアメリカン・オプションを前提に行われていた。前提が当たり前すぎると、それについて毎回言及して注釈をつけることは、省略されがちになる。その注釈なしの理論を日本で、そのままヨーロピアン・オプションに適用したために混乱が生じたものと推察できる。

　アメリカン・オプションであれば、「コール・オプションの行使価格がスポット価格より低い状態がイン・ザ・マネーである」という記述は正しい。アメリカン・オプションはいつでも権利行使できるので、アメリカン・オプションの行使価格の時点は現在、すなわち現在価値であり、スポット価格と時点があっている。「コール・オプションの行使価格が原資産価格より低い状態がイン・ザ・マネーである」という記述も正しい。特に断りなく原資産価格といえば、通常はスポット価格を指し、こちらも両者の時点があっている。「権利行使できる状態をイン・ザ・マネーと呼ぶ」という記述も、アメリカン・オプションであるならいつでも権利行使できるので正しい。

　また、アメリカン・オプションであるならば以下は正しい。時点があっている。

〔アメリカン・コール・オプションの本源的価値〕
　　max（スポット価格－行使価格, 0）
〔アメリカン・プット・オプションの本源的価値〕
　　max（行使価格－スポット価格, 0）

「なぜそれほど現在価値にこだわるのですか」という質問を受けたことがあるが、時点を意識することが、金融工学を理解するうえで何よりも大切であると筆者は考えている。そこをあいまいにしてよいのであれば、金融商品のプライシング理論は成立しない。たとえば、時点がどうでもよいのであれば、スポット価格とフォワード価格が同じでよいことになってしまう。別の例をあげれば、固定利付債の価格は「将来のキャッシュ・フローの現在価値の合計額」であるが、現在価値に変換しなくてよいのであれば、「将来のキャッシュ・フローの合計額」となってしまう。仮にそうであるとすると、債券価格は「償還額100と全クーポン額との合計額」という必ず100より大きな値となり、その100より大きい値はクーポン支払日以外にはいっさい変化せず、クーポン支払日が過ぎるごとにクーポン分減価していくということになる。

ありえない。そして何より、金利という概念がこの世から消えることになってしまう。

「『原資産が配当のない株である場合の、ヨーロピアン・プット・オプションの時間的価値は、マイナスになることがある』と本に書いてあったのですが、時間的価値がマイナスになるというのは、どういうことですか」という質問を受けたことがある。よく勉強していなければ出てこない質問であることに加えて、質問者が入社数日目の新卒者であったこともあり、感心させられ印象に残っている。

さて質問への回答であるが、ヨーロピアン・プット・オプションの時間的価値がマイナスになってしまうのは、本源的価値を求める際に「本源的価値＝行使価格－スポット価格」とする、時点を混在させた誤った定義を用いるからである。「本源的価値＝行使価格－フォーワード価格」とする時点があっている正しい定義を用いれば、時間的価値がマイナスになることはない。時間的価値は「時間的価値＝オプション価格－本源的価値」で求められるので、本源的価値が誤っていると、結果として、時間的価値がマイナスになってしまうことがある。

このITM、ATM、OTM、本源的価値のみならず、金融、特にデリバティブ関連の用語使いは、誤用が多かったり、人によって定義が異なったりして、きわめて混乱をきたしているのが現状である。まったく異なる概念に同じ名称がついていることはよくあるし、反対に、まったく同じ概念であるのに人によって異なる名称を使うこともよくある。自分の知っている名称が使われれば問題ないことも、たまたま自分が知らない名称を使われると、それだけで全体の意味がわからなくなる。よって、本や資料の記述、あるいは専門家のいっていることが意味不明であっても、その原因は用語使いにあるかもしれない。したがって、何かの記述や人の説明が理解できなかった場合、自分の勉強不足が原因であると判断する前に、出てきた用語のなかで意味があやふやなものについて、（文章であれば無理だが）まず話者に意味を確認してみよう。それだけで、話が格段に理解できるようになる可能性がある。

そして、自省を込めていえば、お互いに相手の立場に立って、用語使いに十分配慮することが必要であろう。独りよがりの略語を使うことも避けたいものである。本書では、独りよがりの略語は避け、用語はいったん説明して

から使うよう最大限の配慮をしているつもりだが、何かお気づきの点があればご指摘いただければありがたい。

3-4-2-1-5　約定日、オプション料の受渡日、満期日、原資産の受渡日

(1) 約定日とオプション料の受渡日：教科書においては、オプション取引の約定と、オプション料の受渡しは同日に行われるとし、その日を約定日（取引日）(trade date) と呼ぶ。しかし実務においては、オプションの約定日とオプション料の受渡日とは通常異なる。事務処理等の都合から、スポット日をオプション料の受渡日とすることが多い。

　実務では、オプションの満期にオプション料を受け渡すこともある。オプション料を数回に分けて分割払いで受け渡すこともある。相対取引であれば、2当事者が合意に至れば多くのことは可能となるからである。本書においては特に断りのない限り、オプション料はスポット日に受渡しが行われるものとする。

　オプション料の受渡日を、たとえばスポット日から満期日に変えた場合には、オプション価格を変えなければならない。時点が異なるので、お金のもつ価値が異なってくるからである。これは練習問題とする。

(2) 満期日と原資産の受渡日：教科書においては、オプションの権利行使と権利行使の結果としての原資産の受渡しは同日に行われるとし、その日を満期日 (expiry date) と呼ぶ。しかし実務においては、オプションの行使日（満期日）(expiry date) と、権利行使した場合の原資産の受渡日（決済日）(value date, delivery date) とは異なることが多い。近時は米国の上場オプション等で同日とする動きもみられるが、多くは事務処理等の都合から権利行使日の数営業日後を、原資産の受渡日とすることが多い。しかし、本書においても他の教科書と同様に、行使日と原資産の受渡日を同日とし、両方とも満期日（満期）と呼ぶこととする。

3-4-2-1-6　現物決済と現金決済

専門用語の最後として、現物決済 (physical settlement) と現金決済 (cash

settlement）の解説が必要である。これら2つは、オプションの買い手が満期に権利行使を行う場合の決済方法を定めるものである。実務においては、どちらの決済方法をとるかを、あらかじめ約定時に、当事者間で決めておく必要がある。現物決済とは、実際に原資産を受け渡す教科書どおりの決済方法である。現金決済とは、原資産を受け渡さずに現金だけを受け渡して、現物決済と同じ経済効果を達成する決済方法である。

たとえば、満期の市場において、原資産のスポット価格が140円となり、行使価格100円のコール・オプションを権利行使する場合を考える。オプション料は、すでにスポット日に受渡しずみであるので、ここで考える必要はない。図3-21に示すように、現物決済であれば、オプションの買い手は、行使価格100円を払ってオプションの売り手から原資産を買うことになる。

これが現金決済であれば、どのようになるか。それを明らかにするために、現物決済の場合の両者の損益を考えてみる。まずオプションの買い手は、市場のスポット価格より1単位当り40円安い価格で原資産を買うことができるのだから、40円の利益となる。一方、オプションの売り手は市場のス

図3-21 満期に権利行使する場合のキャッシュ・フロー（原資産1単位当り）

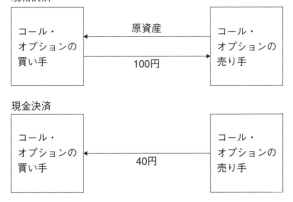

152

図3-22 満期における行使価格100のコール・オプションの価値

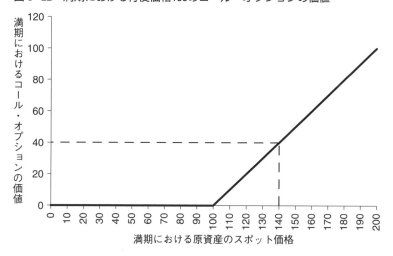

ポット価格より40円安い価格で原資産を売らなければならないので、40円の損失となる。

現金決済はオプションの買い手の40円の利益、オプションの売り手の40円の損失となるように現金を動かせばよいのだから、オプションの売り手がオプションの買い手に40円を支払えばよい。

この40円は、図3-22に示すように、満期におけるコール・オプションの価値にほかならない。また、原資産が指数（インデックス）（index）、たとえば日経平均株価指数等であると、現物決済は不可能となるので現金決済とならざるをえない。現金決済を説明している教科書が、なぜかあまり見当たらないが、実務では一般的によく用いられる決済方法である。

3-4-2-2　簡易なプライシング・モデル

実際にブラック・ショールズ・モデルに進む前に、ブラック・ショールズ・モデルと同様のメカニズムでオプション価格を算出する、簡易なプライシング・モデルを解説する。本書では、微分方程式を解く方法ではなく、リスク中立化法によりブラック・ショールズ・モデルを導く方法を解説する。この簡易なプライシング・モデルは、その解説のための準備である。

ブラック・ショールズ・モデルのメカニズムをワンフレーズでいえば、オ

プション価格はリスク中立世界における「将来のキャッシュ・フローの期待値の現在価値」であるとなる。現在価値を算出する際に用いる金利はリスク・フリー・レート（risk-free rate）である（注3）。

（注3）「リスク中立世界」、「リスク・フリー・レート」については、「数学的補足」参照。また、以降、この点について細かく言及しないが、リスク・フリー・レートの種類は理論的にはゼロ・レートであるべきである。「ゼロ・レート」については、拙共著『スワップ取引のすべて』参照。

このワンフレーズの具体的な意味を示すために、簡単な確率分布を仮定したプライシング・モデルをみてみる。満期における原資産のスポット価格が、フォワード価格を中心として、図3-23のような離散型確率分布に従うとする。フォワードの原資産と満期はオプションと等しいものとする。このような確率分布を、本書では「ファイブ・スティック分布（five stick distribution）」と呼び、ファイブ・スティック分布を用いるプライシング・モデルをファイブ・スティック分布モデルと呼ぶこととする（注4）。ブラック・ショールズ・モデルでは連続複利収益率が正規分布に従うと仮定するが、ここでは収益率ではなく価格がこの分布に従うと仮定するなど、直観的

図3-23　満期における原資産のスポット価格が従う確率分布と行使価格95のコール・オプションの価値

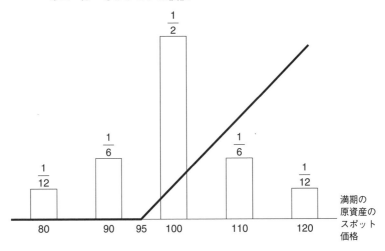

なわかりやすさを重視した仮定を置くこととする。確率分布の各柱の幅は1である。原資産は配当のない株A、オプション満期までの期間は1年、金利は単利の1％とし、行使価格95のコール・オプションの価格を求めてみる。図3-23には満期におけるコール・オプションの価値のグラフを確率分布に重ねて表示してある。

　（注4）「ファイブ・スティック分布」、「ファイブ・スティック分布モデル」は筆者の造語であり、市場の専門用語ではない。

　さて、第2章で解説された「確率分布の見方」によれば、横軸には起こりうるすべての場合がリストアップされていることになる。ファイブ・スティック分布の横軸をみると、80、90、100、110、120の5つの値がリストアップされている。つまり、ファイブ・スティック分布は満期における株価が、これら5つのどれかにしかならないということを表している。あるいは、横軸上の他の値の確率は、上に柱がないので柱の面積がゼロ、つまり確率がゼロであると考えても同じことである。これはきわめて非現実的な仮定である。このような仮定を置いている理由は、確率分布さえ簡単であればオプション価格を手計算できるからである。

　オプション価格はリスク中立世界における「将来のキャッシュ・フローの期待値の現在価値」であるので、このフレーズどおりにオプション価格を求める。よってまず、「将来のキャッシュ・フロー」を求める。「将来のキャッシュ・フロー」とはオプションを権利行使した場合のキャッシュ・フローという意味であり、現金決済を行った場合のキャッシュ・フローと考えてもよい。つまり、満期におけるオプションの価値である。満期において株Aが取りうる価格は5通りしかないので、それぞれの場合についてキャッシュ・フローを考えるのは簡単である。たとえば、満期の株価が80となった場合を考えてみると、オプションは権利行使されないのでキャッシュ・フローはゼロである。満期の株価が110となった場合を考えてみると、オプションは権利行使され、オプションの価値は110－95＝15であるからキャッシュ・フローは15となる。同様に5通りすべての場合について考えた「将来のキャッシュ・フロー」を図3-24に示す。

図 3-24　将来のキャッシュ・フロー

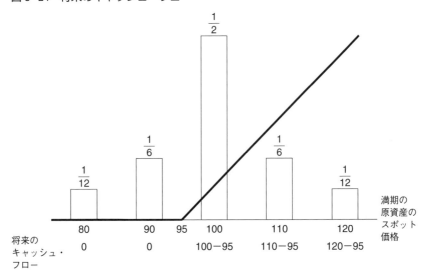

あとは「将来のキャッシュ・フローの期待値の現在価値」であるので、期待値を計算してそれを現在価値に変換すればよい。期待値とはもちろん、第2章で解説されたものである。よって、オプション価格は、式3-6のようになる。

■ 式 3-6

$$C = \frac{1}{1+rt} \times \{(100-行使価格) \times 確率_{100} + (110-行使価格) \times 確率_{110}$$

$$+ (120-行使価格) \times 確率_{120}\}$$

$$= \frac{1}{1+0.01 \times 1} \times \left\{(100-95) \times \frac{1}{2} + (110-95) \times \frac{1}{6} + (120-95) \times \frac{1}{12}\right\}$$

$$= 7.013$$

C：現在時点におけるコール・オプション価格

r：金利(年率)

t：オプションの期間(年)

以上が、「将来のキャッシュ・フローの期待値の現在価値」というフレーズの意味であり、ブラック・ショールズ・モデルがオプション価格を算出するメカニズムである。ファイブ・スティック分布モデルとブラック・ショールズ・モデルとの違いは、ファイブ・スティック分布モデルは満期の価格がファイブ・スティック分布に従うと仮定し、ブラック・ショールズ・モデルは満期までの連続複利収益率が正規分布に従うと仮定していることである。

3-4-2-3　ブラック・ショールズ・モデル
3-4-2-3-1　コール・オプション理論価格式

　では、以上をふまえてブラック・ショールズ・モデルを考察する。原資産は配当のない株とする。最初に、ブラック・ショールズ・モデルのコール・オプション理論価格式と、その概念図を提示しておく。式3-7と図3-25である（注5）。なお、ボラティリティ σ とリスク・フリー・レート r は期間を通じて一定であると仮定されている。

(注5)　ブラック・ショールズ・モデルについては、3-5の「数学的補足」も参照されたい。

■ 式3-7

〔ブラック・ショールズ・モデルのコール・オプション理論価格式〕
原資産は配当のない株

$$C = SN(d_1) - Ke^{-rt}N(d_2)$$

$$d_1 = \frac{\ln\left(\frac{S}{K}\right) + \left(r + \frac{\sigma^2}{2}\right)t}{\sigma\sqrt{t}}$$

$$d_2 = \frac{\ln\left(\frac{S}{K}\right) + \left(r - \frac{\sigma^2}{2}\right)t}{\sigma\sqrt{t}}$$

C：現在のコール・オプション理論価格
S：現在の原資産のスポット価格
K：行使価格

r：リスク・フリー・レート(年率)
t：オプションの期間(年)
σ：ボラティリティ(年率)
$N(\ )$：標準正規分布の下側確率(累積分布関数)
e：自然対数の底
$\ln$：自然対数

ちなみに、自然対数の表記方法は以下のように数種類あるが、すべて同じ意味である。

$\ln X = \log X = \log_e X$

3-4-2-3-2　S、K、r、t、σをインプットする理由

図3-25の概念図は、ブラック・ショールズ・モデルにS、K、r、t、σをインプットするとコール・オプション価格Cがアウトプットされることを表す。ブラック・ショールズ・モデルをブラック・ボックスであるかのように描いたが、これまでの解説ですでに中は透けてみえている。なかには、連続複利収益率が正規分布に従うという仮定が入っていて、リスク中立世界における「将来のキャッシュ・フローの期待値の現在価値」を計算している。

コール・オプション理論価格式に進む前に、なぜ、S、K、r、t、σの5

図3-25　ブラック・ショールズ・モデルのコール・オプション理論価格式の概念図
原資産は配当のない株

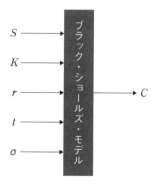

つを投入する必要があるのかを考えてみる。まず、SとKは「将来のキャッシュ・フロー」を求める際に必要となる。

そしてrとtとσが必要となる理由は、rとtとσとで正規分布が特定されるからである。rとtとσから、連続複利収益率が従う正規分布の平均と標準偏差が決まり、平均と標準偏差が決まれば正規分布のかたちが決まるということである。正規分布は平均と標準偏差という2つのパラメータが与えられると、一意に定まることを思い出してほしい。rとtは「現在価値」を求める際にも必要となる。

3-4-2-3-3　連続複利収益率が従う正規分布の平均と標準偏差

リスク・フリー・レートrとオプション期間tとボラティリティσから、以下のように連続複利収益率が従う正規分布の平均と標準偏差が決まる（注6）。

平均：$\left(r - \dfrac{\sigma^2}{2}\right)t$

標準偏差：$\sigma\sqrt{t}$

(注6)　平均と標準偏差がなぜこのようになるかは、3-5「数学的補足」を参照されたい。また、直観的なヒントを与えるための問題を、練習問題に入れた。

平均を求める式に、期間を表すtが登場するのは、連続複利収益率が金利の一種であり年率化されているからである。よってtを用いて、オプション期間に対応した年率化されていない値に変換することが必要となる。tの単位は年であるので、たとえばオプション期間が半年なら$\dfrac{1}{2}$となる。

標準偏差を求める式に、期間を表すtが登場するのも、ボラティリティが年率化された値であるからである。よってtを用いて、オプション期間に対応した年率化されていない標準偏差に変換することが必要となる。

第1章1-5の「実務における利用例」を思い出すと、「ボラティリティは連続複利収益率の標準偏差を年率化した値」であり、連続複利収益率の日次データを$\sqrt{250}$倍して年率化した。今度は年率化されている値をオプション期間にあわせるのであるから、たとえばオプション期間が90日であれば、年率

化されたボラティリティに$\sqrt{\dfrac{90}{250}}$を掛ければ90日分の標準偏差に変換できる（注7）。

> （注7） 標準偏差の期間の変換方法、および、tにルートがつく理由等については第5章5-7の「実務における利用例」を参照。

3-4-2-3-4　$N(d_2)$の正体

次に、式3-7におけるd_2、および、$N(d_2)$が何であるのかを解明する。注目すべきは、d_2がNのカッコのなかに入っていることである。$N(d)$の意味は本章において説明ずみである。それを思い出すと、$N(d)$は$Z \leqq d$となる確率、つまり標準正規分布におけるdの下側確率を表すというものであった。ということは、dはZスコアである。Zスコアであるなら、標準化された値である。これで、d_2の意味がみえてきたのではないだろうか。

これまでの解説から、ブラック・ショールズ・モデルには正規分布の仮定が置かれていて、正規分布は面積が確率を表すのであるから、コール・オプションが満期に権利行使すべき状態となる確率も正規分布の面積に表れている。しかし正規分布はインプットされるrとtとσによってさまざまなかたちとなるので、その一般の正規分布に従う確率変数を標準化して$N(d)$が使えるようにすれば、$N(d)$という記号を使って確率を表すことができる。

結論からいえば、$N(d_2)$は、満期にコール・オプションが権利行使すべき状態となる確率である。言い換えると、$N(d_2)$は満期に権利行使すべき状態となる確率を、統計学においてよく用いられる記号$N(d_2)$を使って表したものである。さらにもう2通りの言い換えをしておこう。コール・オプションの場合の$N(d_2)$は、満期に原資産のスポット価格が、行使価格より大きくなる確率である。$N(d_2)$は、満期にコール・オプションがイン・ザ・マネーとなる確率である。本書では以降、最も簡潔であるので、「満期にイン・ザ・マネーとなる確率」という表現を用いる。

> **研修講師からの応援メッセージ7**
>
> ◆デルタについての質問で、よくある誤解
>
> 原資産が配当のない株である場合、$N(d_1)$はコール・オプションのデルタである。このデルタを、「デルタはリスク指標の一種」であり、かつ、「デルタは満期にイン・ザ・マネーになる確率を表す」と理解している研修受講者が多く見受けられる。しかしデルタはリスク指標の一種であるにすぎず、満期にイン・ザ・マネーになる確率を表すものではない。満期にイン・ザ・マネーになる確率は、$N(d_1)$ではなく$N(d_2)$である。
>
> ただ、d_1とd_2の式は似ているので、値が大きく変わらないこともある。よって、デルタが真にイン・ザ・マネーとなる確率だと誤解しているのであれば問題であるが、デルタがイン・ザ・マネーになる確率とは異なるということを認識したうえで、「デルタはイン・ザ・マネーになるおよその確率を表す」というように、「およその」を入れて使うのであれば問題ないと思う。

では、本当に$N(d_2)$が満期にイン・ザ・マネーとなる確率を表すのかどうかを考えてみる。コール・オプションが満期にイン・ザ・マネーとなるのは、以下のように満期における原資産のスポット価格が行使価格を上回る場合である。

$S_T > K$

S_T：満期における原資産のスポット価格（確率変数）

K：行使価格（定数）

この不等式はイン・ザ・マネーの状態を、価格を用いて表している。しかし、ブラック・ショールズ・モデルにおいて正規分布に従うのは連続複利収益率であるので、連続複利収益率を用いて書き直すと、以下のようになる。

$\ln \dfrac{S_T}{S} > \ln \dfrac{K}{S}$

S：オプション約定時点の原資産のスポット価格（定数）

$\ln \dfrac{S_T}{S}$

はオプション約定時点の原資産のスポット価格 S が満期に S_T となった場合の、約定時点から満期までの期間に対応する連続複利収益率である。

$$\ln\frac{K}{S}$$

はオプション約定時点の原資産のスポット価格 S が満期に K となった場合の、約定時点から満期までの期間に対応する連続複利収益率である。連続複利収益率が対数を用いて表される点については、第 1 章 1 − 5 の「実務における利用例」を思い出してほしい。

ブラック・ショールズ・モデルは、この連続複利収益率が正規分布に従うと仮定しているのであるから、コール・オプションが満期にイン・ザ・マネーになる確率は、図 3 −26 の正規分布における網掛けエリアの面積である。

しかし、図 3 −26 のイン・ザ・マネーになる確率は、一般の正規分布を用いて表されている。一般の正規分布のままでは、$N(d)$ が使えないので、$N(d)$ が使えるようにする必要がある。そのためには、

$$\ln\frac{K}{S}$$

を Z スコアに変換すればよいのであった。式 3 − 8 で Z スコアに変換する。

図 3 −26　連続複利収益率が従う正規分布と満期にコール・オプションがイン・ザ・マネーになる確率

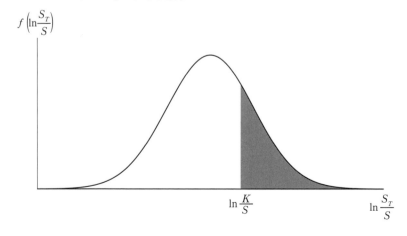

■ 式 3-8

$$Z = \frac{\ln\frac{K}{S} - \left(r - \frac{\sigma^2}{2}\right)t}{\sigma\sqrt{t}}$$

　ここで、一工夫が必要になる。なぜなら、$N(d)$ は統計学の記号であるため、定義により下側確率であるが、図 3-26 のコール・オプションがイン・ザ・マネーとなる確率は上側確率である。よって、この Z スコアをそのまま $N(d)$ のカッコのなかに入れてしまうと、下側確率を表してしまう。そこで上側確率を表すようにしなければならない。このような場合は正規分布の対称性を利用して一工夫すればよいのであった。「+ Z」の上側確率と、「− Z」の下側確率は等しいのであるから、式 3-9 のように Z にマイナスの符号を付ければよい。これが d_2 の正体である。

■ 式 3-9

$$d_2 = -Z$$

$$= \frac{-\left(\ln\frac{K}{S}\right) + \left(r - \frac{\sigma^2}{2}\right)t}{\sigma\sqrt{t}}$$

$$= \frac{\ln\frac{S}{K} + \left(r - \frac{\sigma^2}{2}\right)t}{\sigma\sqrt{t}}$$

　式 3-9 中の式の変換については、以下の対数法則を思い出す必要がある。

〔対数法則〕

$$\log\frac{x}{y} = \log x - \log y$$

　この対数法則をワンフレーズでいうと「対数の分数は引き算になる」というものである。よって、マイナスの符号を付けると以下のように分母と分子

図3-27 標準正規分布と満期にコール・オプションがイン・ザ・マネーとなる確率

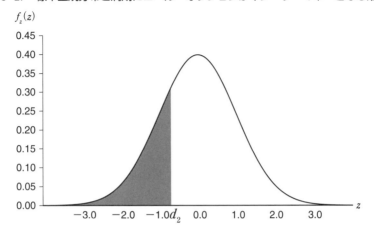

が逆転する。

$$-\log\frac{x}{y} = -(\log x - \log y) = \log y - \log x = \log\frac{y}{x}$$

ここまでの結論を図に表す。$N(d_2)$は図3-27に示すように、標準正規分布における網掛けエリアが表す確率であり、これは満期にコール・オプションがイン・ザ・マネーとなる確率である。つまり、この網掛けエリアの面積が表す確率は、図3-26の網掛けエリアの面積が表す確率に等しい。

まとめると、d_2は、

$$\ln\frac{K}{S}$$

を標準化した値にマイナスの符号を付けたものであり、$N(d_2)$は満期にコール・オプションがイン・ザ・マネーになる確率である。

3-4-2-3-5 ブラック・ショールズ・モデルのメカニズム

$N(d_1)$の解説はもう少し複雑になるので3-5の「数学的補足」に譲るが、これが確率を表すことは明らかである。ここまでわかったところで、ブラック・ショールズ・モデルを式3-10のように少し変形して、先のファイブ・スティック分布モデルの式と比べてみる。

式 3-10

$$C = SN(d_1) - Ke^{-rt}N(d_2) \quad (1)$$
$$= e^{-rt}\{Se^{rt}N(d_1) - KN(d_2)\} \quad (2)$$
$$= e^{-rt}\{FN(d_1) - KN(d_2)\} \quad (3)$$

この式の変形については、以下の指数法則を思い出す必要がある。

〔指数法則〕

$$x^n \times x^m = x^{n+m}$$

この指数法則をワンフレーズでいうと「指数の掛け算は足し算になる」というものである。たとえば、$e^{-rt} \times e^{rt} = e^{-rt+rt} = e^0 = 1$ となる。何かのゼロ乗が1となることも、忘れていれば思い出してほしい。

式(1)から式(2)への変形は、式全体を e^{-rt} でくくることが目的である。その際に、第1項には e^{-rt} がないので、e^{-rt} を乗じたら忘れずに e^{rt} も乗じておけば、結局1を乗ずることになり、式の値に影響を及ぼさない。

式(2)から式(3)への変形は、式3-4のフォワードの理論価格式

$$F = Se^{rt}$$

を、用いている。

次に、

$$e^{-rt} = \frac{1}{e^{rt}}$$

の意味がなんだったかといえば、これは式1-13に示されたように、現在価値に変換するためのものである。金利の種類が連続複利であるため一見わかりにくいが、第1章1-5の「実務における利用例」を思い出すと、同じことが単利であれば、

$$\frac{1}{1+rt}$$

となるところである。両者は金利の種類が異なるだけであるので、役割は同じである。

準備ができたので、式3-6の金利の種類を単利から連続複利に変更し、行使価格95を記号 K に変更し、2分の1、6分の1、12分の1をそれぞれ

第3章 正規分布

「確率」という表現に変更して、式3-11に示す。

■ 式3-11

$$C = \frac{1}{1+0.01\times 1}$$
$$\times \left\{(100-95)\times\frac{1}{2}+(110-95)\times\frac{1}{6}+(120-95)\times\frac{1}{12}\right\} \quad (1)$$
$$= e^{-rt}\times\{(100-K)\times 確率 + (110-K)\times 確率 + (120-K)\times 確率\} \quad (2)$$

式3-10(3)と式3-11(2)とを比べてみると、なんとなく同じことを行っているということがうかがえると思う。数学的には正確な表現ではないが、両者ともに、満期にイン・ザ・マネーとなる場合のすべての原資産価格から行使価格を引いた値に、確率を掛けつつ足し上げ、最後に現在価値に変換しているというイメージである。つまり、「将来のキャッシュ・フローの期待値の現在価値」を計算しているのである。

以上、数式を多用せずにブラック・ショールズ・モデルのメカニズムを直観的に解説しようと試みた（注8）。目的は、ブラック・ショールズ・モデルが、リスク中立世界における、「将来のキャッシュ・フローの期待値の現在価値」を計算しているということを伝えることである。

（注8） ブラック・ショールズ・モデルの導出は3-6「数学的補足」を参照。

研修講師からの応援メッセージ8

◆エキゾティック・オプションの正体

ここで1つ、クイズである。

Q：式3-7の第2項を取り出して、さらに符号を変えると以下になる。

$C_{exo} = Ke^{-rt}N(d_2)$

これは、ある有名なエキゾティック・オプションのコール・オプション理論価格式であるのだが、そのエキゾティック・オプションとは何か。

A：この式はデジタル・オプションのコール・オプション理論価格式である。

つまり、満期における原資産のスポット価格が行使価格 K 以上である場合に、行使価格と同じ金額 K を受け取ることができる権利の価値を表す。オプションの価格は「将来のキャッシュ・フローの期待値の現在価値」であり、式はまさにそのようになっている。K は将来のキャッシュ・フロー、e^{-rt} は現在価値に変換するための掛目、$N(d_2)$ は満期における原資産のスポット価格が行使価格 K 以上になる確率（イン・ザ・マネーになる確率）である。

　一般に、満期の原資産価格が行使価格 K 以上である場合に、一定額を受け取ることのできる権利はデジタル・コール・オプションと呼ばれる。満期の原資産価格が行使価格 K 以下である場合に、一定額を受け取ることのできる権利はデジタル・プット・オプションと呼ばれる。このデジタル・オプションは、キャッシュ・デジタル・オプション、バイナリー・オプションなどと呼ばれることもある。

　エキゾティック・オプションと聞くと、すべてのエキゾティック・オプションがヨーロピアン・オプションより複雑なものであるとの先入観をもってしまう。しかし、それは誤解であり、事実、デジタル・オプションはヨーロピアン・オプションを構成する部品であるにすぎない。式3-7の第1項も、アセット・デジタル・オプションと呼ばれる別の種類のエキゾティック・オプションのコール・オプション理論価格式である。つまり、キャッシュ・デジタル・オプションとアセット・デジタル・オプションを組み合わせると、ヨーロピアン・オプションがつくれるということである。

　このように、プレイン・バニラとエキゾティックを分ける基準は理論的なものではなく、歴史的な経緯によるものである。1970年頃にすでに存在したヨーロピアンとアメリカンをプレイン・バニラに分類し、1990年以降、雨後の筍のように登場してきたさまざまな種類のオプションをエキゾティックと呼ぶにすぎない。また、それらしい名称を冠されてエキゾティック・オプションのような顔をしているが、中身は単なるヨーロピアン・オプションやフォワードの組合せであったり、別のエキゾティック・オプションの組合せであったりするものも散見される。このあたりの「組合せ」の話は頭の体操にもなって、とてもおもしろいのであるが、本書の範囲ではないので、別の機会に「エキゾティック・デリバティブ」として、まとめて解説したい。

　長くなったが、ここで述べたいことは、以下である。エキゾティック・オ

プションを勉強しようとして、いろいろな種類のエキゾティック・オプションを単に並列に並べてしまうと、膨大な種類があるようにみえ、全部を理解するのはとても大変なことのように思える。しかし、本質を理解することにより膨大なエキゾティック・オプションを整理整頓してみれば、あれもこれも組合せだったり、一方は他方の裏返しだったりということで、幽霊の正体みたり枯れ尾花的なことが多いということである。

3-5 数学的補足

3-5-1 確率変数の変換

X の確率密度関数が $f_X(X)$ であるとき、X の関数 $Y=g(X)$ の確率密度関数 $f_Y(Y)$ を求める。

$Y=g(X)$ は微分可能で、単調に増加するものとし、逆関数を、$X=g^{-1}(Y) = h(Y)$ と表す。

$P(a \leq Y \leq b) = P(h(a) \leq X \leq h(b))$ であるので、

$$\int_a^b f_y(y)\,dy = \int_{h(a)}^{h(b)} f_x(x)\,dx$$

である。

置換積分の公式から、

$$\int_{h(a)}^{h(b)} f_x(x)\,dx = \int_a^b f_x(h(y)) \frac{dx}{dy} dy$$

$$= \int_a^b f_x(g^{-1}(y)) \frac{dx}{dy} dy$$

よって、

$$\int_a^b f_y(y)\,dy = \int_a^b f_x(g^{-1}(y)) \frac{dx}{dy} dy$$

以上のことからYの確率密度関数は、

$$f_y(y) = f_x(g^{-1}(y)) \cdot \frac{dx}{dy}$$

$Y = g(X)$が単調に減少するときを考慮すると一般には、

$$f_y(y) = f_x(g^{-1}(y)) \cdot \left|\frac{dx}{dy}\right|$$

3-5-2　ブラック・ショールズ・モデルが仮定する原資産価格の確率過程

ブラック・ショールズ・モデルは、原資産価格Sが、式3-12の連続型の変動過程に従うと仮定する。

▎式3-12

$dS = \mu S dt + \sigma S dz$

S：原資産価格

μ：原資産の現実世界における期待収益率（定数）

σ：ボラティリティ（定数）

t：時間

dz：ウィナー過程

このような変動過程のことを確率過程（stochastic process）と呼ぶ。確率過程とは、時間とともに変化する変数が、確率変数である場合に、その確率変数の時間の経過に伴う変動のようすを記述するものである。つまり、時間の経過とともに、確率変数がどのように変化するかを定式化しているモデルである。

式3-12においては、ウィナー過程（Wiener process）と呼ばれるdzが正規分布に従う確率変数であり、これが式に入ることにより変動に確率的な要素が含まれることになる。各々の重なり合わない微小期間に対応するdzは互いに独立で、同一の正規分布に従うと仮定される。「独立」等について

は、第5章において解説される。

式3-12の第1項には、確率的な要素がないことから、原資産価格Sは基本的には、時間とともに定数μの収益率で変化するが、それに第2項が表す正規分布に従うブレを伴って観測されるというモデルである。

3-5-3 リスク中立世界

原資産が式3-12の確率過程に従うとしたうえで、原資産とオプションから構成されるポートフォリオを考える。すると、オプション価格の不確実性の要因は、原資産価格の不確実性であるから、両者の不確実性は共通である。よって、原資産とオプションを、不確実性が相殺されるような適切な量で組み合わせると、短期間の収益率が確定的になるポートフォリオを組むことができる。

収益率が確定的であるということは、そのポートフォリオは無リスクであるから、裁定取引（arbitrage）の機会がないとすれば、その短期間の収益率はリスク・フリー・レート（risk-free rate）でなければならない。そこで、その無裁定ポートフォリオの収益率がリスク・フリー・レートであるとして方程式を立てると、そこにはもはや「原資産の現実世界における期待収益率μ」が含まれなくなる。期待収益率が方程式に含まれなくなるのだから、当然、解にも含まれず、期待収益率がオプション価格に影響を及ぼさなくなる。そうであるなら、期待収益率として何を使ってもよいことになる。つまり、「原資産の現実世界における期待収益率μ」を、使い勝手のよい「リスク・フリー・レートr」に置き換えてオプション価格を算出してもよいことになる。このようにして、オプション価格をリスク中立世界における「将来のキャッシュ・フローの期待値の現在価値」として求める方法をリスク中立評価法（risk neutral pricing）と呼ぶ。

リスク中立世界（risk neutral world）とは、リスクのある資産であっても、投資家がリスクに対して見返り（リスク・プレミアム）（risk premium）を要求しない世界である。よって、すべての資産の収益率はリスク・フリー・レートとなり、資産の価格は将来のキャッシュ・フローをリスク・フ

リー・レートで現在価値に割り引くことで求められる。たとえば、現実世界における社債の価格は「国債の利回り＋スプレッド（投資家が要求するリスクに対する見返り）」を用いて「将来のキャッシュ・フローを現在価値に変換した値の合計」であるが、リスク中立世界においては投資家がスプレッドを要求しないので、社債の価格も「国債の利回り」、つまりリスク・フリー・レートを用いて「将来のキャッシュ・フローを現在価値に変換した値の合計」となる。

3-5-4　リスク中立世界における確率過程の平均と標準偏差

式3-12における「原資産の現実世界における期待収益率 μ」を、「リスク・フリー・レート r」に置き換えると、原資産価格の変動過程は、式3-13のようになる。

■ 式3-13

$dS = rSdt + \sigma Sdz$

r：リスク・フリー・レート

これを式3-14のように離散型で近似する。

■ 式3-14

$\Delta S = rS\Delta t + \sigma S\Delta z$

Δz：ウィナー過程

微小時間 Δt における変化 Δz は、標準正規分布に従う確率変数 ε（イプシロン）(epsilon) を用いて、$\Delta z = \varepsilon\sqrt{\Delta t}$ と定義され、式3-14は式3-15のようにも書ける。

■ 式3-15

$\Delta S = rS\Delta t + \sigma S\varepsilon\sqrt{\Delta t}$

ε：標準正規分布に従う確率変数

ε は定義から平均 0、標準偏差 1 の正規分布に従うので、Δz は平均 0、標準偏差 $\sqrt{\Delta t}$ の正規分布に従う。また、2つの重ならない微小時間に対応する Δz は互いに独立であると仮定される。

式3-13は原資産価格の推移モデルであるので、これを原資産の連続複利収益率の推移モデルに書き換える。そのためには、式3-16に示す f が従う確率過程を、伊藤の補題 (Ito's lemma) を用いて得ればよい。S が自分自身と t の関数であることから、f は S と t の関数である。

▌式3-16

$$f = \ln S$$

伊藤の補題とは以下である。
〔伊藤過程〕

$$dx = a(x, t)dt + b(x, t)dz$$

a：x と t の関数
b：x と t の関数
dz：ウィナー仮定

確率変数 x が伊藤過程に従うとき、x と t の関数である G は以下の確率過程に従う。

$$dG = \left(\frac{\partial G}{\partial x} a + \frac{\partial G}{\partial t} + \frac{1}{2} \frac{\partial^2 G}{\partial x^2} b^2 \right) dt + \frac{\partial G}{\partial x} b dz$$

伊藤の補題を用いれば、S と t の関数である f は式3-17の確率過程に従う。

▌式3-17

$$df = \left(\frac{\partial f}{\partial S} rS + \frac{\partial f}{\partial t} + \frac{1}{2} \frac{\partial^2 f}{\partial S^2} \sigma^2 S^2 \right) dt + \frac{\partial f}{\partial S} \sigma S dz$$

$$\frac{\partial f}{\partial S} = \frac{1}{S}$$

$$\frac{\partial f}{\partial t} = 0$$

$$\frac{\partial^2 f}{\partial S^2} = -\frac{1}{S^2}$$

であるから、これは式 3-18 となる。

▌式 3-18

$$d\ln S = \left(\frac{1}{S}rS + 0 + \frac{1}{2}\left(-\frac{1}{S^2}\right)\sigma^2 S^2\right)dt + \frac{1}{S}\sigma S dz$$

$$= \left(r - \frac{\sigma^2}{2}\right)dt + \sigma dz$$

式 3-18 を離散型にすると式 3-19 のようになる。

▌式 3-19

$$\Delta \ln S = \left(r - \frac{\sigma^2}{2}\right)\Delta t + \sigma \Delta z$$

$$= \left(r - \frac{\sigma^2}{2}\right)\Delta t + \sigma \varepsilon \sqrt{\Delta t}$$

ここで左辺は式 3-20 のように変形できる。これは連続複利収益率である。

▌式 3-20

$$\Delta \ln S = \ln S_T - \ln S = \ln \frac{S_T}{S}$$

よって、式 3-19 は式 3-21 のように書ける。

▎**式 3-21**

$$\ln \frac{S_T}{S} = \left(r - \frac{\sigma^2}{2}\right)\Delta t + \sigma \varepsilon \sqrt{\Delta t}$$

式 3-21 から、原資産の連続複利収益率 $\ln \frac{S_T}{S}$ は、平均 $\left(r - \frac{\sigma^2}{2}\right)\Delta t$、標準偏差 $\sigma\sqrt{\Delta t}$ の正規分布に従うことがわかる。

3-5-5　対数正規分布

X が正規分布に従うとき、

$Y = e^X \quad 0 < Y < \infty$

が従う確率分布を対数正規分布という。換言すると、Y の対数値

$\ln Y$

が正規分布に従うとき、Y は対数正規分布に従うという。対数正規分布の確率密度関数は正規分布の確率密度関数である式 3-1 から、次のように求められる。

▎**式 3-1**（再掲）

$$f(x) = \frac{1}{\sqrt{2\pi}\sigma} e^{-\frac{1}{2\sigma^2}(x-\mu)^2} \quad -\infty < x < \infty$$

$g(x) = e^x$

の逆関数は、

$g^{-1}(y) = \ln y$

であり、また、

$\dfrac{dx}{dy} = \dfrac{1}{y}$

であるから、対数正規分布の確率密度関数 $f_y(y)$ は、式 3-22 のようになる。ここでは解説の流れから対数正規分布の確率密度関数を y を用いて表すが、$f(x)$ として x を用いて表すのが一般的である。

▎ 式 3-22

$$
\begin{aligned}
f_y(y) &= f(g^{-1}(y)) \cdot \left| \frac{dx}{dy} \right| \\
&= f(\ln y) \frac{1}{y} \\
&= \frac{1}{\sqrt{2\pi}\sigma y} e^{-\frac{1}{2\sigma^2}(\ln y - \mu)^2} \quad 0 < y < \infty
\end{aligned}
$$

対数正規分布に従う Y の期待値と分散は式 3-23 である。

▎ 式 3-23

$$
E[Y] = e^{\mu + \frac{\sigma^2}{2}}
$$
$$
V[Y] = e^{2\mu + \sigma^2}(e^{\sigma^2} - 1)
$$

対数正規分布のグラフは左右非対称で右裾の長い分布となり、パラメータ μ と σ の値によりさまざまなかたちをとる。いくつかの例をグラフにすると図 3-28 のようになる。

ブラック・ショールズ・モデルでは、原資産の連続複利収益率が正規分布に従うことから、原資産価格は対数正規分布に従うこととなる。

図 3-28 対数正規分布

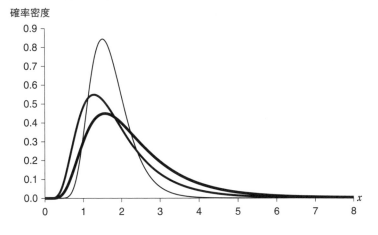

3-5-6 ブラック・ショールズ・モデルのコール・オプション理論価格式の導出

　ブラック・ショールズ・モデルは、オプション期間におけるリスク・フリー・レートとボラティリティは一定であるとし、満期までの原資産の連続複利収益率は正規分布に従うと仮定する。よって、満期の原資産価格は対数正規分布に従うことになる。それではブラック・ショールズ・モデルをリスク中立評価法により導出する。

　オプションの価格は、既述したように、リスク中立世界における「将来のキャッシュ・フローの期待値の現在価値」を計算すればよいのであるから、このフレーズをそのまま式にすると式3-24のようになる。

■ 式3-24

$$C = e^{-rt} \int_{K}^{\infty} (S_T - K) f(S_T) \, dS_T$$

C：現在のコール・オプションの理論価格

S：現在の原資産のスポット価格

K：行使価格

r：リスク・フリー・レート

t：オプションの期間（年）

S_T：満期における原資産のスポット価格

$f(S_T)$：満期の原資産価格が従う確率分布の確率密度関数

　式3-24における、

　　$(S_T - K)$

はオプションが満期にイン・ザ・マネーとなった場合の「将来のキャッシュ・フロー」である。

　　e^{-rt}

は現在価値に変換するための掛け目である。式の残りの部分は期待値を計算

するためのものである。確率密度関数を積分しているのだから、エリアの面積、すなわち確率を用いていることがわかる。

この式3-25を変形してブラック・ショールズ・モデルに到達するのが、ここでの目標である。最初に式3-25のように変形した後、第1項の積分の部分と、第2項の積分の部分に分けて、さらに式を変形していく。

式3-25

$$C = e^{-rt}\int_{K}^{\infty} S_T f(S_T)\, dS_T - Ke^{-rt}\int_{K}^{\infty} f(S_T)\, dS_T$$

式3-25中の確率密度関数は対数正規分布を表すものである。しかし、ブラック・ショールズ・モデルのコール・オプション理論価格式に登場するのは標準正規分布の累積分布関数(下側確率)である。よって、対数正規分布を、まずは正規分布に変換し、次に標準正規分布に変換し、さらに累積分布関数に変換しなければならない。しかしこれは簡単である。定義により、対数正規分布に従う確率変数は、対数をとれば正規分布に従う確率変数に変換できる。正規分布に従う確率変数は標準化すれば標準正規分布に従う確率変数に変換できる。

まずは対数をとる。

$$\ln\frac{S_T}{S}$$

この連続複利収益率は正規分布に従う確率変数である。次に、この連続複利収益率を平均と標準偏差を用いて標準化する。すでに述べたように、平均と標準偏差はそれぞれ、

$$\text{平均}:\left(r-\frac{\sigma^2}{2}\right)t$$

$$\text{標準偏差}:\sigma\sqrt{t}$$

であるので標準化した変数を x とすると、x は式3-26になる。

■ 式 3-26

$$x = \frac{\ln\left(\frac{S_T}{S}\right) - \left(r - \frac{\sigma^2}{2}\right)t}{\sigma\sqrt{t}}$$

この x は標準正規分布 $g(x)$ に従う確率変数である。

式 3-26 を、S_T を表すように変形し、式 3-27 を用意しておく。

■ 式 3-27

$$S_T = Se^{\left(r - \frac{\sigma^2}{2}\right)t + \sigma\sqrt{t} \cdot x}$$

また、$S_T = K$ のときの x を y とすると、y は式 3-28 になる。

■ 式 3-28

$$y = \frac{\ln\left(\frac{K}{S}\right) - \left(r - \frac{\sigma^2}{2}\right)t}{\sigma\sqrt{t}}$$

これらを用いると、式 3-25 の第 1 項の積分部分は式 3-29 のようになる。これを標準正規分布の確率密度関数の式も用いて変形していく。

■ 式 3-29

$$\int_K^\infty S_T f(S_T)\, dS_T = \int_y^\infty Se^{x\sigma\sqrt{t} + \left(r - \frac{\sigma^2}{2}\right)t} g(x)\, dx \quad (1)$$

$$= \int_y^\infty Se^{x\sigma\sqrt{t} + \left(r - \frac{\sigma^2}{2}\right)t} \frac{1}{\sqrt{2\pi}} e^{-\frac{1}{2}x^2}\, dx \quad (2)$$

$$= Se^{rt} \int_y^\infty \frac{1}{\sqrt{2\pi}} e^{x\sigma\sqrt{t} - \frac{\sigma^2}{2}t - \frac{1}{2}x^2}\, dx \quad (3)$$

$$= Se^{rt}\int_y^\infty \frac{1}{\sqrt{2\pi}} e^{-\frac{1}{2}(x^2 - 2x\sigma\sqrt{t} + \sigma^2 t)} dx \quad (4)$$

$$= Se^{rt}\int_y^\infty \frac{1}{\sqrt{2\pi}} e^{-\frac{1}{2}(x - \sigma\sqrt{t})^2} dx \quad (5)$$

$$= Se^{rt}\int_{y-\sigma\sqrt{t}}^\infty \frac{1}{\sqrt{2\pi}} e^{-\frac{1}{2}X^2} dX \quad (6)$$

式3-29の式(5)から式(6)へは、x を以下の X に変換して用いた。

$X = x - \sigma\sqrt{t}$

これで被積分関数が標準正規分布となった。これを用いると式3-25の第1項は、式3-30のようになる。

式3-30

$$e^{-rt}\int_K^\infty S_T f(S_T) dS_T = e^{-rt} Se^{rt}\int_{y-\sigma\sqrt{t}}^\infty \frac{1}{\sqrt{2\pi}} e^{-\frac{1}{2}X^2} dX$$

$$= S\int_{-\infty}^{-(y-\sigma\sqrt{t})} g(X) dX$$

$$= SN\{-(y - \sigma\sqrt{t})\}$$

$$= SN\{-y + \sigma\sqrt{t}\}$$

$$= SN\left\{-\frac{\ln\left(\frac{K}{S}\right) - \left(r - \frac{\sigma^2}{2}\right)t}{\sigma\sqrt{t}} + \sigma\sqrt{t}\right\}$$

$$= SN\left\{\frac{\ln\left(\frac{S}{K}\right) + \left(r - \frac{\sigma^2}{2}\right)t + \sigma^2 t}{\sigma\sqrt{t}}\right\}$$

$$= SN\left\{\frac{\ln\left(\frac{S}{K}\right) + \left(r + \frac{\sigma^2}{2}\right)t}{\sigma\sqrt{t}}\right\}$$

$$= SN(d_1)$$

次に第2項の積分の部分を式3-31のように変形する。

■ 式3-31

$$\int_K^\infty f(S_T)\,dS_T = \int_y^\infty g(x)\,dx$$

$$= \int_{-\infty}^{-y} g(x)\,dx$$

$$= N(-y)$$

$$= N\left\{-\frac{\ln\left(\frac{K}{S}\right) - \left(r - \frac{\sigma^2}{2}\right)t}{\sigma\sqrt{t}}\right\}$$

$$= N\left\{\frac{\ln\left(\frac{S}{K}\right) + \left(r - \frac{\sigma^2}{2}\right)t}{\sigma\sqrt{t}}\right\}$$

$$= N(d_2)$$

よって、式3-25の第2項は式3-32のようになる。

■ 式3-32

$$-Ke^{-rt}\int_K^\infty f(S_T)\,dS_T = -Ke^{-rt}N(d_2)$$

以上で式3-24からブラック・ショールズ・モデルを導くことができた。

■ **式3-7**（再掲）
〔ブラック・ショールズ・モデルのコール・オプション理論価格式〕
原資産は配当のない株

$$C = SN(d_1) - Ke^{-rt}N(d_2)$$

$$d_1 = \frac{\ln\left(\frac{S}{K}\right) + \left(r + \frac{\sigma^2}{2}\right)t}{\sigma\sqrt{t}}$$

$$d_2 = \frac{\ln\left(\frac{S}{K}\right) + \left(r - \frac{\sigma^2}{2}\right)t}{\sigma\sqrt{t}}$$

C：現在のコール・オプションの理論価格
S：現在の原資産のスポット価格
K：行使価格
r：リスク・フリー・レート（年率）
t：オプションの期間（年）
σ：ボラティリティ（年率）
$N(\ )$：標準正規分布の下側確率（累積分布関数）

3-5-7　ブラック・ショールズ・モデルのプット・オプション理論価格式

〔ブラック・ショールズ・モデルのプット・オプション理論価格式〕
原資産は配当のない株

$$P = Ke^{-rt}N(-d_2) - SN(-d_1)$$

$$d_1 = \frac{\ln\left(\frac{S}{K}\right) + \left(r + \frac{\sigma^2}{2}\right)t}{\sigma\sqrt{t}}$$

$$d_2 = \frac{\ln\left(\frac{S}{K}\right) + \left(r - \frac{\sigma^2}{2}\right)t}{\sigma\sqrt{t}}$$

P：現在のプット・オプションの理論価格

S：現在の原資産のスポット価格

K：行使価格

r：リスク・フリー・レート（年率）

t：オプションの期間（年）

σ：ボラティリティ（年率）

$N(\ )$：標準正規分布の下側確率（累積分布関数）

3-5-8　オプションのデルタ

　原資産を配当のない株とし、原資産のスポット価格が微小に変化した場合のデルタ、いわゆるスポット・デルタの定義式を示す。スポット・デルタとは、スポット価格で偏微分していることを明示することにより、フォーワード価格で偏微分するフォーワード・デルタとの違いを強調するための名称である。単にデルタという場合はスポット・デルタを意味することが多い。ブラック・ショールズ・モデルのオプション理論価格式を原資産のスポット価格で偏微分して求める方法により示す（注9）。

（注9）　実務においては、オプション価格やデルタを数値計算法で求めることも多い。

〔コール・オプション〕

$$\text{delta} = \frac{\partial C}{\partial S} = N(d_1)$$

同様に、プット・オプションのデルタも得られる。

〔プット・オプション〕

$$\text{delta} = \frac{\partial P}{\partial S} = N(d_1) - 1$$

　記号は、先のコール・オプション理論価格式とプット・オプション理論価

格式の場合と同様。

3-6 練習問題

1. Z スコアが以下である確率を求めよ。
(1) $Z > +2.5$
(2) $Z < +2.5$
(3) $-2.5 < Z < +2.5$
(4) $Z = 0$

2. 以下を求めよ。
(1) $N(+2.50)$
(2) $N(-1.96)$
(3) $N(-2.33)$
(4) $N(-3.00)$

3. 1年後の東証株価指数 TOPIX の値が図 3-29 の正規分布に従うと仮定したとき、以下の確率を求めよ。横軸は「3 シグマの範囲」が示されている。

図 3-29　1 年後の TOPIX が従う確率分布

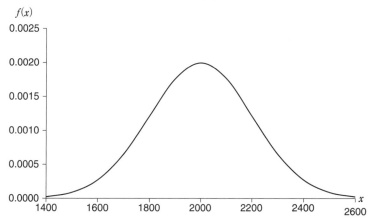

(1) 1年後のTOPIXが2430以上になる確率
(2) 1年後のTOPIXが1854以上になる確率
(3) 1年後のTOPIXが1900以上、かつ、2150以下になる確率

4. 現在の株Aの価格は10,000円である。株Aの現在から半年後（0.5年）までの期間の連続複利収益率 X（年率）は、平均1％、標準偏差12％の正規分布に従うと仮定する。以下の問いに解答せよ。

(1) 上側確率がおよそ2.5％となる Z の値はいくらか。標準正規分布表を用いて解答せよ。
(2) 下側確率がおよそ2.5％となる Z の値はいくらか。標準正規分布表を用いて解答せよ。
(3) 株Aの半年後までの、年率化していない連続複利収益率は、およそ95％の確率で、何パーセントから何パーセントの範囲に収まるか。
(4) 株Aの半年後の価格は、およそ95％の確率で、いくらからいくらの範囲に収まるか。
(5) 株Aに投資したとき、半年後に損失が発生する確率はおよそいくつか。

5. あるファンド・マネジャーが、ファンドを5年間運用したところ、各年ごとの収益率が下記のようになった。以下の問いに解答せよ。

　　1年目　5％
　　2年目　3％
　　3年目　−2％
　　4年目　4％
　　5年目　7％

(1) 投資収益率の幾何平均を計算せよ。すなわち、1年複利の平均投資収益率を計算せよ。
(2) 投資収益率の算術平均を計算せよ。
(3) 上記(1)と(2)の結果を比較してコメントせよ。

6. 満期における原資産のスポット価格が、原資産と満期がオプションと等しいフォワードの価格を中心として、図3−23の離散型確率分布に従うとする。行使価格95のプット・オプションの価格を求めよ。オプション期

間は1年、金利は1％の単利とする。

7．デリバティブの理論価格を考える際には、原資産が何かを意識しなければならない。図3-25のブラック・ショールズ・モデルの概念図は原資産が配当のない株であった。以下の問いに解答せよ。

(1) 図3-30は、原資産が配当のある株である場合の、ブラック・ショールズ・モデルの概念図である。投入要素としては何が必要になるか。空欄を埋めよ。

図3-30 ブラック・ショールズ・モデルの概念図　原資産は配当のある株（日本株）

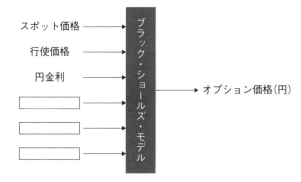

(2) 図3-31は、原資産が通貨である場合の、ブラック・ショールズ・モデルの概念図である。投入要素としては何が必要になるか。空欄を埋めよ。

図3-31 ブラック・ショールズ・モデルの概念図　原資産は米ドル（対日本円）

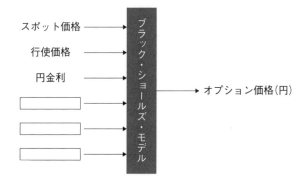

8．今日はX年11月3日である。トレーダーが、以下の通貨オプションの価格を、顧客に提示しようとしている。

　約定日：X年11月3日

　スポット日：X年11月5日

　満期日：X＋1年8月5日

　種類：ヨーロピアン・コール・オプション

　原資産：米ドル（対日本円）

　行使価格：USD｜JPY＝90

　金額：＄10mil

　オプション価格：スポット日を受渡日とする場合　＄1当り¥24

　現在のスポット価格：USD｜JPY＝110

　銀行のコール・オプションの売り

　顧客のコール・オプションの買い

　顧客は、受渡日が異なる2通りのオプション価格の提示を希望している。

　・スポット日に受け渡す場合のオプション価格

　・満期日に受け渡す場合のオプション価格

　トレーダーが、スポット日に受け渡す場合のオプション価格を計算したところ、24円と計算できた。9カ月後の満期日に受け渡す場合のオプション価格を計算せよ。9カ月円金利（ゼロ・レート）は6％（年率）、9カ月は$\frac{3}{4}$年とせよ（注11）。

(注11)　「ゼロ・レート」については、拙共著『スワップ取引のすべて』を参照されたい。

3-7 練習問題の解答

1. $Z=2.5$の上側確率は標準正規分布表から0.00621である。よって、それぞれ以下のようになる。

(1) 0.00621

(2) $1-0.00621=0.99379$

(3) $1-0.00621\times 2=0.98758$

(4) 0

2. 標準正規分布表から確率を求めると、それぞれ以下のようになる。

(1) 0.99379

(2) 0.02500

(3) 0.00990

(4) 0.00135

3. XをZスコアに変換し、標準正規分布表を用いる。図から$\mu=2000$、$\sigma=200$である。

(1) $Z=\dfrac{2430-2000}{200}=2.15$

    確率は0.01578である。

(2) $Z=\dfrac{1854-2000}{200}=-0.73$

    確率は$1-0.23270=0.76730$である。

(3) $Z=\dfrac{1900-2000}{200}=-0.50$

    $Z=\dfrac{2150-2000}{200}=+0.75$

    確率は$1-0.30854-0.22663=0.46483$である。

4.

(1) 1.96

(2) -1.96

(3) r を連続複利収益率の平均、σ を標準偏差とすると以下のようになる。r も σ も年率であるので、半年に適用するために t が必要となる。

$$Z = \frac{X - rt}{\sigma\sqrt{t}}$$

変形すると、

$$X = rt + Z \cdot \sigma\sqrt{t}$$

よって連続複利収益率 X ％（年率化されていない）は、およそ95％の確率で以下の範囲に収まる。

$$rt - 1.96 \times \sigma\sqrt{t} < X < rt + 1.96 \times \sigma\sqrt{t}$$
$$1 \times 0.5 - 1.96 \times 12 \times \sqrt{0.5} < X < 1 \times 0.5 + 1.96 \times 12 \times \sqrt{0.5}$$

$$-16.13 < X < +17.13$$

(4) 上の(3)から、株価はおよそ95％の確率で以下の範囲に収まる。

$$10,000 \times e^{-0.1613} < 株価 < 10,000 \times e^{0.1713}$$
$$8,510 < 株価 < 11,868$$

(5) 連続複利収益率がゼロより小さくなると損失となるので、

$$rt + Z \cdot \sigma\sqrt{t} < 0$$
$$1 \times 0.5 + Z \cdot 12\sqrt{0.5} < 0$$
$$Z < -0.05893$$

知りたいのは Z の下側確率である。標準正規分布表は上側確率であるので、正規分布の左右対称性を利用する。$Z = 0.06$ の上側確率は47.608％なので、ここでの解答は、およそ48％とする。$Z = 0.05893$ の上側確率、すなわち $Z = -0.05893$ の下側確率を表計算ソフトウェアの関数を使って求めると、約47.65％である。

5．

(1) 当初の投下資金を1とする。5年後の金額を求めてから、平均投資収益率を x として方程式を立て、x について解く。これは、幾何平均を求めていることになる。

$$1 \times (1+0.05)(1+0.03)(1-0.02)(1+0.04)(1+0.07) = 1.17942$$
$$(1+x)^5 = 1.17942$$
$$1+x = (1.17942)^{\frac{1}{5}}$$
$$x = 0.03356 (3.356\%)$$

(2) $(0.05+0.03-0.02+0.04+0.07) \times \dfrac{1}{5} = 0.03400 (3.400\%)$

(3) 幾何平均と算術平均は異なる値となり、幾何平均のほうが算術平均よりも小さくなる。以上のことが、3-4-2-3においてブラック・ショールズ・モデルが仮定する正規分布の平均が、r より少し低い、

$$\left(r - \frac{\sigma^2}{2}\right)$$

となることに対して、直観的なヒントを与える例となる。

6. 将来のキャッシュ・フローが図3-32のようになるので、オプション価格は以下のように計算できる。

図3-32 確率分布とプット・オプション

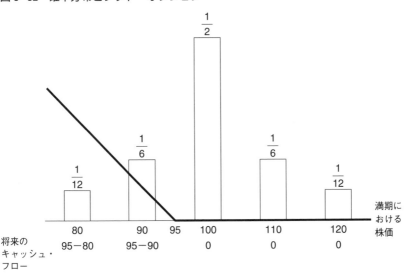

$$P = \frac{1}{1+rt} \times \{(\text{行使価格}-80) \times \text{確率}_{80} + (\text{行使価格}-90) \times \text{確率}_{90}\}$$

$$P = \frac{1}{1+0.01 \times 1} \times \left\{(95-80) \times \frac{1}{12} + (95-90) \times \frac{1}{6}\right\} = 2.062$$

7.

(1) 配当率、ボラティリティ、満期までの期間

(2) 米ドル金利、ボラティリティ、満期までの期間

8. スポット日時点の価値(現在価値)を9カ月先の将来価値に変換する。

$$\text{オプション価格} = 24 \times \left(1 + 0.06 \times \frac{3}{4}\right) = 25.08$$

よって、9カ月後に受け渡す場合のオプション価格は1米ドル当り25.08円である。

このように、オプション価格を受け払いする時点が、かたやスポット日、かたや9カ月後というように異なると、当然に、オプション価格が異なってくる。時点が異なると、お金の価値が異なるからである。それゆえ、常に時点を意識することがきわめて重要なことである。現在価値にこだわることが大切であることの例として、この問題を入れた。

第4章

歪度と尖度

4-1 歪　度

4-1-1　歪度の定義と意味

歪度（skewness）とは確率分布の非対称性の度合いを表す値である。歪度の定義は式4-1である。

■ 式4-1

$$Sk = E\left[\left(\frac{X-\mu}{\sigma}\right)^3\right] = E[Z^3]$$

Sk　：歪度
X　：確率変数
$E[\ ]$：期待値
μ　：確率変数Xの平均
σ　：確率変数Xの標準偏差
Z　：標準化変数（Zスコア）

歪度が正の値であると、「右に傾いた（right-skewed）」確率分布となる。「右に傾く」というと日本語の語感では分布の峰が中心より右側にあるということになりそうであるが、そうではなく、「右に傾く」ということは確率分布の右裾が長いことを意味する。同様に歪度が負の値であると、「左に傾いた（left-skewed）」確率分布となり、確率分布の左裾が長いことを意味する。左右対称の確率分布の歪度はゼロとなる。正の歪度をもつ確率分布と負の歪度をもつ確率分布の例を図4-1に示す。

定義からわかるように、歪度は標準化された値である。もしも歪度の定義の分母に標準偏差の3乗が含まれていなかったら、多くの場合、標準偏差が大きい分布の歪度の値が大きくなり、異なる確率分布のゆがみの程度を比較できない。それを回避するため標準偏差の3乗で割ることにより、縮尺（ス

図4-1 正の歪度をもつ確率分布と負の歪度をもつ確率分布の例

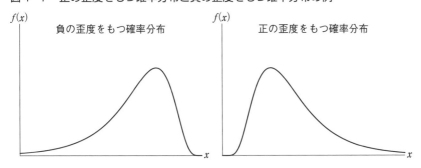

ケール）(scale) を統一し、同じ基準で比較できるようにしている。

参考として、図4-2には、いくつかの異なる歪度をもつ確率分布を示した。

留意しなければならないことは、計算された歪度の値が等しくとも、確率分布のかたちがまったく異なることがありうることである。一つのきわめて大きな外れ値が、いくつかの中程度の外れ値と同じ効果を歪度に与え、結果として同じ歪度が計算されるというようなこともある。

定義式のように計算するとなぜ確率分布のゆがみの度合いがわかるのか。定義式の分子は全体的な傾向として、正の値となる $(X-\mu)$ が多いのか、

図4-2 異なる歪度をもつ確率分布

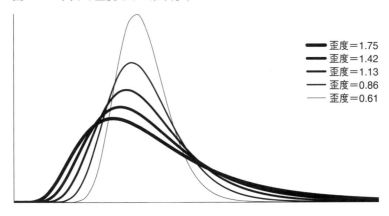

第4章 歪度と尖度 193

負の値となる $(X-\mu)$ が多いのかを、3乗によって程度を強調しながら計算したものである。3乗であるなら正負の符号を変えずに、値のみを強調できる。よって平均 μ より大きい X が全体的に優勢であれば、歪度の値はプラスとなり確率分布の右裾が長くなる。分母の σ は既述したように同じ基準で比べられるようにスケールをそろえるためのものである。分子が3乗されているので、分母の σ も3乗されている。

4-1-2 歪度の計算例

離散型確率分布を用いて歪度を計算してみる。表4-1の確率分布Aと表4-2の確率分布Bを用いる。それぞれの確率分布の確率線図を図4-3と図4-4に示す。

表4-1 確率分布A

x	0	1	2	3	4	5	6
$f_A(x)$	0.09	0.25	0.35	0.18	0.08	0.04	0.01

表4-2 確率分布B

x	0	1	2	3	4	5	6
$f_B(x)$	0.01	0.04	0.08	0.18	0.35	0.25	0.09

図4-3 確率分布Aの確率線図

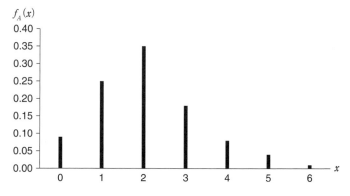

図 4-4　確率分布 B の確率線図

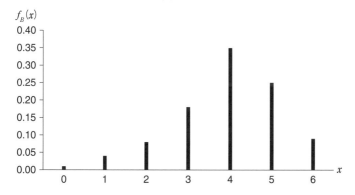

確率分布 A の平均と標準偏差はそれぞれ、$\mu = 2.07$、$\sigma = 1.27$ であるので、歪度は式 4-2 のように求められる。

■ 式 4-2

$$Sk_A = E\left[\frac{(X-\mu)^3}{\sigma^3}\right]$$

$$= \frac{1}{\sigma^3} E\left[(X-\mu)^3\right]$$

$$= \frac{1}{(1.27)^3} \times \{0.09 \times (0-2.07)^3 + 0.25 \times (1-2.07)^3$$
$$+ 0.35 \times (2-2.07)^3 + 0.18 \times (3-2.07)^3$$
$$+ 0.08 \times (4-2.07)^3$$
$$+ 0.04 \times (5-2.07)^3 + 0.01 \times (6-2.07)^3\}$$
$$= 0.59$$

確率分布 B の平均と標準偏差はそれぞれ、$\mu = 3.93$、$\sigma = 1.27$ であるので、歪度は式 4-3 のように求められる。

■ 式 4-3

$$Sk_B = E\left[\frac{(X-\mu)^3}{\sigma^3}\right]$$

$$= \frac{1}{\sigma^3}E\left[(X-\mu)^3\right]$$

$$= \frac{1}{(1.27)^3} \times \{0.01 \times (0-3.93)^3 + 0.04 \times (1-3.93)^3$$
$$+ 0.08 \times (2-3.93)^3 + 0.18 \times (3-3.93)^3$$
$$+ 0.35 \times (4-3.93)^3$$
$$+ 0.25 \times (5-3.93)^3 + 0.09 \times (6-3.93)^3\}$$
$$= -0.59$$

確率分布Aの左右を反転すると確率分布Bになるので、確率分布Aと確率分布Bの歪度は絶対値が等しく符号が異なる値となる。

4-2 尖度

4-2-1 尖度の定義と意味

尖度（kurtosis）の定義には式 4-4 の相対尖度と式 4-5 の絶対尖度の 2 種類がある。ある確率分布の相対尖度とは、当該確率分布の絶対尖度から正規分布の絶対尖度 3 を減じた値である。つまり相対尖度とは、正規分布に対する相対的な値である。相対尖度も絶対尖度も単に尖度という名称で登場することがほとんどなので、提示された尖度の値をみる際には注意が必要である。本書でも単に尖度という用語を使うことにするが、特に断りのない限り、相対尖度を意味することとする。

■ 式 4-4

〔相対尖度〕

$$\kappa = E\left[\left(\frac{X-\mu}{\sigma}\right)^4\right] - 3 = E\left[Z^4\right] - 3$$

- κ ：相対尖度
- X ：確率変数
- $E[\ ]$：期待値
- μ ：確率変数Xの平均
- σ ：確率変数Xの標準偏差
- Z ：標準化変数（Zスコア）

■ 式 4-5

〔絶対尖度〕

$$\kappa' = E\left[\left(\frac{X-\mu}{\sigma}\right)^4\right] = E\left[Z^4\right]$$

κ'：絶対尖度

　尖度が正の値である確率分布を急尖的（leptokurtic, leptokurtotic）といい、尖度が負の値である確率分布を緩尖的（platykurtic, platykurtotic）という。尖度がゼロである確率分布を中尖的（mesokurtic, mesokurtotic）という。先に述べたように、本書の「尖度」は相対尖度を意味する。正規分布の尖度はゼロである。

　尖度の値の解釈は簡単ではない。確率分布のかたちは、単峰性、双峰性、一様性、左右非対称等、さまざまであるので、尖度の値が同じであるからといって、必ずしも同じような特性がみられるとは限らない。このように、確率分布の特性を表す指標は、一般に計算が複雑になるにつれて、その解釈が困難になってくる。歪度から次数を1上げただけのZスコアの4乗の期待値が尖度である。しかし、わずか次数1の違いで解釈は格段にむずかしくなる。理論的にはZスコアの5乗の期待値、6乗の期待値というように、どん

どん次数を上げた指標を定義することは可能であり、そのような試みがなされることもあるが、それらは解釈が困難であるため、データの特性を表す指標としての有用性には疑問がある。以上の理由から本書では、金融市場の実務において、よく話題となる確率分布に的を絞って、尖度を解説することとする。

ここで、確率分布を比較して、尖度の違いを考察する場合には、確率変数を標準化して平均と標準偏差を等しくしてから比較しないと、意味がないことを確認しておく。平均も標準偏差も尖度も異なる確率分布を比較したのでは、確率分布の形状の違いが3つの要因のうちのどれに起因するのかわからなくなるからである。

それでは、金融市場でよくみる例を取り上げていく。株、通貨等の金融資産の日次連続複利収益率の確率分布は、しばしば図4-5に示す確率分布Aのようになることが知られている。ここで確率分布Aと確率分布Bとを比較してみる。2つの確率分布の平均と標準偏差は等しい。また、確率分布Bは正規分布である。確率分布Aは、確率分布Bに比べて平均から離れた値の生起する確率が高く、分布の両裾が厚くなっている。分布の裾が厚いことをファット・テイル（fat tail）という。また、確率分布Aは確率分布Bに比べ

図4-5　正の尖度をもつ確率分布と正規分布

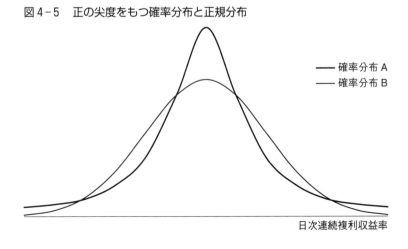

ると平均の近傍に、より多くの確率が集中し、峰の中央が尖っている。これをピーク（peak）があるという。このかたちが、金融市場において観察される確率分布の典型であり、この確率分布の尖度は正の値である。

　ではなぜ、確率分布Aの尖度は正の値になるのか。4乗という操作は、正負にかかわらず絶対値の大きい数字を大きな正の値に変換して強調する。結果、連続複利収益率の大きな下落や上昇が、その頻度はそれほど多くはなくとも、4乗で強調されることによって、尖度の値を大きくする。つまり、連続複利収益率の大きな下落や大きな上昇が、正規分布よりも高い頻度で発生すると、それが確率分布の尖度を正規分布の尖度よりも大きくする。したがって、ファット・テイルであると尖度は大きくなる。

　ここで確率分布がファット・テイルであるからといって、なにも確率分布の中心の近傍が尖らなくともよいのではないかと思ってしまう。たとえば図4-6の確率分布Cのような分布でもよいのではないかと思ってしまう。しかしそれは誤りである。実は確率分布Cも正規分布であるので、尖度は当然にゼロである。ではなぜ確率分布Cが一見ファット・テイルであるかのようにみえてしまうかというと、この確率分布Cの標準偏差が確率分布Bの標準偏差より大きいからである。標準化して標準偏差をそろえれば確率分布Cは確率分布Bと同じになる。

　では引き続き、確率分布がファット・テイルになるとなぜピークが発生するのかを考える。ある確率分布がファット・テイルになると、その分、標準

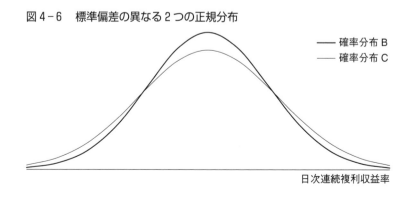

図4-6　標準偏差の異なる2つの正規分布

偏差が大きくなってしまう。つまり平均から離れた値が増えるのだから、その分、標準偏差が大きくなる。いまは標準偏差を同じ値としたままで、ファット・テイルが発生した場合に確率分布のかたちがどうなるかを考えているのだから、ファット・テイルによって大きくなった標準偏差を小さくする方向に確率分布のかたちが変わらなければならない。それには確率分布のいわゆる「肩（shoulder）」の部分の頻度が中心の近傍に移ればよい。「肩」とは、平均から中程度に離れた確率変数が存在するあたりであり、確率分布に対してしばしば使われる用語である。平均から中程度に離れた値が、平均から近い値へと移動するのだから標準偏差は小さくなる。そのようにして標準偏差の値が保たれ、その結果として、中央のピークが出現することとなる。平たくいうと、中央のピークは標準偏差の帳尻合せの結果である。

4-2-2　尖度の計算例

尖度も、離散型確率分布を用いて計算してみる。表4-3の確率分布Cと表4-4の確率分布Dを用いる。それぞれの確率分布の確率線図を図4-7と図4-8に示す。また、同じ平均と標準偏差をもつラフな正規分布のグラフも示した。

確率分布Cの平均と標準偏差はそれぞれ、$\mu = 0$、$\sigma = 1.086$であるので、尖度は式4-6のように求められる。

表4-3　確率分布C

x	-3	-2	-1	0	1	2	3
$f_C(x)$	0.03	0.05	0.12	0.6	0.12	0.05	0.03

表4-4　確率分布D

x	-3	-2	-1	0	1	2	3
$f_D(x)$	0.0062	0.06	0.235	0.3976	0.235	0.06	0.0062

図4-7 確率分布Cの確率線図

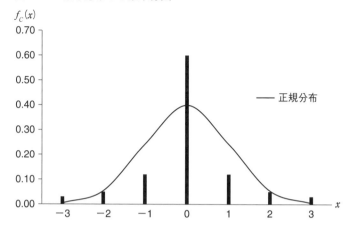

図4-8 確率分布Dの確率線図

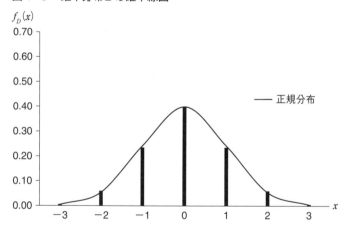

式4-6

$$\kappa_C = E\left[\frac{(X-\mu)^4}{\sigma^4}\right] - 3$$

$$= \frac{1}{\sigma^4} E\left[(X-\mu)^4\right] - 3$$

$$= \frac{1}{(1.086)^4} \times \{0.03 \times (-3-0)^4 + 0.05 \times (-2-0)^4$$
$$+ 0.12 \times (-1-0)^4 + 0.6 \times (0-0)^4$$
$$+ 0.12 \times (1-0)^4 + 0.05 \times (2-0)^4$$
$$+ 0.03 \times (3-0)^4\} - 3$$
$$= 1.812$$

確率分布Dの平均と標準偏差はそれぞれ、$\mu = 0$、$\sigma = 1.030$であるので、尖度は式4-7のように求められる。

■ 式4-7

$$\kappa_D = E\left[\frac{(X-\mu)^4}{\sigma^4}\right] - 3$$

$$= \frac{1}{\sigma^4} E[(X-\mu)^4] - 3$$

$$= \frac{1}{(1.030)^4} \times \{0.0062 \times (-3-0)^4 + 0.06 \times (-2-0)^4$$
$$+ 0.235 \times (-1-0)^4 + 0.3976 \times (0-0)^4$$
$$+ 0.235 \times (1-0)^4 + 0.06 \times (2-0)^4$$
$$+ 0.0062 \times (3-0)^4\} - 3$$
$$= 0.012$$

確率分布Cは正規分布に比べてファット・テイルであるため、尖度は0より大きくなった。確率分布Dは、正規分布をおおまかに近似した離散型確率分布であるので、尖度はおよそゼロとなった。

4-3 標本の歪度と尖度

　ここで標本の歪度と尖度を求める式を紹介しておく。先に述べたように、標本の統計量は母数の推定量であるため、その計算方法にはいくつかの種類があるが、ここでは表計算ソフト等で採用されている計算式を示しておく。式4-8が標本歪度、式4-9が標本相対尖度である。

式4-8

$$\overline{Sk} = \frac{n}{(n-1)(n-2)} \sum_{i=1}^{n} \left(\frac{x_i - \overline{x}}{s} \right)^3$$

$\overline{Sk}$ ：標本歪度
n ：標本の大きさ
x_i ：i番目の観測値
$\overline{x}$ ：標本平均
s ：標本標準偏差

式4-9

$$\overline{\kappa} = \frac{n(n+1)}{(n-1)(n-2)(n-3)} \sum_{i=1}^{n} \left(\frac{x_i - \overline{x}}{s} \right)^4 - \frac{3(n-1)^2}{(n-2)(n-3)}$$

$\overline{\kappa}$ ：標本相対尖度
n ：標本の大きさ
x_i ：i番目の観測値
$\overline{x}$ ：標本平均
s ：標本標準偏差

4-4 実務における利用例

4-4-1 実際の市場における歪度と尖度の考察

ここでは、実際の市場における過去の連続複利収益率の例をみてみたい。第1章1-5の「実務における利用例」において、題材として1年間の実際の日経平均株価指数の日次連続複利収益率(244営業日分の日次連続複利収益率)を取り上げた。連続複利収益率は年率化前の値である。その際に示した図1-25の日経平均株価指数の日次連続複利収益率のヒストグラムに、それと同じ平均と標準偏差をもつ正規分布を重ねて、図4-9に示してみる。

この連続複利収益率のヒストグラムは、ファット・テイルとピークという特徴が明らかであり、尖度は正の値であろうと推測できる。このことを確認するために、いくつかの数値を計算してまとめたものが、表4-5である。比較のため同様のものを正規分布についても計算してある。その結果をみると、連続複利収益率のヒストグラムの尖度は3.78であり、予想に違わず正の

図4-9 日経平均株価指数の日次連続複利収益率のヒストグラムと正規分布

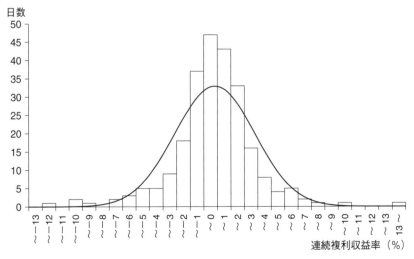

表4-5　日経平均株価指数の日次連続複利収益率のヒストグラムと正規分布との比較

	歪度	尖度	$\mu-3\sigma$以下の値の率	$\mu+3\sigma$以上の値の率	1σの範囲の値の率
日次連続複利収益率	−0.21	3.78	1.639%	0.820%	76.639%
正規分布	0	0	0.135%	0.135%	68.269%

値であることがわかる。そして尖度が正の値であることは、他の計算結果にもよく表れている。連続複利収益率の値が「$\mu-3\sigma$」以下となった率も「$\mu+3\sigma$」以上となった率もともに正規分布の0.135%より高くファット・テイルである。さらには、連続複利収益率の値が「1シグマの範囲」に収まった率76.639%は正規分布の68.269%より高く、ピークが顕著であることも数字に表れている。ただしこれらのデータが、世界的金融危機が起こった2008年度のデータであることを思い出してほしい。第1章においてはヒストリカル・ボラティリティが大きな値を記録した例として、この年のデータを取り上げたのだが、ここでは、正の尖度の特徴がよく出ている例として再度取り上げた。よって、一般的な傾向が特に強く出る結果となったものと推察される。

　また第1章では、同じ日経平均株価指数の日次連続複利収益率のデータを、ヒストグラムとともに、時系列グラフでも示した。時系列グラフも、ヒストグラムとは別のかたちで、ファット・テイルとピークという特徴を反映しているはずである。それをみるために図1-24を再掲してみる。また比較のために、正規分布に従う確率変数であり、その平均は日経平均株価指数の連続複利収益率の平均と等しく、その標準偏差も連続複利収益率の標準偏差と等しいという確率変数の時系列グラフを図4-10に示す。2つの時系列グラフを重ねたものも図4-11に示す。連続複利収益率のデータの平均は−0.182%、年率化する前の標準偏差は2.94%、年率化後のボラティリティは46.51%である。ボラティリティが極端に高いのは、先に述べたように、これが2008年度の世界的金融危機の年のデータであるからである。

図1-24 日経平均株価指数の日次連続複利収益率の時系列グラフ（再掲）

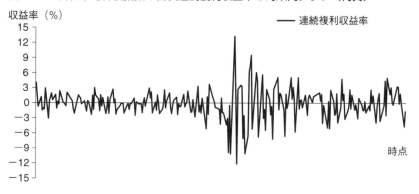

図4-10 連続複利収益率と同じ平均、同じ標準偏差をもつ正規分布に従う確率変数

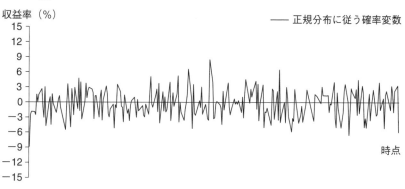

図4-11 連続複利収益率と正規分布に従う確率変数

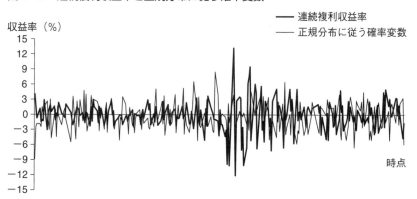

ヒストグラムと正規分布を用いて比較したことを、今度は時系列グラフという別のかたちで比較しているだけのことなので、当然、同じ結果がみてとれる。日経平均株価指数の連続複利収益率が「$\mu-3\sigma$」以下となった回数は4回（1.639％）、「$\mu+3\sigma$」以上となった回数は2回（0.820％）である。正規分布に従う確率変数が「$\mu-3\sigma$」以下となった回数は0回、「$\mu+3\sigma$」以上となった回数も0回である。よって連続複利収益率がファット・テイルであることが、よく表れている。ただし、正規分布に従う確率変数は正規乱数を発生させたものであり、「3シグマの範囲」の外側になる回数は、あくまでもこのケースでは0回となったというものである。理論的には0.27％の確率で「3シグマの範囲」の外側の値が発生する。

　また、市場に事件が起こる以前の平穏な日々の連続複利収益率は、正規分布に従う確率変数よりもかえって変動が小さいこともみてとれる。連続複利収益率が「1シグマの範囲」に収まった日数は187日（76.639％）である。これは正規分布の理論値どおりであれば約167日（68.269％）となるものであり、連続複利収益率がピークをもつこともよくわかる。

　2008年度のデータは、通常の年とはいえないので、通常の年のデータについても同様の考察を行う。今度は通貨の連続複利収益率（年率化していない値）をみてみる。以下は2016年の1年間の米ドル対日本円の為替レートの時系列データを用いたものである。ちなみに、「米ドル対日本円の為替レート」を単に「ドル円為替レート」、あるいは、さらに省略して「ドル円」と呼ぶことも多い。記号は「USD｜JPY」、「USD／JPY」、「USDJPY」等が用いられる。

　図4-12のドル円為替レートの日次連続複利収益率のヒストグラムの顕著な特徴は、左右対称ではなく左の裾が長いことである。ゼロでない歪度は通貨のデータでしばしば観察される現象であり、この場合、歪度が負の値となっているようである。また、ファット・テイルとピークという特徴もみられることから、尖度は正の値であろうと推測できる。このデータについても確認のために、いくつかの数字を計算し表4-6に示した。その結果は、連続複利収益率のヒストグラムの歪度は−0.23であり、予想どおり負の値と

図4-12　米ドルの日次連続複利収益率のヒストグラムと正規分布

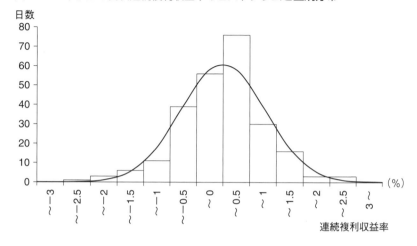

表4-6　ドル円為替レートの日次連続複利収益率のヒストグラムと正規分布との比較

	歪度	尖度	$\mu-3\sigma$以下の値の率	$\mu+3\sigma$以上の値の率	1σの範囲の値の率
日次連続複利収益率	-0.23	0.91	0.820%	0%	74.180%
正規分布	0	0	0.135%	0.135%	68.269%

なっている。尖度は0.91で、正の値になっている。そして尖度が正の値であることは、他の計算結果にも表れていて、連続複利収益率の値が「$\mu-3\sigma$」以下となった率は正規分布の0.135%より高く、連続複利収益率の値が「1シグマの範囲」に収まった率74.180%は正規分布の68.269%より高い。

ドル円為替レートの日次連続複利収益率の時系列グラフも、同じ平均と同じ標準偏差の正規分布に従う確率変数のグラフとともに、図4-13、図4-14、図4-15に示す。連続複利収益率のデータの平均は-0.006%、年率化する前の標準偏差は0.78%、年率化後のボラティリティは12.37%である。

連続複利収益率が「$\mu-3\sigma$」以下となった回数は2回（0.820%）、「$\mu+3\sigma$」以上となった回数は0回（0%）である。連続複利収益率が「1σの

図4-13 ドル円為替レートの日次連続複利収益率

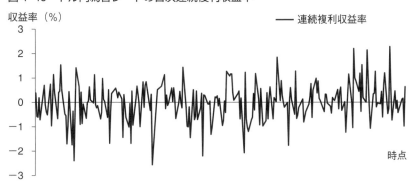

図4-14 連続複利収益率と同じ平均、同じ標準偏差をもつ正規分布に従う確率変数

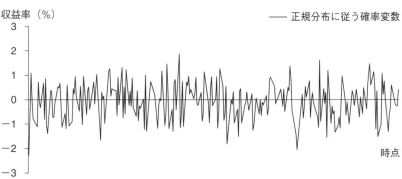

図4-15 連続複利収益率と正規分布に従う確率変数

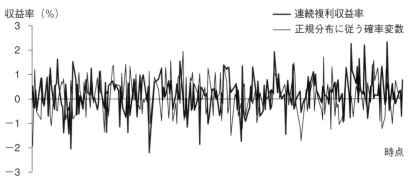

範囲」に収まった日数は181日（74.180％）である。

4-4-2 ボラティリティ・スマイルとボラティリティ・スキューの発生要因

4-4-2-1 通貨オプション市場

　金融市場において、原資産が通貨であるヨーロピアン・オプションは、期近のものや、行使価格がアット・ザ・マネーに近いものを中心に、高い流動性をもって取引されている。そして、各オプションのインプライド・ボラティリティは、銀行や情報提供業者が行使価格別、期間別の気配値をマトリックス形式でリアル・タイムに表示しているため、容易に入手することができる。このマトリックス形式で表示されるインプライド・ボラティリティのことを、ボラティリティ・サーフェス（volatility surface）、あるいは、ボラティリティ・マトリックス（volatility matrix）と呼ぶ。表4-7に、原資産がUSDである通貨オプションのボラティリティ・サーフェスの一部を例として示しておく。

表4-7　ボラティリティ・サーフェスの例（部分）

	1カ月	6カ月	1年
10D USD P	11.84/12.84	14.51/15.30	16.01/16.74
15D USD P	11.40/12.12	13.79/14.38	15.20/15.76
20D USD P	11.07/11.68	13.25/13.74	14.55/15.02
25D USD P	10.82/11.31	12.83/13.22	14.03/14.41
35D USD P	10.40/10.83	12.22/12.56	13.32/13.65
ATM	10.08/10.52	11.78/12.12	12.84/13.16
30D USD C	10.07/10.49	11.60/11.92	12.57/12.86
25D USD C	10.23/10.69	11.70/12.05	12.65/12.99
20D USD C	10.35/10.90	11.84/12.27	12.83/13.23
15D USD C	10.50/11.20	12.04/12.59	13.07/13.58
10D USD C	10.79/11.77	12.39/13.14	13.41/14.08

〔表の見方〕

左端の列は行使価格を示す。その意味は、たとえば以下である。

ATM：コール・オプションとプット・オプションのデルタの絶対値が等しい行使価格

10D USD P：デルタが−0.10であるドル・プット・オプションの行使価格

30D USD C：デルタが+0.30であるドル・コール・オプションの行使価格

行使価格を上記のような記号ではなく数字で表そうとすると、スポット為替レート等の変動にあわせて、行使価格の数字も絶えず変化させなければならない。それを避けるために、このような記号で行使価格を表す慣習が生まれた。表中の数字が、ボラティリティのビッドとオファーである。

オプション黎明期においては市場で取引されるオプション価格から、そこに内包されているボラティリティを逆算しなければ、ボラティリティの値を知ることができなかった。そのために、実際にオプション価格からボラティリティを逆算するということが行われたので、「オプション価格に内包されているボラティリティ」という意味のインプライド・ボラティリティ（implied volatility）という名称がつけられた。しかし、インプライド・ボラティリティを簡単に知ることができるようになった現在では、もはやオプション価格からインプライド・ボラティリティを逆算するということは、ほとんど行われなくなった。そのようなことを行わなくとも、インプライド・ボラティリティの気配値を表4−7のように直接市場で観察できるからである。実務ではインプライド・ボラティリティを先に入手してから、それを用いてオプション価格を計算するという手順となった。つまり順序が変わった。インプライド・ボラティリティはいまや、スポット為替レートや株価等と同様の、金融市場における一観測値となったのである。しかし、名称は引き続き「インプライド・ボラティリティ」が使われている。

また、特に金融機関同士では、取引の際にオプション価格をインプライド・ボラティリティでクォート（quote）することも多い。たとえば、「この

コール・オプションの価格は10%である」などといって価格がクォートされる。この文の省略された部分を補って言い直せば「このコール・オプションの価格は、ブラック・ショールズ・モデルにボラティリティ10%を投入して得られる価格である」となる。つまり、式4-10の原資産を通貨とした場合のコール・オプション理論価格式、および図4-16に示した、原資産を通貨とした場合のブラック・ショールズ・モデルの概念図からわかるように、6つの投入要素のうち、客観的には値が決まらず、主観的な予想値（注1）となるのは、唯一ボラティリティである。つまり、市場にはブラック・ショールズ・モデルを用いるという共通の前提があるので、ボラティリティの値さえ同じであれば、同じオプション価格が計算されることになる。よって、オプション価格を価格でクォートしても、インプライド・ボラティリティでクォートしても同じことなので、より便利でレベル感がつかみやすいインプライド・ボラティリティでクォートするという慣習が生まれた（注2）。

（注1） インプライド・ボラティリティの市場の気配値が、結果として、将来の予想ボラティリティの市場コンセンサス（consensus）であるともいえる。

（注2） 約定の段階で、取引当事者間でスポット為替レートやフォーワード為替レートの値を合わせることもある。

上述のような取引慣行が生まれた背景の一つには、ブラック・ショールズ・モデルがだれもがすぐに利用できるほど簡単なモデルであるということがある。おそらく、各金融機関は、独自のプライシング・モデルも用いている。そのうえで、ブラック・ショールズ・モデルが、あたかもインプライド・ボラティリティをオプション価格に翻訳する翻訳機であるかのように使われている。それほど期間の長くない単純なヨーロピアン・オプションであれば、正規分布の仮定、金利一定、ボラティリティ一定等の縛りがあるブラック・ショールズ・モデルでも、工夫して使うことによって実務に適用できるということである。

以上のことから明らかとなる、忘れてはいけない重要な点は、市場のインプライド・ボラティリティが、ブラック・ショールズ・モデルを用いることを前提とした場合の値であるということである。

■ 式 4-10

〔ブラック・ショールズ・モデルのコール・オプション理論価格式〕
原資産は米ドル(対日本円)

$$C = Se^{-r_u t}N(d_1) - Ke^{-r_j t}N(d_2)$$

$$d_1 = \frac{\ln\left(\frac{S}{K}\right) + \left((r_j - r_u) + \frac{\sigma^2}{2}\right)t}{\sigma\sqrt{t}}$$

$$d_2 = \frac{\ln\left(\frac{S}{K}\right) + \left((r_j - r_u) - \frac{\sigma^2}{2}\right)t}{\sigma\sqrt{t}}$$

- C ：現在のコール・オプションの理論価格（円）
- S ：現在の原資産のスポット価格（円）
- K ：行使価格（円）
- r_j ：日本円のリスク・フリー・レート（年率）
- r_u ：米ドルのリスク・フリー・レート（年率）
- t ：オプションの期間（年）
- σ ：インプライド・ボラティリティ（年率）
- $N(\ )$ ：標準正規分布の下側確率（累積分布関数）

図 4-16　ブラック・ショールズ・モデルの概念図

原資産は米ドル（対日本円）

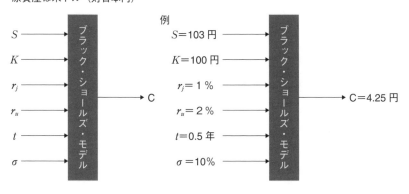

第 4 章　歪度と尖度

この状況をふまえて、次の問を考えてみてほしい。以下、インプライド・ボラティリティを単にボラティリティと呼ぶこととする。

問：同じ原資産、同じ満期までの期間で、行使価格だけが異なる2つのコール・オプションが市場で取引されている。オプションの条件を表4-8に示す。コール・オプションAがボラティリティ10％で取引されているとすると、理論的には、コール・オプションBのボラティリティの値はいくつで取引されることになるか。

表4-8　行使価格だけが異なる2つのコール・オプション

	コール・オプションA	コール・オプションB
原資産	USD（対JPY）	USD（対JPY）
期間	3カ月	3カ月
行使価格	110	120
ボラティリティ	10％	

解答：理論的には、コール・オプションBも、同じボラティリティ10％で取引されるはずである。なぜなら、米ドルという原資産が、向こう3カ月の間にどれほど変動しやすいのかを表すのがボラティリティであるから、ボラティリティに行使価格は関係ない。よって、行使価格が変わったからといってボラティリティが変わる理由はない。

ところが、実際のオプション市場では、同じ原資産、同じ満期のオプションであっても、行使価格が異なると、異なるボラティリティで取引される。行使価格とボラティリティの関係を図4-17に表す。このような曲線は、「ボラティリティ・カーブ（volatility curve）」といわれる。図4-17のボラティリティ・カーブのかたちは微笑んでいる口のかたちに似ていることから、「ボラティリティ・スマイル（volatility smile）」と呼ばれる。図中の「ATM」は、第3章にて解説された「ATMDN＝アット・ザ・マネー・デルタ・ニュートラル」である。繰り返しになるが、ボラティリティ・カーブは純粋に理論的には水平な直線となるはずのものだが、実務ではそうはなら

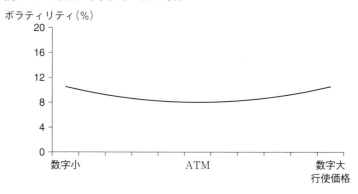

図4-17 ボラティリティ・スマイル

ずに、たとえばこのような曲線になっているということである。

4-4-2-2 ボラティリティ・スマイルの発生要因

ボラティリティ・カーブのかたちも、他の市場の価格と同様に、時々刻々変化するものである。また、必ずしもいつも左右対称の笑った口のかたちとなるとは限らず、図4-18のようになることもしばしばあり、さまざまなかたちとなる。しかし、いずれにしろ実務では水平ではない。図4-18のボラティリティ・カーブのかたちをボラティリティ・スキュー（volatility skew）と呼び、ボラティリティ・スマイルと区別することもある。しかし図4-17のかたちも図4-18のかたちも、いずれもボラティリティ・スマイル

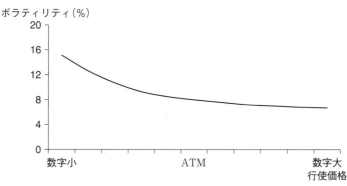

図4-18 ボラティリティ・スキュー

第4章 歪度と尖度　215

と呼ぶこともある。

　ではなぜ、ボラティリティ・カーブは理論どおりの水平な直線とはならないのであろうか。ボラティリティ・カーブの発生要因を説明しようとすると、本章で解説した歪度と尖度が登場する。先に述べたように、ブラック・ショールズ・モデルは、原資産の連続複利収益率が正規分布に従うと仮定する。ところが、4-4-1において過去の実例を考察したように、現実の連続複利収益率はおおむね正規分布ではあるものの、厳密に正規分布ではない。過去の多くが厳密に正規分布でないなら、将来もおそらく厳密に正規分布ではないと市場参加者が考えるのは自然のことであろう。このような正規分布のかたちと、市場が予想する確率分布のかたちとのわずかな差異が、ボラティリティ・スマイルが発生する要因の一つとなっている。図4-19を例に用いて説明を行う。

　図4-19には、尖度が正の値である確率分布Aと、確率分布Aと同じ平均とボラティリティをもつ正規分布Bが表されている。また、行使価格がKである、アウト・オブ・ザ・マネーのヨーロピアン・プット・オプションのグラフも重ねて表示してある。ただし、確率分布の横軸が連続複利収益率であ

図4-19　市場が予想する確率分布Aと正規分布B

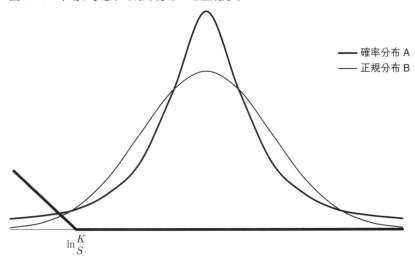

るため、行使価格 K もそれにあわせて、現在のスポット価格 S が満期に行使価格 K となった場合の連続複利収益率の値で表示してある（注3）。

(注3) この点は第1章1-5、および第3章3-4の「実務における利用例」を参照。

さて、あるトレーダーがこれから、このプット・オプションをプライシングしようとしているとする。そしてトレーダーが予想する確率分布は確率分布Aであるとする。確率分布Aを仮定した場合に、プット・オプションがイン・ザ・マネーとなる確率を、図4-20に示した。イン・ザ・マネーとなる確率は、確率分布Aの曲線と横軸とに挟まれたエリアのうち、点線よりも左側のエリアの面積である。ところがここに、ボラティリティはブラック・ショールズ・モデルを用いることを前提にクォートされるという市場慣行がある。そうなると仮定される確率分布が正規分布Bとなるので、プット・オプションがイン・ザ・マネーとなる確率を表すのは、点線よりも左側のエリアの面積であるが、今度は正規分布Bの曲線と横軸と点線に挟まれたエリアとなる。この2つのエリアを比較してみると、正規分布Bを仮定した確率は、確率分布Aを仮定した確率よりも低くなってしまう。第3章のフレーズ

図4-20 イン・ザ・マネーとなる確率の違い

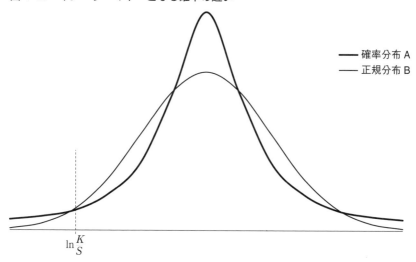

を用いれば、オプション価格は「将来のキャッシュ・フローの期待値の現在価値」であるから、低い確率を用いて計算すれば期待値が低くなり、その結果オプション価格が安くなってしまう。

そこで、トレーダーとしては、オプション価格が高くなる方向に何かを修正したいのだが、確率分布のかたち自体を修正することはできない。なぜならブラック・ショールズ・モデルを使ってクォートするという縛りがあるので、使う確率分布は正規分布であるからである。また、先に述べたように、ブラック・ショールズ・モデルの投入要素のうち、ボラティリティ以外の投入要素は客観的に決まってしまうので、それらを変更することはできない。たとえば、プット・オプション価格が高くなるように、現在の市場のスポット価格とは異なる低い価格をスポット価格として投入するわけにはいかない。市場の客観的な事実に反した数字を投入することになり、きわめて不自然である。しかし、唯一の予想値であるボラティリティであるならば、主観的に選んだ値を投入できる。

オプションの価格はボラティリティが高くなると必ず高くなる。そこで、ブラック・ショールズ・モデルに投入するボラティリティの値を高くすれば、オプション価格を高くすることができる。図4-21は、正規分布Bよりもボラティリティが高い正規分布Cを用いると、どのようになるかをみるために、正規分布Cを追加で表示したものである。プット・オプションがイン・ザ・マネーとなる確率に注目してほしい。正規分布Bを用いて算出するオプション価格は、イン・ザ・マネーとなる確率が確率分布Aよりも低いので、価格が安くなってしまうが、正規分布Cを用いてオプション価格を算出すれば、トレーダーが望むどおりの高い価格を算出することができそうである。

以上のようにして、このアウト・オブ・ザ・マネーのプット・オプションのボラティリティはアット・ザ・マネーのプット・オプションのボラティリティよりも高い値がクォートされることとなる。アウト・オブ・ザ・マネーのコール・オプションにも同様の現象が起これば、ボラティリティ・カーブにボラティリティ・スマイルが発生することになる。この場合のボラティリティ・スマイルの発生要因は、トレーダーが使いたい確率分布が正規分布で

図4-21　ボラティリティが高い正規分布C

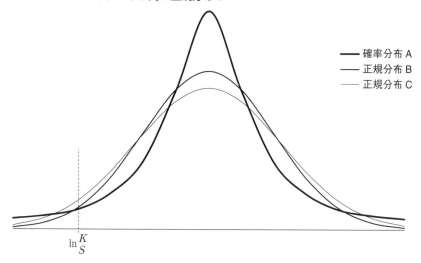

はなく、正の尖度の値をもつ確率分布であるということである。

　また、市場が予想する確率分布が、ゼロではない歪度をもつ図4-22の確率分布Dのようであるとしよう（注4）。このような場合、ボラティリティ・カーブには、ボラティリティ・スキューが発生する。この場合のボラティリティ・カーブがどのようなかたちになるかは、練習問題とする。

　（注4）　市場が予想する確率分布を、オプション価格に内包されている確率分布という意味でインプライド分布（implied distribution）と呼ぶ。

図4-22　歪度をもつ確率分布と正規分布

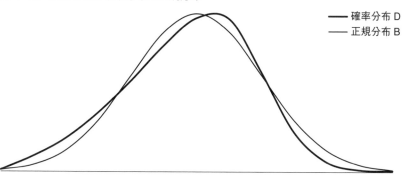

第4章　歪度と尖度　219

4-5 練習問題

1. データAとデータBがあり、これらは両方とも母集団である。

   A = {10, 13, 14, 16, 22}

   B = {8, 14, 16, 17, 20}

   それぞれをヒストグラムに表すと図4-23と図4-24のようになる。2つのデータの平均と標準偏差は以下のように等しい。図中の点線は平均を示す。

   $\mu_A = \mu_B = 15$

   $\sigma_A = \sigma_B = 4$

(1) データAとデータBの歪度を計算せよ。
(2) 2つの歪度を比較してコメントせよ。

図4-23 データA

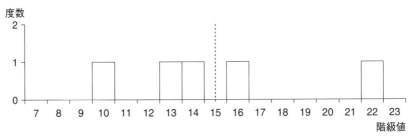

図4-24 データB

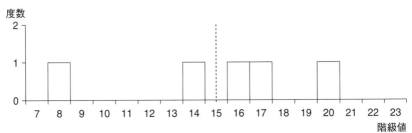

2. データ C とデータ D があり、これらは両方とも母集団である。

C = {−12, −5, 0, 0, 5, 12}

D = {−13, 0, 0, 0, 0, 13}

それぞれをヒストグラムに表すと図 4-25 と図 4-26 のようになる。2 つのデータの平均と標準偏差は以下のように等しい。

$\mu_C = \mu_D = 0$

$\sigma_C = \sigma_D = \sqrt{\dfrac{338}{6}} \fallingdotseq 7.5$

(1) データ C とデータ D の尖度を計算せよ。
(2) 2 つの尖度を比較してコメントせよ。

図 4-25 データ C

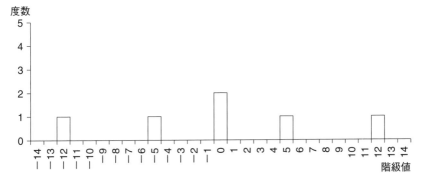

図 4-26 データ D

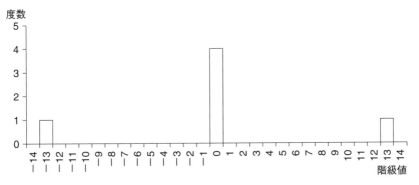

3. 市場が予想する確率分布が、ゼロではない歪度をもつ図4-22の確率分布Dのようであるとする。このような場合、ボラティリティ・カーブは、どのようなかたちとなるか。図4-27の図A、図B、図Cのなかから選択せよ。

図4-27　3つのボラティリティ・カーブ
図A　　　　　　　　図B　　　　　　　　図C

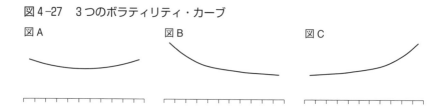

4-6 練習問題の解答

1.

(1) データAとデータBの歪度を計算すると、それぞれ以下のようになる。

$$Sk_A = \frac{1}{5} \times \frac{(10-15)^3}{4^3} + \frac{1}{5} \times \frac{(13-15)^3}{4^3} + \frac{1}{5} \times \frac{(14-15)^3}{4^3}$$

$$+ \frac{1}{5} \times \frac{(16-15)^3}{4^3} + \frac{1}{5} \times \frac{(22-15)^3}{4^3} = 0.66$$

$$Sk_B = \frac{1}{5} \times \frac{(8-15)^3}{4^3} + \frac{1}{5} \times \frac{(14-15)^3}{4^3} + \frac{1}{5} \times \frac{(16-15)^3}{4^3}$$

$$+ \frac{1}{5} \times \frac{(17-15)^3}{4^3} + \frac{1}{5} \times \frac{(20-15)^3}{4^3} = -0.66$$

(2) データAを、平均を軸として反転するとデータBとなるので、両者の歪度の絶対値は等しく、また符号は反対になる。データAは右裾が長いので歪度は正の値、データBは左裾が長いので歪度は負の値となる。

2．

(1) データＣとデータＤの尖度を計算すると、それぞれ以下のようになる。

$$\kappa_C = \frac{1}{6} \times \frac{(-12-0)^4}{\left(\sqrt{\frac{338}{6}}\right)^4} + \frac{1}{6} \times \frac{(-5-0)^4}{\left(\sqrt{\frac{338}{6}}\right)^4} + \frac{2}{6} \times \frac{(0-0)^4}{\left(\sqrt{\frac{338}{6}}\right)^4}$$

$$+ \frac{1}{6} \times \frac{(5-0)^4}{\left(\sqrt{\frac{338}{6}}\right)^4} + \frac{1}{6} \times \frac{(12-0)^4}{\left(\sqrt{\frac{338}{6}}\right)^4} - 3 \cong -0.76$$

$$\kappa_D = \frac{1}{6} \times \frac{(-13-0)^4}{\left(\sqrt{\frac{338}{6}}\right)^4} + \frac{4}{6} \times \frac{(0-0)^4}{\left(\sqrt{\frac{338}{6}}\right)^4} + \frac{1}{6} \times \frac{(13-0)^4}{\left(\sqrt{\frac{338}{6}}\right)^4} - 3 \cong 0$$

(2) データＤはデータＣに比べて、分布の両裾が厚いので尖度の値が大きくなっている。つまり、データＤの－13はデータＣの－12に比べて平均からの距離が大きく、かつ、データＤの＋13は、データＣの＋12に比べて、平均からの距離が大きいので、データＤはデータＣよりファット・テイルである。データＤの分布の肩の部分の頻度がデータＣより少なく、データＤの分布の中心の頻度がデータＣより多いのは、２つの分布の標準偏差が等しいからである。

3．図Ｂ

第5章

二次元の確率変数、共分散、相関係数

5-1 同時確率分布

5-1-1 同時確率分布

これまでは単一の確率変数を取り扱ってきたが、本章では2つの確率変数を組（pair）にして、同時に取り扱うことを考える。同時に取り扱われる確率変数は二次元確率変数（two dimensional random variable）と呼ばれる。これまで解説してきた単一の確率変数は、一次元確率変数と呼ばれる。確率変数が離散型であっても連続型であっても同様なので、以降、本章では原則として、確率変数が離散型である場合のみを扱う。連続型については本章5-8の「数学的補足」を参照されたい。

確率変数Xがxという値をとり、かつ、確率変数Yがyという値をとる確率は同時確率（joint probability, simultaneous probability）と呼ばれる。同時確率は確率関数$P(X=x, Y=y)$によって示される。

同時確率の値を計算するための関数$f(X, Y)$は、確率変数が離散型であれば同時確率質量関数（joint probability mass function）、あるいは単に同時確率関数と呼ばれる。連続型であれば同時確率密度関数（joint probability density function）と呼ばれる。

すべての同時確率変数の起こりうる場合について、同時確率変数と確率の関係を示すものが、同時確率分布（joint probability distribution）である。簡単な同時確率分布の例を、例5-1と例5-2に示す。

■ 例5-1　2つの公平なサイコロの同時確率分布

1から6の目が付いている立方体のサイコロと、1から4の目が付いている正四面体のサイコロを考える。立方体のサイコロの目を確率変数A、正四面体のサイコロの目を確率変数Bとし、2つのサイコロを同時に振った場合の同時確率分布を考える。ただし、正四面体のサイコロは、底になった面の目を出た目とする。同時確率分布は表5-1のようになる。表中の数字が同時確率を示す。

表5-1　2つの公平なサイコロの同時確率分布

A 立方体 \ 正四面体 B	1	2	3	4
1	$\frac{1}{24}$	$\frac{1}{24}$	$\frac{1}{24}$	$\frac{1}{24}$
2	$\frac{1}{24}$	$\frac{1}{24}$	$\frac{1}{24}$	$\frac{1}{24}$
3	$\frac{1}{24}$	$\frac{1}{24}$	$\frac{1}{24}$	$\frac{1}{24}$
4	$\frac{1}{24}$	$\frac{1}{24}$	$\frac{1}{24}$	$\frac{1}{24}$
5	$\frac{1}{24}$	$\frac{1}{24}$	$\frac{1}{24}$	$\frac{1}{24}$
6	$\frac{1}{24}$	$\frac{1}{24}$	$\frac{1}{24}$	$\frac{1}{24}$

　たとえば、立方体のサイコロの目が5、かつ、正四面体のサイコロの目が3となる確率は、立方体のサイコロの目が5となる事象と、正四面体のサイコロの目が3となる事象が独立であるので、それぞれの確率を以下のように乗じることにより求められる。「独立」とは以下である。事象Aと事象Bが同時に起こる、あるいは続けて起こる場合に、事象Aの結果が事象Bの結果に影響を与えないとき、事象Aと事象Bは独立（independent）であるという（注1）。

（注1）　独立については、5-8「数学的補足」参照。

$$P_{AB}(A=5, B=3) = f_{AB}(5, 3) = \frac{1}{6} \times \frac{1}{4} = \frac{1}{24}$$

　この例では、2つのサイコロがともに公平なサイコロなので、表中のすべての確率が同じ値となる。式中の P や f の添え字 AB は、どの確率変数の関数かを明記するためのものである。省略される場合も多いが、ここでは次に登場する確率変数 X と Y の関数と同じ記号になってしまうことを避けるために、添え字を付した。

例5-2 2つのゆがんだサイコロの同時確率分布

1から6の目が付いている公平でない六面体のサイコロと、1から4の目が付いている公平でない四面体のサイコロを考える。六面体のサイコロの目を確率変数 X、四面体のサイコロの目を確率変数 Y とし、2つのサイコロを同時に振った場合の同時確率分布を考える。ただし、四面体のサイコロは、底になった面の目を出た目とする。同時確率分布は表5-2のようになる。表中の数字が同時確率を示す。ただし、四捨五入をした値である。

たとえば、六面体のサイコロの目が5、かつ、四面体のサイコロの目が3となる確率は以下である。

$$P_{XY}(X=5, Y=3) = f_{XY}(5, 3) = 0.047$$

今度はサイコロがゆがんでいるので、表中の確率が同じ値にはならない。

5-1-2　周辺確率分布

それでは、六面体のサイコロはどのようにゆがんでいるのであろうか。そのゆがみは、六面体のサイコロ1個を単独で振った場合の各々の目が出る確率に表れる。その確率を表す確率関数 $g(X)$ は、この同時確率分布から求めることができる。たとえば、6の目が出る確率である $g(6)$ を考えてみる。2つのサイコロを同時に振った場合に起こりうる24通りの結果のうち、六面

表5-2　2つのゆがんだサイコロの同時確率分布

X 六面体 \ 四面体 Y	1	2	3	4
1	0.032	0.034	0.036	0.038
2	0.035	0.036	0.039	0.041
3	0.037	0.038	0.042	0.043
4	0.039	0.041	0.044	0.046
5	0.041	0.043	0.047	0.049
6	0.046	0.048	0.052	0.054

体のサイコロに6の目が出るのは、表5−2の最下行の4通りである。しかも、4通りの結果のそれぞれは同時に起こることはないから、4通りの場合の確率を単純に足すことができる。同時に起こることがない事象を排反事象（disjoint events）という（注2）。いま考えているのは、六面体のサイコロの目が6であれば、四面体のサイコロの目はいくつであってもかまわないという確率である。よって、$g(6)$は、式5−1のように計算できる。

（注2）「排反」については、5−8「数学的補足」参照。

■ 式5−1

$$g(6) = f(6, 1) + f(6, 2) + f(6, 3) + f(6, 4)$$
$$= 0.046 + 0.048 + 0.052 + 0.054$$
$$= 0.20$$

以上の計算をXのとりうる6通りの値のそれぞれについて行うと、確率関数$g(X)$を得ることができる。また、同様に確率関数$h(Y)$も求めることができる。$h(Y)$は、四面体のサイコロを単独で振った場合の各目が出る確率を表す関数である。$g(X)$、$h(Y)$で表される確率分布は周辺確率分布（marginal probability distribution）と呼ばれる。周辺確率分布は表5−3に

表5−3　周辺確率分布

X 六面体 ＼ 四面体 Y	1	2	3	4	$g(X)$
1	0.032	0.034	0.036	0.038	0.140
2	0.035	0.036	0.039	0.041	0.150
3	0.037	0.038	0.042	0.043	0.160
4	0.039	0.041	0.044	0.046	0.170
5	0.041	0.043	0.047	0.049	0.180
6	0.046	0.048	0.052	0.054	0.200
$h(Y)$	0.230	0.240	0.260	0.270	1.000

表5-4 六面体のサイコロの確率分布

X	1	2	3	4	5	6
$g(X)$	0.140	0.150	0.160	0.170	0.180	0.200

表5-5 四面体のサイコロの確率分布

Y	1	2	3	4
$h(Y)$	0.230	0.240	0.260	0.270

示すように、各行の値の総和、あるいは各列の値の総和として表の周辺に表れるので、そのように呼ばれる。式5-1で計算した0.20は、表5-3の$X = 6$の行の値の総和である。

確認のため、$g(X)$を表5-4に、$h(Y)$を表5-5に示す。確率をみると、それぞれゆがんだサイコロであることがわかる。

周辺確率関数の一般型を式5-2に示しておく。

式5-2

Xが、$x_1, x_2, x_3, \cdots, x_n$の値を、$Y$が、$y_1, y_2, y_3, \cdots, y_m$の値をとる離散型の確率変数であり、同時確率関数が$f(X, Y)$であるとき、以下の$g(X)$、$h(Y)$は周辺確率関数である。

$$g(x) = \sum_{j=1}^{m} f(x, y_j)$$

$$h(y) = \sum_{i=1}^{n} f(x_i, y)$$

また、式5-2から自明のことであるが、各一次元確率変数の期待値を、同時確率関数から求める場合の式を、式5-3に示す。

■ 式5-3

$$E[X] = \mu_X = \sum_{i=1}^{n} x_i g(x_i)$$

$$= \sum_{i=1}^{n} x_i \sum_{j=1}^{m} f(x_i, y_j)$$

$$= \sum_{i=1}^{n} \sum_{j=1}^{m} x_i f(x_i, y_j)$$

$$E[Y] = \mu_Y = \sum_{j=1}^{m} y_j h(y_j)$$

$$= \sum_{j=1}^{m} y_j \sum_{i=1}^{n} f(x_i, y_j)$$

$$= \sum_{j=1}^{m} \sum_{i=1}^{n} y_j f(x_i, y_j)$$

金融市場においても、2つの確率変数を同時に取り扱うことはよくある。たとえば、ある株価指数と米ドル対日本円の為替レートという2つの確率変数を毎日観察するような場合である。株価指数と為替レートを250営業日にわたって観察すれば、250組のデータが得られることになる。金融市場で扱われる確率変数は現実には二次元にはとどまらず、各種指数、個別銘柄の株価、各通貨の為替レート、各種金利等の何種類かの確率変数を組にして同時に取り扱う場合がある。そのような確率変数は、多次元確率変数（multi-dimensional random variable）と呼ばれる。

5-2 二次元確率変数の関数 $g(X, Y)$ の期待値

5-2-1　二次元確率変数の関数 $g(X, Y)$ の期待値

第2章において、一次元確率変数 X の関数 $g(X)$ の期待値を求める式2-

5を示した。本章では、二次元確率変数 X と Y の関数 $g(X, Y)$ の期待値を求める式を示す。一次元確率変数の場合と同様の考え方であるので、式5-4のようになる。

▋式5-4

X が、$x_1, x_2, x_3, \cdots, x_n$ の値を、Y が、$y_1, y_2, y_3, \cdots, y_m$ の値をとる離散型の確率変数であり、同時確率関数を $f(x, y)$ とすると、以下の $E[g(X, Y)]$ が、関数 $g(X, Y)$ の期待値である。

$$E[g(X, Y)] = \sum_{i=1}^{n} \sum_{j=1}^{m} g(x_i, y_j) f(x_i, y_j)$$

5-2-2　確率変数の和の期待値の性質

いま示した式5-4を用いると、確率変数の和の期待値の性質が導ける。式5-5-1～式5-5-3に示す（注3）。

（注3）　証明は5-8「数学的補足」参照。

◆確率変数の和の期待値の性質

▋式5-5-1

$$E[X + Y] = E[X] + E[Y]$$

より一般的には、式5-5-2、式5-5-3のようになる。

▋式5-5-2

$$E[aX + bY + c] = aE[X] + bE[Y] + c$$

▋式5-5-3

$$E[X_1 + X_2 + \cdots + X_n] = E[X_1] + E[X_2] + \cdots + E[X_n]$$

2つの確率変数の和の期待値の性質をワンフレーズで表現すると、「確率

変数の和の期待値は、確率変数の期待値の和となる」という性質であり、「期待値の加法性」または「期待値の線型性」と呼ばれる。

期待値を定義どおり計算した値と、和の期待値の性質を用いて計算した値が同じになることを確認してみよう。先の、例5-2の2つのゆがんだサイコロを再び例に用いて、2つのサイコロを同時に振る場合に出る目の和の期待値を計算する。確率変数 X を六面体のサイコロの目、確率変数 Y を四面体のサイコロの目とし、

$$g(X, Y) = X + Y$$

の期待値を求める。

まず定義どおりに求めると、式5-6となる。

■ 式5-6

$$E[X+Y] = \sum_{i=1}^{6} \sum_{j=1}^{4} g(x_i, y_j) f(x_i, y_j)$$

$$= \sum_{i=1}^{6} \sum_{j=1}^{4} (x_i + y_j) f(x_i, y_j)$$

$$= (1+1) \times 0.032 + (1+2) \times 0.034$$
$$+ (1+3) \times 0.036 + (1+4) \times 0.038$$
$$+ (2+1) \times 0.035 + (2+2) \times 0.036$$
$$+ (2+3) \times 0.039 + (2+4) \times 0.041$$
$$+ (3+1) \times 0.037 + (3+2) \times 0.038$$
$$+ (3+3) \times 0.042 + (3+4) \times 0.043$$
$$+ (4+1) \times 0.039 + (4+2) \times 0.041$$
$$+ (4+3) \times 0.044 + (4+4) \times 0.046$$
$$+ (5+1) \times 0.041 + (5+2) \times 0.043$$
$$+ (5+3) \times 0.047 + (5+4) \times 0.049$$
$$+ (6+1) \times 0.046 + (6+2) \times 0.048$$
$$+ (6+3) \times 0.052 + (6+4) \times 0.054$$

$$= 6.27$$

次に和の期待値の性質を用いて計算すると式 5-8 となる。個別のサイコロを振る場合に出る目の期待値は、周辺確率分布 $g(X)$ と $h(Y)$ がすでに得られているので、式 5-7 のように計算できる。

■ 式 5-7

$$E[X] = \sum_{i=1}^{6} x_i g(x_i)$$
$$= 1 \times 0.14 + 2 \times 0.15 + 3 \times 0.16 + 4 \times 0.17 + 5 \times 0.18 + 6 \times 0.20$$
$$= 3.70$$
$$E[Y] = \sum_{j=1}^{4} y_j h(y_j)$$
$$= 1 \times 0.23 + 2 \times 0.24 + 3 \times 0.26 + 4 \times 0.27$$
$$= 2.57$$

■ 式 5-8

$$E[X+Y] = E[X] + E[Y] = 3.70 + 2.57 = 6.27$$

これで両者の値が等しくなることが確認できた。ここで用いた期待値の加法性は金融市場においてもしばしば用いられるが、どのように使われるかについては、本章 5-7 の「実務における利用例」において示す。

5-3 共分散

共分散（covariance）は、2 つの確率変数 X と Y の関連性を表す。関連性のことを連動性ともいう。関連性とは、X が大きいときに Y が大きくなりがちであるのか、反対に、X が大きいときに Y が小さくなりがちであるのかを示すものである。この関連性は相関関係とも呼ばれ、X が大きいと

きに Y も大きい傾向がある場合、2変数の間に正の相関があるという。X が大きいときに Y が小さい傾向がある場合、2変数の間に負の相関があるという。どちらの傾向もない場合、無相関であるという。

確率変数 X と Y の共分散は、$C[X, Y]$ または、σ_{XY} などの記号を用いて表される。共分散の定義は式5-9である。

▌式5-9

X が、$x_1, x_2, x_3, \cdots, x_n$ の値を、Y が、$y_1, y_2, y_3, \cdots, y_m$ の値をとる離散型確率変数であり、同時確率関数を $f(x, y)$ とすると、共分散 $C[X, Y] = \sigma_{XY}$ は以下である。

$$C[X, Y] = \sigma_{XY} = E\left[(X-\mu_X)(Y-\mu_Y)\right]$$
$$= \sum_{i=1}^{n} \sum_{j=1}^{m} (x_i - \mu_X)(y_j - \mu_Y) f(x_i, y_j)$$

また、共分散を計算する際は、式5-10の計算式もよく用いられる（注4）。
（注4） 証明は5-8「数学的補足」参照。

▌式5-10

$$C[X, Y] = \sigma_{XY} = E[XY] - E[X]E[Y]$$

ここで、定義式のように計算した値が、なぜ、確率変数 X と Y の関連性を示すことになるのかを考察してみる。定義式をみると、共分散は X の偏差と Y の偏差の積の期待値、すなわち式5-11に示す X と Y の偏差積の平均的な値を求めている。

▌式5-11

$$(x_i - \mu_X)(y_j - \mu_Y)$$

では、この X と Y の偏差積は何を意味するのか。これは例5-3を用い

て考えてみよう。

例 5-3　確率変数 X と確率変数 Y

図 5-1 の散布図（scatter diagram）に示すような確率変数 X と確率変数 Y を例にとる。1 つの点 (x_i, y_j) が 1 組の確率変数を示す。散布図は母集団の確率分布を表しているものとする。それぞれの平均は、

$E[X] = \mu_X = 12$

$E[Y] = \mu_Y = 36$

である。

この確率分布は同時確率分布ではあるが、以下の意味で特殊である。各確率変数 (x_i, y_j) の組のうち、確率変数 X の添え字と確率変数 Y の添え字が等しい組だけが実現し、確率変数 X の添え字と確率変数 Y の添え字が異なる組は実現しない。一般に、金融市場で取り扱う二次元確率変数は、このような性質をもつ。たとえば、株 X の株価を確率変数 X、株 Y の株価を確率変数 Y とした日次データでは、各確率変数の添え字は営業日を表すので、たとえば 1 日目の株価は (x_1, y_1)、2 日目の株価は (x_2, y_2) というように両方の添え字が等しくなる。1 日目の株価と 2 日目の株価を同時に観察することはないので、2 つの添え字が異なるというケースは発生しない。よって出現確率はゼロとなる。

いまここで述べたことを、二次元確率変数の各組がとる確率を示すことにより確認する。表中の数字が確率である。表 5-6 が一般の二次元確率変数の場合、表 5-7 がここでの株 X と株 Y の例のような場合である。

図 5-1 の散布図をみてみると、X と Y の明らかな関連性がみてとれる。X の値が大きいと Y の値も大きいことが多く、X の値が小さいと Y の値も小さいことが多い。よって共分散を計算すれば正の値となることが予想できる。

ここでいくつかの点に注目して偏差積を調べてみる。はじめに、$x_1 = 18$, $y_1 = 53$ の点に注目すると、x_1 が μ_X より大きく、かつ、y_1 も μ_Y より大きいので、式 5-4 の偏差積は正の値となる。

$(x_1 - \mu_X)(y_1 - \mu_Y) > 0$

表5-6 一般の二次元確率変数の各組の確率

X\Y	1	2	3	⋯	m
1	$p_{1,1}$	$p_{1,2}$	$p_{1,3}$	$p_{1,j}$	$p_{1,m}$
2	$p_{2,1}$	$p_{2,2}$	$p_{2,3}$	$p_{2,j}$	$p_{2,m}$
3	$p_{3,1}$	$p_{3,2}$	$p_{3,3}$	$p_{3,j}$	$p_{3,m}$
⋮	$p_{i,1}$	$p_{i,2}$	$p_{i,3}$	$p_{i,j}$	$p_{i,m}$
n	$p_{n,1}$	$p_{n,2}$	$p_{n,3}$	$p_{n,j}$	$p_{n,m}$

表5-7 添え字が等しい場合のみの二次元確率変数の各組の確率

X\Y	1	2	3	⋯	n
1	p_1	0	0	0	0
2	0	p_2	0	0	0
3	0	0	p_3	0	0
⋮	0	0	0	⋯	0
n	0	0	0	0	p_n

図5-1 確率変数 X と確率変数 Y の散布図

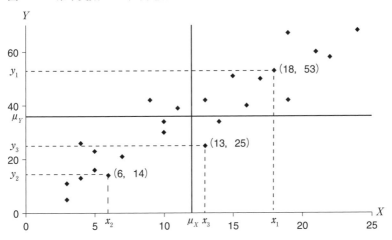

第5章 二次元の確率変数、共分散、相関係数

次に、$x_2 = 6$, $y_2 = 14$の点に注目すると、x_2がμ_Xより小さく、かつ、y_2もμ_Yより小さいので、式5-4の偏差積はやはり正の値となる。

$$(x_2 - \mu_X)(y_2 - \mu_Y) > 0$$

最後に、$x_3 = 13$, $y_3 = 25$の点に注目すると、x_3がμ_Xより大きい一方、y_3がμ_Yより小さいので、式5-4の偏差積は負の値となる。

$$(x_3 - \mu_X)(y_3 - \mu_Y) < 0$$

これ以上、別の点を調べるまでもなく結論はみえてきた。2本の直線、$X = \mu_X$と$Y = \mu_Y$で区分けされた4つの領域で表現すれば、右上の領域と左下の領域に点が多く存在し、偏差積が正の値となる点が多いので、すべての点の偏差積の平均である共分散は正の値になる。

以上のことを整理する。右上の領域と左下の領域にある点は、偏差積が正の値になり、右下の領域と左上の領域にある点は、偏差積が負の値になる。そして、共分散は、この偏差積の期待値、すなわち平均的な値であるのだから、右上と左下の領域に点が多ければ、共分散は正の値となり、右下と左上の領域に点が多ければ共分散は負の値となる。

では共分散を計算してみる。計算式を式5-12に示した。$f(x_i, y_i)$はすべて同じ値であるので、pと記した。また、計算過程を表5-8に示した。

式5-12

$$\begin{aligned}
C[X, Y] &= \sigma_{XY} = E\big[(X - \mu_X)(Y - \mu_Y)\big] \\
&= \sum_{i=1}^{n} (x_i - \mu_X)(y_i - \mu_Y) f(x_i, y_i) \\
&= \sum_{i=1}^{n} p(x_i - \mu_X)(y_i - \mu_Y)
\end{aligned}$$

表5-8　確率変数 X と確率変数 Y の共分散の計算

i	確率 p	確率変数 X	確率変数 Y	X の偏差 $(x-\mu_X)$	Y の偏差 $(y-\mu_Y)$	X と Y の偏差積 $(x-\mu_X)(y-\mu_Y)$	確率と偏差積の積 $p(x-\mu_X)(y-\mu_Y)$
1	1/24	3	11	-9	-25	225	9.375
2	1/24	3	5	-9	-31	279	11.625
3	1/24	4	13	-8	-23	184	7.666666667
4	1/24	4	26	-8	-10	80	3.333333333
5	1/24	5	16	-7	-20	140	5.833333333
6	1/24	5	23	-7	-13	91	3.791666667
7	1/24	6	14	-6	-22	132	5.5
8	1/24	7	21	-5	-15	75	3.125
9	1/24	9	42	-3	6	-18	-0.75
10	1/24	10	34	-2	-2	4	0.166666667
11	1/24	10	30	-2	-6	12	0.5
12	1/24	11	39	-1	3	-3	-0.125
13	1/24	13	25	1	-11	-11	-0.458333333
14	1/24	13	42	1	6	6	0.25
15	1/24	14	34	2	-2	-4	-0.166666667
16	1/24	15	51	3	15	45	1.875
17	1/24	16	40	4	4	16	0.666666667
18	1/24	17	50	5	14	70	2.916666667
19	1/24	18	53	6	17	102	4.25
20	1/24	19	42	7	6	42	1.75
21	1/24	19	67	7	31	217	9.041666667
22	1/24	21	60	9	24	216	9
23	1/24	22	58	10	22	220	9.166666667
24	1/24	24	68	12	32	384	16
		X の平均 μ_X 12	Y の平均 μ_Y 36				合計=共分散 σ_{XY} 104.3333333

共分散の計算結果は $+104.3$ となり、予想どおり正の値となった。

5-4 相関係数

5-4-1 母集団の相関係数

1組の確率変数、たとえば、確率変数 X と確率変数 Y の関連性の方向だけに興味があるのなら、共分散 σ_{XY} の符号をみればよい。しかし、2組の確率変数、たとえば、確率変数 X と確率変数 Y の関連性の強さと、確率変数 A と確率変数 B の関連性の強さを比較しようとすると、共分散では比較できない。定義をみればわかるように、共分散 σ_{XY} は、「X の単位×Y の単位」の単位をもち、共分散 σ_{AB} は、「A の単位×B の単位」の単位をもつ。よって単位が異なる共分散同士を比較することに意味はない。さらには、たとえ単位が同じであっても、全体として数字の大きさが異なる確率変数から計算された共分散を比較しても意味がない。

たとえば「株Xの価格と、ユーロ対米ドル為替レートの共分散」の単位は「円×米ドル」、「株Xの価格と、米ドル対日本円為替レートの共分散」の単位は「円の2乗」であり、単位が異なるので、2つの共分散を比較することができない。他の例をあげれば、「日経平均株価指数と、株Xの価格の共分散」と、「TOPIX（東証株価指数）と、株Xの価格の共分散」とでは、おそらく多くの場合、前者の共分散の値のほうが大きいであろう。日経平均株価指数のほうがTOPIXよりも、値が1桁大きいからである。よって、2つの共分散の単位が同じ「円の2乗」であっても、それらを比較することに意味はない。

以上のように共分散には、単位や数字の大きさに影響されてしまうという問題がある。その問題を回避するために、確率変数を標準化してから、すなわち Z スコアに変換してから共分散を計算したものが相関係数（correlation coefficient）である。確率変数 X と確率変数 Y の母相関係数は一般に ρ_{XY} と表記される。母相関係数とは母集団の相関係数のことである。母相関係数の定義を式5-13に示す。

■ 式 5-13

$$\begin{aligned}
\rho_{XY} &= C[Z_X, Z_Y] \\
&= E[(Z_X - 0)(Z_Y - 0)] \\
&= E[(Z_X)(Z_Y)] \\
&= E\left[\left(\frac{X - \mu_X}{\sigma_X}\right)\left(\frac{X - \mu_Y}{\sigma_Y}\right)\right] \\
&= \frac{E[(X - \mu_X)(Y - \mu_Y)]}{\sigma_X \cdot \sigma_Y} \\
&= \frac{\sigma_{XY}}{\sigma_X \sigma_Y}
\end{aligned}$$

標準偏差は定義から必ず正の値であるので、相関係数の分母は必ず正の値である。よって、共分散と相関係数の符号は等しい。また、相関係数には、+1という最大値と、-1という最小値がある（注5）。

（注5） 証明は5-8「数学的補足」参照。

最大値と最小値があることにより、相関係数の値が意味をもつことになり、相関係数の絶対値が相関の強さを示す。符号は共分散と同様の意味をもつ。相関の強さと関連性の方向を以下にまとめる。

相関係数が+1に近いほど正の相関が強いことを示し、相関係数＝+1のとき正の完全相関があるという。

相関係数が-1に近いほど負の相関が強いことを示し、相関係数＝-1のとき負の完全相関があるという。

相関係数がゼロに近いと相関が弱いことを示し、相関係数＝0のとき無相関であるという。

散布図中の点の分布のしかたによって、相関係数がどのような値になるかという例を、図5-2～図5-8に示した。点が直線上に並ぶ場合には相関係数の絶対値は1であり、確率変数Xと確率変数Yの直線的な関連性が強いほど相関係数の絶対値は1に近くなり、確率変数Xと確率変数Yの直線的な関連性が弱いほど相関係数は0に近くなる。

ここで留意すべきは、共分散や相関係数が表す関連性は、直線的な関係の

図5-2　散布図　相関係数は＋1

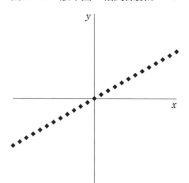

図5-3　散布図　相関係数は－1

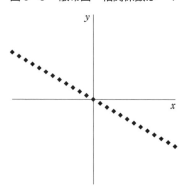

図5-4　散布図　相関係数は＋0.9

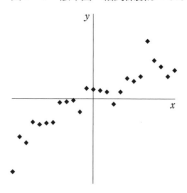

図5-5　散布図　相関係数は－0.9

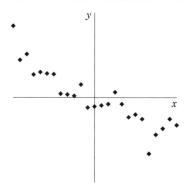

図5-6　散布図　相関係数は＋0.7

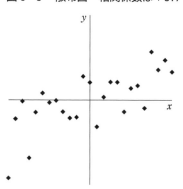

図5-7　散布図　相関係数は－0.7

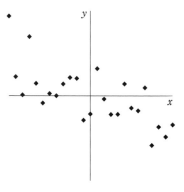

図 5-8　散布図　相関係数は 0

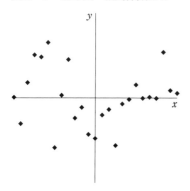

図 5-9　散布図　相関係数は 0

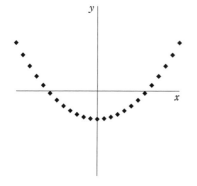

図 5-10　散布図　相関係数は 0

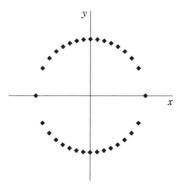

みであるということである。つまり、相関係数の絶対値が 1 に近いということは直線的な関係が強いことを表すが、相関係数がゼロであっても、直線的な関係がないことを表すにすぎないということである。直線関係ではない強い関連性があっても、相関係数がゼロになることはある。それが、図 5-9 と図 5-10 の例である。確率変数 X と確率変数 Y を表す散布図上の点が、すべて放物線上あるいは円周上に位置するという、明らかな強い関連性がみられるが、その関連性は直線関係ではないため、相関係数を計算するとゼロになる。

　また、相関関係は 2 つの確率変数の直線的な関連性を表すだけであり、2

第 5 章　二次元の確率変数、共分散、相関係数　243

つの確率変数は対等な関係である。一方の確率変数が、もう片方の確率変数を決めるという因果関係ではない。

5-4-2　標本の相関係数

母相関係数 ρ_{XY} の定義式を式5-13に示したが、ここで標本の相関係数である、標本相関係数 r_{XY} を求める式を、式5-14に示す。

■ 式5-14

n 組の観測値を、$(x_1, y_1), (x_2, y_2), (x_3, y_3), \cdots, (x_n, y_n)$ とする。

$$r_{XY} = \frac{\sum_{i=1}^{n}(x_i - \bar{x})(y_i - \bar{y})}{\sqrt{\sum_{i=1}^{n}(x_i - \bar{x})^2}\sqrt{\sum_{i=1}^{n}(y_i - \bar{y})^2}}$$

5-5　確率変数の和の分散の性質

確率変数の和の分散の性質を式5-15-1～式5-15-3、および、式5-16に示す。確率変数の和の分散には、共分散が関連してくる（注6）。

（注6）　証明は5-8「数学的補足」参照。

この性質も、式5-5-1～式5-5-3の確率変数の和の期待値の性質とともに、金融市場でしばしば使われるものである。金融市場においてどのように利用されるかについては5-7の「実務における利用例」のなかで示す。

◆確率変数の和の分散の性質

■ 式5-15-1

$$V[X + Y] = V[X] + V[Y] + 2C[X, Y]$$

より一般には、式5-15-2、式5-15-3のようになる。

■ 式 5 - 15 - 2
$$V[aX + bY + c] = a^2 V[X] + b^2 V[Y] + 2ab C[X, Y]$$

■ 式 5 - 15 - 3
$$V[X_1 + X_2 + \cdots + X_n] = \sum_{i=1}^{n} V[X_i] + 2 \sum_{i<j} C[X_i, X_j]$$

　5-2-2において、「確率変数の和の期待値は、確率変数の期待値の和となる」という「期待値の加法性」を紹介したが、「確率変数の和の分散は、確率変数の分散の和となる」という「分散の加法性」は、常に成立するわけではない。式をみれば明らかなように、確率変数の共分散がゼロ、すなわち無相関である場合に限って、次の式 5 -16の分散の加法性が成立する。

■ 式 5 -16
$$V[X + Y] = V[X] + V[Y] \quad \text{ただし、} C[X, Y] = 0 \text{の場合}$$

5-6　中心極限定理と大数の法則

　同時確率分布についての解説が終わったので、統計学における有名な定理を示しておく。

5-6-1　中心極限定理

◆中心極限定理（central limit theorem）
　確率分布が何であろうと、互いに独立な確率変数 $X_1, X_2, X_3, \cdots, X_n$

が、平均 μ、分散 σ^2 の同一の確率分布に従うとき、n が大きくなるにつれて、以下の Z の確率分布は標準正規分布に近づく。

$$Z = \frac{\bar{X} - \mu}{\frac{\sigma}{\sqrt{n}}}$$

ただし、

$$\bar{X} = \frac{X_1 + X_2 + X_3 + \cdots + X_n}{n}$$

簡潔に表すと、以下のようになる。「$\approx$」は「おおむね従う」という意味である。

$n \to \infty$ のとき、

$Z \approx N(0, 1)$

中心極限定理は、以下のように言い換えることもできる。

(1) 言い換え1

確率分布が何であろうと、互いに独立な確率変数 $X_1, X_2, X_3, \cdots, X_n$ が、平均 μ、分散 σ^2 の同一の確率分布に従うとき、n が大きくなるにつれて、X の標本平均 $\bar{X}$ の確率分布は平均 μ、分散 $\frac{\sigma^2}{n}$ の正規分布に近づく。簡潔に表すと、

$n \to \infty$ のとき、

$$\bar{X} \approx N\left(\mu, \frac{\sigma^2}{n}\right)$$

(2) 言い換え2

確率分布が何であろうと、互いに独立な確率変数 $X_1, X_2, X_3, \cdots, X_n$ が、平均 μ、分散 σ^2 の同一の確率分布に従うとき、n が大きくなるにつれて、X の総和 $X_1 + X_2 + X_3 + \cdots + X_n$ の確率分布は、平均 $n\mu$、分散 $n\sigma^2$ の正規分布に近づく。簡潔に表すと、

$n \to \infty$ のとき、

$$\sum_{i=1}^{n} x_i \approx N(n\mu, n\sigma^2)$$

5-6-2 大数の法則

◆**大数(たいすう)の法則**（law of large numbers）
　確率分布が何であろうと、互いに独立な確率変数 $X_1, X_2, X_3, \cdots, X_n$ が、平均 μ、分散 σ^2 の同一の確率分布に従うとき、n が大きくなるにつれて、標本平均 $\bar{X}$ は母平均 μ に近づく。

ここでは、標本平均を用いて、大数の法則を紹介した。

5-6-3 独立同一分布の仮定

独立同一分布という専門用語を紹介しておく。互いに独立な n 個の確率変数 $X_1, X_2, X_3, \cdots, X_n$ が、平均 μ、分散 σ^2 の同一の確率分布に従うことを「独立同一分布に従う」という。これは、「iid (independent and identically distributed)」という略語で示されることもある。

「独立同一分布に従うことを仮定する」という使い方をすることもあり、これの意味するところは、正規分布や一様分布のように、独立同一分布という種類の確率分布があるということではなく、上記の意味である。

5-7 実務における利用例

5-7-1 連続複利収益率が正規分布に従うという仮定の理論武装

第1章において、式1-18の連続複利収益率の加法性を示した。

▎**式 1-18**（再掲）

$$\log_e \frac{S_T}{S_0} = r_{0 \times T} = r_{0 \times 1} + r_{1 \times 2} + r_{2 \times 3} + \cdots + r_{(T-1) \times T}$$

$r_{i \times j}$：i 時点から j 時点までの連続複利収益率（年率化されていない）
0 ：期初の 0 時点
T ：満期の T 時点

式1-18の意味は、期初の0時点から満期の T 時点までの連続複利収益率 $r_{0 \times T}$ は、各個別期間の連続複利収益率の和に等しいというものであった。

ここで、各個別期間の連続複利収益率が互いに独立で、平均 μ、分散 σ^2 の同一の確率分布に従うと仮定する。つまり独立同一分布の仮定を置く。すると0時点と T 時点の間の個別期間の数 n が大きい場合には、連続複利収益率の加法性と中心極限定理の「言い換え2」から、連続複利収益率

$$\log_e \frac{S_T}{S_0}$$

は、平均 $n\mu$、分散 $n\sigma^2$ の正規分布におおむね従うといえる。簡潔に表すと、

$n \to \infty$ のとき

$$\log_e \frac{S_T}{S_0} \approx N(n\mu, n\sigma^2)$$

である。

たとえば、3カ月という期間には日次連続複利収益率が60営業日分連なる。するとまず、連続複利収益率の加法性から、期間3カ月の連続複利収益率は、60個の日次連続複利収益率の総和となる。次に、各々の日次連続複利収益率について、独立同一分布の仮定を置くと、中心極限定理の「言い換え2」から、期間3カ月の連続複利収益率はおおむね正規分布に従うということがいえる。

このことをさらに柔軟に考えれば、たとえたったひとつの日次連続複利収益率であっても、1日という期間の連続複利収益率は一瞬という期間の連続複利収益率の総和であると考えられるので、独立同一分布の仮定と中心極限

定理から、日次連続複利収益率はおおむね正規分布に従うといえる。

以上のことから、連続複利収益率が正規分布に従うという、よく用いられる仮定が、統計学の観点からも無理のない仮定であることがわかる。ところが、第4章4-4の「実務における利用例」では、実際の金融市場で観察される日次連続複利収益率のヒストグラムは、おおむね正規分布に似てはいるものの、正規分布とは「異なる特徴」もみられるという解説がなされた。なぜ「異なる特徴」が発生するのだろうか。それは実際の金融市場においては、独立同一分布の仮定が厳密には満たされていないからである。

たとえば、市場で金融危機のような事件が起こり、その日の連続複利収益率が、-30％、あるいは、+30％といった、絶対値が大きな値を記録したとする。このような場合、その事件の影響がわずか1日で解消される可能性は少なく、おそらく当分の間、連続複利収益率の絶対値が大きくなる日が、通常よりは多く発生することになるであろう。このことは、第1章1-5の「実務における利用例」の図1-24によく表れている。市場が落ち着きを取り戻すまでは、通常しばらく時間を要するものである。このような例をみると、日次連続複利収益率が独立であると厳密にはいえないことが、「異なる特徴」の発生要因であると推測できる。

5-7-2　ポートフォリオ理論　その2

第2章2-5の「実務における利用例」においてマーコウィッツの「ポートフォリオ理論」の序論を解説した。ここから続きを解説する。

5-7-2-1　期待リターンとリターンの標準偏差のみで判断する理由

第2章において、資産Xと資産Wの2つの資産から、投資すべき単一資産を選択する際に、期待リターンが高く、リターンの標準偏差が低いほうに投資するのが合理的な行動であると述べた。つまり、判断の基準は、期待リターンとリターンの標準偏差の2つであった。ここで、1つ目の質問である。

質問1：
なぜ、期待リターンとリターンの標準偏差だけを判断の材料にすればよい

のか。

解答1：

　それは、ポートフォリオ理論が、資産のリターンが正規分布に従うという仮定を置いて構築されたものであるからである。実際の連続複利収益率のヒストグラムに正規分布を重ねてみると、似たようなかたちをしていることが多い。さまざまな実証研究によっても、多くの証券投資のリターンがおおむね正規分布に従うことが示されている。よって、もちろんヒストグラムと正規分布には異なる特徴もあるが、その違いを認識したうえで、許容できる範囲であるとして正規分布の仮定を置くのである。

　正規分布の仮定を置くと、話はきわめて簡単になる。正規分布は平均と標準偏差という2つのパラメータで定義できる確率分布であるので、リターンが正規分布に従うと仮定すれば、リターンの平均とリターンの標準偏差の2つだけを指定すれば、リターンがどのような確率分布に従うと仮定しているかを言い尽くせたことになる。

5-7-2-2　2資産の関連性

　第2章では、単一資産へ投資する場合を考察したが、本章ではポートフォリオへ投資する場合を考察する。ポートフォリオ（Portfolio）とは、資産運用者が保有する株、債券、現金等の投資資産の総体のことである。ポートフォリオのもともとの意味は、文房具の紙挟みのことであり、資産運用者が、自分の保有する銘柄の明細を記した書類を、紙挟みに挟んで保有していたことに由来する。

　個別資産を選択する際に「個別資産のリターンの期待値」と「個別資産のリターンの標準偏差」を判断の基準としたのと同様に、ポートフォリオを選択する際にも、「ポートフォリオのリターンの期待値」と「ポートフォリオのリターンの標準偏差」を判断の基準にする。まずポートフォリオのリターンの標準偏差を計算する際に必要となる概念を確認する。2つ目の質問である。

質問2：

　ポートフォリオのリターンの標準偏差を計算するのであるから、その際に

ポートフォリオを構成する2つの個別資産のリターンの標準偏差を計算に用いることは明らかであろう。では、それらに加えて、考慮しなければならないことは何か。たとえば、ポートフォリオが資産Xと資産Yとで構成されているとすると、資産Xのリターンの標準偏差と、資産Yのリターンの標準偏差に加えて、考慮しなければならないものは何か。

解答2：

　ポートフォリオを構成する個別資産のリターンの関連性である。この例でいえば、資産Xのリターンと資産Yのリターンの関連性である。資産のリターンの関連性を表す概念が、先に説明した共分散と相関係数であった。

　ポートフォリオであるので、たとえば資産Xのリターンが低下するとき、資産Yのリターンが上昇してくれることが多いのであれば、2つのリターンのプラスとマイナスが相殺して、ポートフォリオのリターンの標準偏差が小さくなる。つまり、両資産のリターンが反対方向に動く傾向にあれば、ポートフォリオのリターンは安定的になる。それとは対照的に、両資産のリターンが同じ方向に動く傾向があれば、資産Xのリターンが低下する際には、資産Yのリターンも低下してしまい、個別資産のリターンが反対方向に動く場合に比べると、ポートフォリオのリターンは安定的ではない。したがって、「ポートフォリオのリターンの標準偏差」を考える際には、個別資産のリターンの標準偏差に加えて、2資産のリターンの関連性を考えなければならない。

　次に、表5-9に示す資産Xと資産Yの共分散と相関係数を計算する。各

表5-9　資産Xと資産Yのシナリオ別投資収益率

シナリオ	確率	資産Xの投資収益率（単位：％）	資産Yの投資収益率（単位：％）
景気過熱	0.3	+11	-2
安定成長	0.3	+25	+4
景気後退	0.4	-2	+21

個別資産のリターンの期待値、分散、標準偏差を計算すると、式5-17、式5-18のようになる。

■ 式5-17

$$E[R_X] = 0.3 \times 0.11 + 0.3 \times 0.25 + 0.4 \times (-0.02)$$
$$= 0.100 (10.0\%)$$
$$V[R_X] = \sigma_X^2 = 0.3 \times (0.11 - 0.10)^2$$
$$+ 0.3 \times (0.25 - 0.10)^2 + 0.4 \times (-0.02 - 0.10)^2$$
$$= 0.0125$$
$$\sigma_X = +\sqrt{0.0125}$$
$$\fallingdotseq 0.112 (11.2\%)$$

■ 式5-18

$$E[R_Y] = 0.3 \times (-0.02) + 0.3 \times 0.04 + 0.4 \times 0.21$$
$$= 0.090 (9.0\%)$$
$$V[R_Y] = \sigma_Y^2 = 0.3 \times (-0.02 - 0.09)^2$$
$$+ 0.3 \times (0.04 - 0.09)^2 + 0.4 \times (0.21 - 0.09)^2$$
$$= 0.0101$$
$$\sigma_Y = +\sqrt{0.0101}$$
$$\fallingdotseq 0.101 (10.1\%)$$

式5-17と式5-18の計算結果をまとめたものが、表5-10である。

表5-10　個別資産のリターンの期待値、分散、標準偏差

	資産X	資産Y
リターンの期待値	$E[R_X] = 0.10$	$E[R_Y] = 0.09$
リターンの分散	$V[R_X] = \sigma_X^2 = 0.0125$	$V[R_Y] = \sigma_Y^2 = 0.0101$
リターンの標準偏差	$\sigma_X = 0.112$	$\sigma_Y = 0.101$

資産Xと資産Yのリターンの共分散は式5-19のようになる。

■ 式5-19

$$
\begin{aligned}
C[R_X, R_Y] = \sigma_{XY} &= \sum_{i=1}^{n} p_i (R_{x_i} - E[R_X])(R_{y_i} - E[R_Y]) \\
&= 0.3 \times (0.11 - 0.10) \times (-0.02 - 0.09) \\
&\quad + 0.3 \times (0.25 - 0.10) \times (0.04 - 0.09) \\
&\quad + 0.4 \times (-0.02 - 0.10) \times (0.21 - 0.09) \\
&\fallingdotseq -0.0083
\end{aligned}
$$

共分散は-0.0083と計算できた。この値が得られたところで、すでに述べたことの復習として、質問を出す。

質問3:

資産Xと資産Yのリターンの共分散-0.0083の符号をみると、2資産のリターンが、反対方向に動きがちであることがわかる。では、その関連性の程度は、強いのか、あるいは弱いのか。

解答3:

共分散ではわからない。すでに述べたように、共分散は符号しか意味をもたない。この-0.0083という共分散の絶対値が小さいのは、計算に用いた数字が、リターンという1より小さい値であるためである。このように共分散の数字が関連性の強さを示さないので、5-4-1で述べたように、関連性の強さを示す相関係数が考案された。

相関係数は、式5-20のようになる。

■ 式5-20

$$\rho_{XY} = \frac{\sigma_{XY}}{\sigma_X \sigma_Y}$$

$$= \frac{-0.0083}{0.112 \times 0.101} = -0.74$$

相関係数には−1という最小値と+1という最大値があるので、相関係数をみると関連性の強さがわかる。−0.74が示す反対方向の関連性の強さの程度は、共分散の−0.0083という数字から受ける誤った印象に比べると、はるかに大きなものであることがわかる。

5-7-2-3　ポートフォリオのリターンの期待値

次にポートフォリオのリターンの期待値を計算する。資産Xと資産Yからなるポートフォリオといっても、それらの資産の組入比率（weight）によって、異なるポートフォリオが構築できる。よって、ポートフォリオを定義するためには、各々の資産の組入比率を設定する必要がある。組入比率とは投資額の割合のことである。ここでは例として、資産Xの組入比率 w_X を0.60（60％）、資産Yの組入比率 w_Y を0.40（40％）とする。たとえば、1000万円のポートフォリオであれば、資産Xを600万円分、資産Yを400万円分組み入れて、1つのポートフォリオを構築するということである。

$w_X + w_Y = 1$　　であり、

$w_X \geq 0, w_Y \geq 0$　　とする。

ポートフォリオのリターンの期待値は、期待値の加法性を用いると、式5-21のように計算できる。

■ 式5-21

$$E[R_P] = E[w_X R_X + w_Y R_Y]$$
$$= w_X E[R_X] + w_Y E[R_Y]$$

よって、このポートフォリオのリターンの期待値は式5-22のようになる。

■ 式5-22

$$E[R_P] = 0.60 \times 0.10 + 0.40 \times 0.09$$
$$= 0.096 (9.6\%)$$

5-7-2-4 ポートフォリオのリターンの分散と標準偏差

ポートフォリオのリターンの分散と標準偏差は、2つの確率変数の和の分散の性質と、相関係数の定義式を用いると、式5-23のように計算できる。

■ 式5-23

$$V[R_P] = \sigma_P^2 = V[w_X R_X + w_Y R_Y]$$
$$= w_X^2 V[R_X] + w_Y^2 V[R_Y] + 2w_X w_Y C[R_X, R_Y]$$
$$= w_X^2 \sigma_X^2 + w_Y^2 \sigma_Y^2 + 2w_X w_Y \rho_{XY} \sigma_X \sigma_Y$$

$$\sigma_P = +\sqrt{w_X^2 \sigma_X^2 + w_Y^2 \sigma_Y^2 + 2w_X w_Y \rho_{XY} \sigma_X \sigma_Y}$$

よって、このポートフォリオの分散と標準偏差は式5-24のようになる。

■ 式5-24

$$V[R_P] = (0.60)^2 (0.112)^2 + (0.40)^2 (0.101)^2$$
$$+ 2(0.60)(0.40)(-0.74)(0.112)(0.101)$$
$$\fallingdotseq 0.00213$$

$$\sigma_P = +\sqrt{0.00213}$$
$$\fallingdotseq 0.046 \ (4.6\%)$$

ポートフォリオの期待リターンは9.6%、ポートフォリオのリターンの標準偏差は4.6%となった。この標準偏差はポートフォリオのリスク、あるいは、ポートフォリオのトータル・リスク（total risk）とも呼ばれる。これらの値が得られたところで、再び復習の質問を出す。

質問4：

リターンの標準偏差が11.2％の資産Xと、リターンの標準偏差が10.1％の資産Yを組み合わせてポートフォリオをつくったところ、ポートフォリオのリターンの標準偏差は4.6％となり、組み入れた資産の標準偏差に比べて、随分小さくなった。これはなぜか。

解答4：

資産Xと資産Yの相関係数がマイナスの値であり、かつ、その値が－1に比較的近いからである。そのため、資産Xのリターンが低下した際に、資産Yのリターンが上昇するという反対方向に動く傾向があり、ポートフォリオのリターンの標準偏差が大幅に小さくなった。これこそが、分散投資の効果である。

質問4で確認したことは、「資産Xのリターンの標準偏差と、資産Yのリターンの標準偏差の加重平均が、ポートフォリオのリターンの標準偏差となるわけではない」ということであり、式で表すと次式である。左辺と右辺の間の記号は「イコール」ではなく、「ノット・イコール」である。

$$\sigma_P \neq w_X \sigma_X + w_Y \sigma_Y$$

質問5：

そこで、さらに質問である。「資産Xのリターンの標準偏差と、資産Yのリターンの標準偏差の加重平均が、ポートフォリオのリターンの標準偏差となる」のは、どのような場合か。すなわち、左辺と右辺の間の記号が次式のように「イコール」となるのは、どのような場合か。

$$\sigma_P = w_X \sigma_X + w_Y \sigma_Y$$

解答5：

相関係数が＋1の場合である。証明は中学数学の範囲で可能なので、「数学的補足」に回さずに、ここで式5－25に記す。ポートフォリオのリターンの分散の定義式から始める。

式 5-25

以下の因数分解の公式を用いる。

$$x^2 + y^2 + 2xy = (x+y)^2$$

$$\begin{aligned}
V[R_P] = \sigma_P^2 &= V[w_X R_X + w_Y R_Y] \\
&= w_X^2 \sigma_X^2 + w_Y^2 \sigma_Y^2 + 2 w_X w_Y \rho_{XY} \sigma_X \sigma_Y \\
&= w_X^2 \sigma_X^2 + w_Y^2 \sigma_Y^2 + 2 w_X w_Y (+1) \sigma_X \sigma_Y \\
&= (w_X \sigma_X)^2 + (w_Y \sigma_Y)^2 + 2(w_X \sigma_X)(w_Y \sigma_Y) \\
&= (w_X \sigma_X + w_Y \sigma_Y)^2 \\
\sigma_P &= +\sqrt{(w_X \sigma_X + w_Y \sigma_Y)^2} \\
&= w_X \sigma_X + w_Y \sigma_Y
\end{aligned}$$

相関係数が、その最大値である+1であれば、ポートフォリオのリターンの標準偏差は、2資産のリターンの標準偏差の加重平均になる。ということは、相関係数が+1より少しでも小さいと、ポートフォリオのリターンの標準偏差は、2資産の標準偏差の加重平均よりも小さくなる。

$$\sigma_P < w_X \sigma_X + w_Y \sigma_Y$$

相関係数が+1である2資産というのは、きわめて珍しいものであるから、ほとんどのケースにおいて単一資産に投資するよりも、複数資産に投資したほうが、リスク軽減効果が得られる。これが、分散投資の効果である。この分散投資の効果は、相関係数が−1に近ければ近いほど大きくなる。

5-7-2-5 いろいろな組入比率

以上、資産Xと資産Yからなるポートフォリオのリターンの標準偏差と期待リターンを考察し、分散投資の効果の一例をみた。しかし、組入比率は $w_X = 0.6$、$w_Y = 0.4$ を使い続けてきた。そこで次は、0.6と0.4以外の組入比率を用いて異なるポートフォリオを構築すると、そのようなポートフォリオのリターンの標準偏差と期待リターンはどのようになるのかをみてみたい。表5-11に、これまでに計算した値をまとめておく。

表5-12は、組入比率を10％刻みで変えて構築した、11個の組入比率別

表5-11 資産Xと資産Yのまとめ

	資産X	資産Y
リターンの期待値	$E[R_X]=0.10$	$E[R_Y]=0.09$
リターンの分散	$V[R_X]=\sigma_X^2=0.0125$	$V[R_Y]=\sigma_Y^2=0.0101$
リターンの標準偏差	$\sigma_X=0.112$	$\sigma_Y=0.101$
リターンの共分散	$\sigma_{XY}=-0.0083$	
リターンの相関係数	$\rho_{XY}=-0.74$	

表5-12 資産Xと資産Yから構成される組入比率別ポートフォリオ

資産Xの組入比率	資産Yの組入比率	リターンの標準偏差（単位：%）	期待リターン（単位：%）
0.00	1.00	10.1	9.0
0.10	0.90	8.3	9.1
0.20	0.80	6.6	9.2
0.30	0.70	5.1	9.3
0.40	0.60	4.1	9.4
0.50	0.50	3.9	9.5
0.60	0.40	4.6	9.6
0.70	0.30	6.0	9.7
0.80	0.20	7.6	9.8
0.90	0.10	9.4	9.9
1.00	0.00	11.2	10.0

ポートフォリオのそれぞれについて、ポートフォリオのリターンの標準偏差と期待リターンを計算したものである。それをグラフにしたものが図5-11である。

図5-11は、一つの点が一つのポートフォリオを表す。次に、ポートフォ

図5-11 資産Xと資産Yからなる組入比率別ポートフォリオ

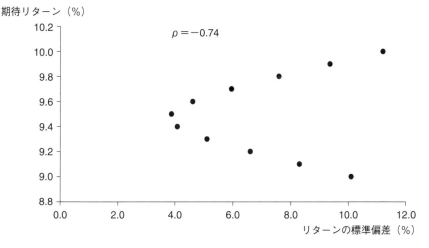

リオの組入比率を離散型から連続型に拡張する。ポートフォリオの組入比率は10%で割り切れる値とは限らないので、組入比率がどのような実数値をとることも可能であるとすると、11個の点をつないだ曲線上の無数の点の一つひとつがポートフォリオを表すこととなる。その曲線を図5-12に示す。

図5-12の曲線上にいくつかの図形を記したのは、それぞれの図形が表すポートフォリオを、これから考察したいからである。まず、曲線上の丸印で示したポートフォリオを取り上げる。これは、先の例の、資産Xの組入比率 $w_X = 0.6$、資産Yの組入比率 $w_Y = 0.4$ のポートフォリオである。次に、単一資産への投資はポートフォリオとは呼ばないが、便宜的にポートフォリオと呼ぶと、資産X100%で構築されたポートフォリオはバツ印、資産Y100%で構築されたポートフォリオは五角形で示されている。質問4で取り上げたように、それらに比べて丸印のポートフォリオはリターンの標準偏差が大幅に小さくなっている。決して、ポートフォリオ内の個別資産のリターンの標準偏差の加重平均にはなっていない。

次に、菱形で示されたポートフォリオと、正方形で示されたポートフォリオを比較してみよう。これらのポートフォリオはリターンの標準偏差が同じであるにもかかわらず、期待リターンが異なる。期待リターンが低い正方形

第5章 二次元の確率変数、共分散、相関係数

図5-12 組入比率別ポートフォリオのリターンの標準偏差と期待リターン

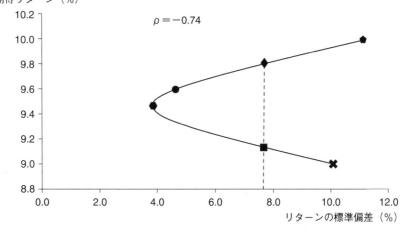

のポートフォリオを選択するのは合理的な行動ではないから、正方形のポートフォリオは決して選択されない。同様のことが、六角形からバツ印を結ぶ曲線上の、すべての点が表すポートフォリオについていえる。この曲線上のポートフォリオは、真上の六角形から五角形を結ぶ曲線上にあるポートフォリオに比べてリスクが同じであるにもかかわらず期待リターンが低いため、これらのポートフォリオを選択することは合理的な行動ではない。

5-7-2-6　相関係数の値を変える

以上、組入比率別の、ポートフォリオのリターンの標準偏差と期待リターンをみてきたが、相関係数は$\rho = -0.74$を使い続けてきた。そこで次は、相関係数が異なる値である場合を考えたい。相関係数をある値に設定したうえで、組入比率を変化させるとポートフォリオのリターンの標準偏差と期待リターンがどのようになるかをみることとする。

表5-13 個別資産のリターンの期待値と標準偏差

	資産A	資産B
リターンの期待値	$E[R_A] = 0.07$	$E[R_B] = 0.15$
リターンの標準偏差	$\sigma_A = 0.10$	$\sigma_B = 0.15$

資産Aと資産Bの期待値と標準偏差が表5-13のようであるとして、相関係数がそれぞれ、＋1、＋0.5、0、－0.5、－1のいずれかであった場合、組入比率別ポートフォリオのリターンの標準偏差と期待リターンがどのようになるかを計算した。値を表5-14～表5-18に、グラフを図5-13～図5-17に示す。

ポートフォリオのリターンの標準偏差が、構成銘柄のリターンの標準偏差の加重平均よりも小さくなることを、ポートフォリオ効果（portfolio effect）、あるいは、分散投資の効果（diversification effect）と呼ぶ。

相関係数が＋1の場合は質問5で確認したとおりグラフが直線となり、期待リターンだけでなくリターンの標準偏差も、ポートフォリオを構成する個別資産の値をウェイトで加重平均した値となる。よって、ポートフォリオ効果は得られない。

相関係数が＋1より少しでも小さいと、ポートフォリオ効果が得られ、グラフは曲線になる。ポートフォリオ効果の度合いは曲線のたわみ度合いに表

表5-14　相関係数が＋1の場合の組入比率別ポートフォリオ

資産Aの組入比率	資産Bの組入比率	リターンの標準偏差（単位：％）	期待リターン（単位：％）
0.00	1.00	15.0	15.0
0.10	0.90	14.5	14.2
0.20	0.80	14.0	13.4
0.30	0.70	13.5	12.6
0.40	0.60	13.0	11.8
0.50	0.50	12.5	11.0
0.60	0.40	12.0	10.2
0.70	0.30	11.5	9.4
0.80	0.20	11.0	8.6
0.90	0.10	10.5	7.8
1.00	0.00	10.0	7.0

表5-15 相関係数が+0.5の場合の組入比率別ポートフォリオ

資産Aの組入比率	資産Bの組入比率	リターンの標準偏差（単位：％）	期待リターン（単位：％）
0.00	1.00	15.0	15.0
0.10	0.90	14.0	14.2
0.20	0.80	13.1	13.4
0.30	0.70	12.3	12.6
0.40	0.60	11.5	11.8
0.50	0.50	10.9	11.0
0.60	0.40	10.4	10.2
0.70	0.30	10.0	9.4
0.80	0.20	9.8	8.6
0.90	0.10	9.8	7.8
1.00	0.00	10.0	7.0

表5-16 相関係数が0の場合の組入比率別ポートフォリオ

資産Aの組入比率	資産Bの組入比率	リターンの標準偏差（単位：％）	期待リターン（単位：％）
0.00	1.00	15.0	15.0
0.10	0.90	13.5	14.2
0.20	0.80	12.2	13.4
0.30	0.70	10.9	12.6
0.40	0.60	9.8	11.8
0.50	0.50	9.0	11.0
0.60	0.40	8.5	10.2
0.70	0.30	8.3	9.4
0.80	0.20	8.5	8.6
0.90	0.10	9.1	7.8
1.00	0.00	10.0	7.0

表5-17 相関係数が-0.5の場合の組入比率別ポートフォリオ

資産Aの組入比率	資産Bの組入比率	リターンの標準偏差（単位：%）	期待リターン（単位：%）
0.00	1.00	15.0	15.0
0.10	0.90	13.0	14.2
0.20	0.80	11.1	13.4
0.30	0.70	9.4	12.6
0.40	0.60	7.8	11.8
0.50	0.50	6.6	11.0
0.60	0.40	6.0	10.2
0.70	0.30	6.1	9.4
0.80	0.20	7.0	8.6
0.90	0.10	8.4	7.8
1.00	0.00	10.0	7.0

表5-18 相関係数が-1の場合の組入比率別ポートフォリオ

資産Aの組入比率	資産Bの組入比率	リターンの標準偏差（単位：%）	期待リターン（単位：%）
0.00	1.00	15.0	15.0
0.10	0.90	12.5	14.2
0.20	0.80	10.0	13.4
0.30	0.70	7.5	12.6
0.40	0.60	5.0	11.8
0.50	0.50	2.5	11.0
0.60	0.40	0.0	10.2
0.70	0.30	2.5	9.4
0.80	0.20	5.0	8.6
0.90	0.10	7.5	7.8
1.00	0.00	10.0	7.0

図5-13 相関係数が＋1の場合の組入比率別ポートフォリオ

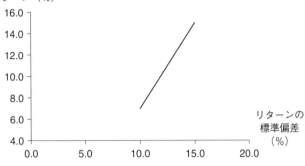

図5-14 相関係数が＋0.5の場合の組入比率別ポートフォリオ

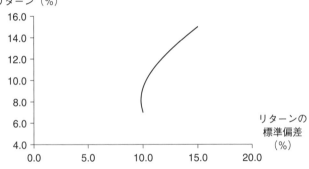

図5-15 相関係数が0の場合の組入比率別ポートフォリオ

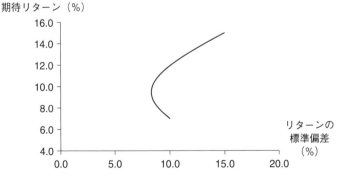

図5-16　相関係数が−0.5の場合の組入比率別ポートフォリオ

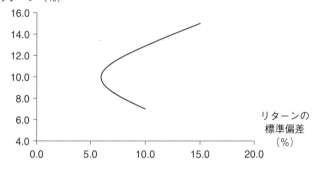

図5-17　相関係数が−1の場合の組入比率別ポートフォリオ

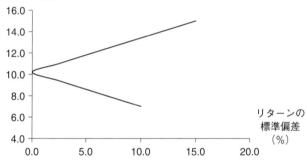

図5-18　同一座標平面上の相関係数別、組入比率別ポートフォリオ

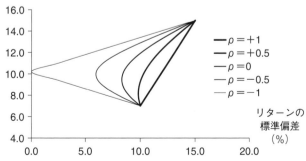

第5章　二次元の確率変数、共分散、相関係数　265

れる。相関係数が−1に近いほどたわみ度合いが大きくなる。このことが、図5-13〜図5-17に表れている。

　図5-17のように相関係数が−1であると、グラフが縦軸上の点を含む。1つの点は1つのポートフォリオを表すから、このことは、相関係数が−1である資産を組み合わせると、ポートフォリオのリターンの標準偏差がゼロのポートフォリオを構築できることを意味する。その組入比率の求め方は練習問題とする。

　図5-13〜図5-17では、相関係数別、組入比率別ポートフォリオを異なる座標平面上で示したが、それを同一の座標平面上で示すと図5-18のようになる。相関係数の値が+1より小さくなるにつれて、曲線のたわみ度合いが徐々に大きくなっていくようすがわかる。

5-7-2-7　n 資産から構成されるポートフォリオ

　次に、ポートフォリオを構成する資産の数を2資産から n 資産に増やし、n 資産から構成されるさまざまなポートフォリオのリターンの標準偏差と期待リターンを、これまで同様に、グラフ上の点や図形として表すことを考える。

　ある任意の水準の期待リターンを達成するポートフォリオは、1つのポートフォリオとは限らない。たとえば東証一部上場の個別銘柄から n 資産を選択してポートフォリオを構築することを考えると、2000を超える銘柄のなかから n 資産を選択する組合せは膨大に存在する。よって、それらのいくつかが同じ期待リターンをもつこともおおいに考えられる。しかし、その同じ期待リターンをもつポートフォリオのうち、最も効率のよいポートフォリオは、リターンの標準偏差が最も小さいポートフォリオ、すなわち、グラフ上で最も左側に位置するポートフォリオである。

　たとえば図5-19では、いくつかの期待リターンの水準ごとに、その期待リターンの水準をもつポートフォリオを図形で表している。たとえば、丸印で示される6つのポートフォリオは、すべて期待リターンは4.8%であるが、リターンの標準偏差は異なり、いちばん左側に位置するポートフォリオのリターンの標準偏差が最も小さい。よって、左端のポートフォリオが6つ

図5-19 効率的フロンティア

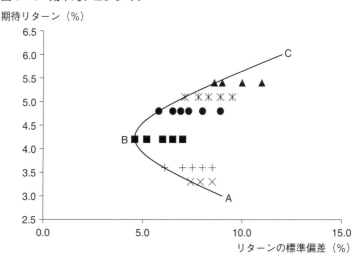

のうちで最も効率のよいポートフォリオである。同じことが、たとえば、四角形で示される5つのポートフォリオについてもいえ、左端のポートフォリオが最も効率的なポートフォリオである。

同様のことをすべての期待リターンの水準について考え、最も効率的である左端のポートフォリオをつないだものが、図5-19の曲線である。

しかし、図5-12で解説したことと同様に、ここでも曲線AB上の点で表されるポートフォリオは、それぞれの真上に位置する曲線BC上のポートフォリオに比べると効率的ではない。なぜなら、リターンの標準偏差が同じであるにもかかわらず、期待リターンが低いからである。よって、各期待リターンの水準ごとに、左端のポートフォリオが効率的であるとして、いったんA−B−Cを曲線で結んだが、そのうち効率的であるのは、曲線BC上のポートフォリオのみである。この曲線BCを効率的フロンティア（efficient frontier）と呼ぶ。

BC上の点で表されるポートフォリオはすべて効率的であるので、BC上のどの点を選ぶかは投資家のリスク選好（risk preferences）の問題である。ハイリスク・ハイリターンを好む場合はCに比較的近い点、ローリスク・

ローリターンを好む場合はBに比較的近い点で表されるポートフォリオを選択することになる。
　最後の質問である。

質問6：
　リスク回避型投資家であるファンド・マネジャーⅠ氏は、これまで東証一部に上場している銘柄への分散投資を行ってきたが、今般、東証二部上場株、新興市場株、外国株、ヘッジ・ファンド等への分散投資も検討することとした。Ⅰ氏はどのようなことを考えたと推察できるか。本章にて解説された理論を用いて解答せよ。

解答6：
　Ⅰ氏は東証一部上場銘柄間よりも、東証一部上場銘柄とその他の資産間のほうが、よりリターンの相関係数の低い銘柄を発見することができるのではないかと考えた。無論、信用リスク、流動性リスク、為替リスク等、付随して発生するリスクは認識する必要がある。資産間のリターンの相関係数が低い資産をポートフォリオに組み入れたほうが分散投資の効果が高くなり、効率的フロンティア自体が、左上方にシフトする可能性を追求できるかもしれないと考えた。
　以上、ポートフォリオ理論について、本章の統計学に関連のある部分のみを紹介した。さらなる内容については、ポートフォリオ理論の専門書を参照されたい。

5-7-3　バリュー・アット・リスク

5-7-3-1　バリュー・アット・リスクの概要
　バリュー・アット・リスク（VaR, Value-at-Risk）とは、市場のリスク・ファクター（risk factor）がもたらす、ポジションのリスク量を表すものである。
　この場合の「ポジション」は、たとえば、1人のトレーダーのポジション、1人のポートフォリオ・マネジャーが運用する資産全体、株式部門がも

つポジション全体、金融機関がもつ資産全体等、場合によってさまざまなものを指す。

リスク・ファクターとは、株価、為替レート、金利、コモディティ価格、ボラティリティといった、ポジションの価値を変化させる要因のことである。

VaRはポジションを保有した場合のリスク量を確率的に語るものであるので、以下の2つが指定されたうえでVaRの値が示される。

(1) 期間：1日間、7日間、10日間等　ただし期間は営業日の日数
(2) 信頼水準（level of confidence）：95％、97.5％、99％等

たとえば、あるポートフォリオについて、「期間10日、信頼水準99％のVaRが300億円である」といったら何を意味するか。これは、「そのポートフォリオを10営業日の間保有した場合、99％の確率で、損失額は300億円以内に収まる」という意味である。このことは、本書で解説された統計学を用いると、もっと具体的に説明することができる。そこで、これから分散・共分散法（variance-covariance method）によるVaRの計算方法を解説する。何種類かあるVaRの計算方法のなかから分散・共分散法を取り上げる理由は、分散・共分散法には、本書で解説された統計学がおおいに利用されているからである。他にはヒストリカル・シミュレーション法（Historical simulation）、モンテカルロ・シミュレーション法（Monte Carlo simulation）などがある。それらについては、VaRの専門書を参照されたい。また以降、期間を何日間というように表現するが、これは営業日のみを数えた日数である。

5-7-3-2　VaRの仮定

分散・共分散法はデルタ法とも呼ばれ、以下の仮定を置く。

(1) 個別資産の日次連続複利収益率（以降、「日次収益率」）は、独立で同一な正規分布に従う。

日次収益率は、営業日ごとに、営業日ごとの正規分布から偶然メカニズムによって発生した値が実現すると仮定される。その営業日ごとの正規分布は同一であり、各営業日の収益率は独立であるとする。

(2) デルタは一定である。

デルタ一定とは、収益率の一単位の変化に対する、ポジション価値の変化量が一定であるというものである。株、通貨で構築されるポジションはデルタ一定の仮定を満たすが、債券、オプションで構築されるポジションはデルタ一定の仮定を満たさない。仮定を満たさないポジションのVaRを分散・共分散法で求めると、近似値になってしまう。この問題に対処するためには、モンテカルロ・シミュレーション法、ヒストリカル・シミュレーション法等が用いられる。

5-7-3-3　標準偏差の期間の変換

ここで、年率化されている標準偏差を、任意の期間に適用する際の、期間の変換について解説しておく。第1章1-5の「実務における利用例」において、「ボラティリティの値は、日次連続複利収益率の標準偏差を年率化することにより求められる」と解説され、年率化には以下の式が用いられた。

$$\sigma_{1year} = \sigma_{1day} \times \sqrt{250}$$

σ_{1year}：年率化された連続複利収益率の標準偏差、すなわちボラティリティ

σ_{1day}：日次連続複利収益率の標準偏差（年率化されていない値）

また、以降、年率化されている250営業日分の標準偏差を、10営業日分の標準偏差に変換するために、以下の式を用いる。

$$\sigma_{10day} = \sigma_{1year} \times \sqrt{\frac{10}{250}}$$

σ_{10day}：期間10日の連続複利収益率の標準偏差（年率化されていない値）

どうして、両方の式ともに、期間にルートが付くのであろうか。その理由は、第1章1-5の「実務における利用例」で解説された「連続複利収益率の加法性」と、本章で解説された「2つの確率変数の和の分散の性質」と「独立同一分布の仮定」を用いて示すことができる。

例を用いる。2日間の連続複利収益率の分散は、「連続複利収益率の加法性」、および、「2つの確率変数の和の分散の性質」を用いると、

$$V[r_1+r_2]=V[r_1]+V[r_2]+2\cdot C[r_1,r_2]$$

r_1：ゼロ時点から1日後までの期間1日の連続複利収益率（年率化されていない値）

r_2：1日後から2日後までの期間1日の連続複利収益率（年率化されていない値）

となる。ここで独立同一分布の仮定から、r_1、r_2は独立であるので、共分散はゼロである。よって分散の加法性が成立し上式は、

$$V[r_1+r_2]=V[r_1]+V[r_2]$$

となる。さらには、再び独立同一分布の仮定から、r_1が従う正規分布とr_2が従う正規分布は同一なので、分散も同じ値であり同じ記号を使える。よって上式は、

期間2日の収益率の分散を　$V[r_1+r_2]=\sigma_{2day}^2$　（年率化されていない）

期間1日の収益率の分散を　$V[r_1]=V[r_2]=\sigma_{1day}^2$　（年率化されていない）

という記号で表すと、

$$\sigma_{2day}^2=\sigma_{1day}^2+\sigma_{1day}^2$$
$$\sigma_{2day}^2=2\sigma_{1day}^2$$

となる。標準偏差は、分散の正の平方根であるので、期間2日の標準偏差は以下となる。

$$\sigma_{2day}=\sqrt{2\sigma_{1day}^2}$$
$$=\sqrt{2}\times\sqrt{\sigma_{1day}^2}$$
$$=\sigma_{1day}\times\sqrt{2}$$

σ_{1day}：期間1日の連続複利収益率の標準偏差（年率化されていない値）

σ_{2day}：期間2日の連続複利収益率の標準偏差（年率化されていない値）

このように期間2日の標準偏差は、期間1日の標準偏差のルート2倍となり、期間にルートが付くのである。

一般には、式5-26となる。

■ 式 5-26

$$\sigma_{tday} = \sigma_{1day}\sqrt{t}$$

σ_{tday}：期間 t 日の連続複利収益率の標準偏差（年率化されていない値）
t　　：営業日の数

よって、日次連続複利収益率の標準偏差を年率化してボラティリティを求めるのであれば、

$$\sigma_{250day} = \sigma_{1day} \times \sqrt{250}$$

となる。σ_{250day} は σ_{1year} と同じ意味である。また、年率化されている標準偏差、つまりボラティリティを、10日分の標準偏差に変換するのであれば、上式を変形して、

$$\sigma_{1day} = \sigma_{250day} \times \frac{1}{\sqrt{250}}$$

を準備したうえで、期間10日の標準偏差は

$$\sigma_{10day} = \sigma_{1day}\sqrt{10}$$

であるから、準備しておいた式の右辺を σ_{1day} に代入し、

$$\sigma_{10day} = \sigma_{250day} \times \frac{1}{\sqrt{250}} \times \sqrt{10}$$

$$= \sigma_{250day} \times \sqrt{\frac{10}{250}}$$

となり、先に示した式となる。一般には式 5-27 となる。

■ 式 5-27

$$\sigma_{tday} = \sigma_{250day} \times \sqrt{\frac{t}{250}}$$

$$= \sigma_{1year} \times \sqrt{\frac{t}{250}}$$

これを、次の VaR の算出において用いる。

表5-19 株Aと株Bの2資産からなるポートフォリオの内容

	株A	株B
価格	100円	80円
株数	1株	1株
リターンの標準偏差	$\sigma_A = 0.35$	$\sigma_B = 0.42$
リターンの相関係数	$\sigma_{AB} = +0.40$	

5-7-3-4 VaRの算出

期間を10日、信頼水準を99％とし、1株の株Aと、1株の株Bからなるポートフォリオを例にし、分散・共分散法によりVaRを計算する。

ポートフォリオの内容を表5-19に示す。

分散・共分散法はポートフォリオの日次連続複利収益率が正規分布に従うと仮定する。そこで正規分布を特定するために、ポートフォリオの期待リターンと、ポートフォリオのリターンの標準偏差を求める。

まず、ポートフォリオの期待リターン$E[R_P]$はゼロとする。これは一般によく行われることで、短期間のリターンの値はきわめて小さいので、その期待リターンの小さな値が、正規分布の特定に与える影響が少ないことが理由である。また、たとえ期待リターンを予測しても、その信頼度は低いことからゼロとするのが妥当であるとされる。

次に、ポートフォリオのリターンの標準偏差は、すでに述べたように、株Aのリターンの標準偏差、株Bのリターンの標準偏差、リターンの間の相関係数から、式5-28のように計算できる。

式5-28

$$V[R_P] = \sigma_P^2 = V[w_A R_A + w_B R_B]$$
$$= w_A^2 \sigma_A^2 + w_B^2 \sigma_B^2 + 2 w_A w_B \rho_{AB} \sigma_A \sigma_B$$
$$= \left(\frac{100}{180}\right)^2 (0.35)^2 + \left(\frac{80}{180}\right)^2 (0.42)^2$$

$$+2\left(\frac{100}{180}\right)\left(\frac{80}{180}\right)(+0.40)(0.35)(0.42)$$

$$\fallingdotseq 0.10169$$

$$\sigma_P = +\sqrt{0.10169}$$

$$\fallingdotseq 0.32(32\%)$$

次に忘れてはいけないのは、リターンの標準偏差は年率であるので、期間10日に変換しなければならないということである。リターンの標準偏差の期間の変換を式5-29に示す。

■ 式5-29

$$\sigma_{tday} = \sigma_{1year} \times \sqrt{\frac{t}{250}}$$

$$\sigma_{10day} = 0.32 \times \sqrt{\frac{10}{250}} = 0.064(6.4\%)$$

σ_{tday}：ポートフォリオの期間t日のリターンの標準偏差（年率化されていない値）

σ_{10day}：ポートフォリオの期間10日のリターンの標準偏差（年率化されていない値）

σ_{1year}：ポートフォリオの期間1年のリターンの標準偏差（年率化されている値）

さらに、VaRはマイナス何パーセントという収益率で表されるのではなく、損失額で表されるものであるから、最終的な確率変数は収益率ではなく損益額である。株のポートフォリオでは、ポートフォリオの収益率が正規分布に従うと、ポートフォリオの損益額も正規分布に従う（注7）。よって、ポートフォリオの損益額が従う正規分布の平均と標準偏差を収益率から求めると、式5-30になる。180円は表5-19から得られるポートフォリオの時価である。

（注7） 株式のデルタが一定であるためである。ただし、連続複利収益率と価格の関係は線型近似している。

式5-30

$\mu = 180 \times 0\% = 0$

$\sigma = 180 \times 6.4\% = 11.52$

μ：ポートフォリオの期間10日の損益額の平均

σ：ポートフォリオの期間10日の損益額の標準偏差

ポートフォリオの損益額が従う正規分布のパラメータがわかったので、正規分布が特定できた。あとは、曲線と横軸の間のエリアの規格化された面積が確率を表すのであるから、そのエリアを図5-20のように、1％と99％に分ける境目がわかれば、それがVaRである。ちなみに、確率分布を1％と99％に分ける境目の値を、第一百分位数（第一百分位点）（the first percentile）などと呼ぶ。

第3章を思い出すと、その境目の値を求めるには標準正規分布のZスコアを用いればよいのであった。標準正規分布の曲線と横軸で挟まれたエリアの面積を、1％と99％に分ける境目のZは$-2.326347\cdots$であるが、ここでは-2.33を用いる。これを図5-21に示す。ちなみに、巻末付録の標準正規分布表では$+2.33$に対応する上側確率が0.00990とおよそ1％になっている。

図5-20　ポートフォリオの損益額が従う正規分布

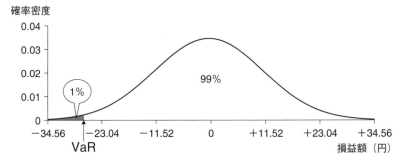

図 5-21 標準正規分布

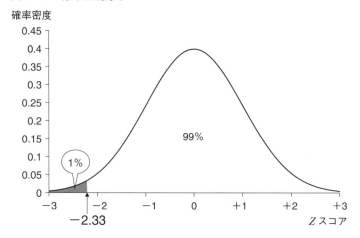

−2.33を用いて、式 5-31のように計算すると、VaR が求められる。

■ 式 5-31

$$Z = \frac{x - \mu}{\sigma}$$

$$-2.33 = \frac{x - 0}{11.52}$$

$$x = -2.33 \times 11.52 = -26.84$$

図 5-22 ポートフォリオの損益額が従う正規分布

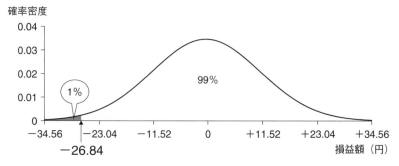

この結果を図に示すと図5-22のようになり、99％の確率で損益額は-26.84円より大きな値となる。これを損益額ではなく、損失額で語れば、「99％の確率でポートフォリオの損失額は26.84円以内に収まる」ということになる。この26.84円がVaRである。

　以上のことからわかるように、VaRを単に「最大損失額」というと正確ではない。なぜなら、VaRを超える損失が1％の確率で発生することを、理論は織込みずみであり、VaRは最大損失額ではないからである。最大損失額は正規分布を仮定している以上、理論的には無限大となってしまう。正規分布の横軸の範囲が-∞から+∞であったことを思い出してほしい。無限大という値では、何も情報をもたないので、VaRには信頼水準という概念が必要となった。

　しかし、「VaRは信頼水準99％の最大損失額である」と「信頼水準99％の」を付け加えたとしても、「最大」という日本語が誤解を生みやすいと考え、本書では、「99％の確率で損失額はVaRの金額以内に収まる」という言い方をしている。しかし、一般には「VaRは99％の信頼水準のもとでの最大損失額」というような使い方がしばしばなされている。

　以上のようにVaRが本来の意味での最大損失額ではないため、VaRを用いるだけではリスク管理としては十分ではなく、ストレス・テスト、シナリオ分析等の他のリスク管理手法が併用される。

5-8　数学的補足

5-8-1　離散型確率変数の場合の同時確率

　X が、$x_1, x_2, x_3, \cdots, x_n$ の値をとる離散型確率変数、Y が $y_1, y_2, y_3, \cdots, y_m$ の値をとる離散型確率変数、$f(x, y)$ が同時確率質量関数であるとき、以下である。

$$f(x_i, y_j) \geq 0$$

$$\sum_{i=1}^{n} \sum_{j=1}^{m} f(x_i, y_j) = 1$$

5-8-2　連続型確率変数の場合の同時確率

X が $-\infty \leq x \leq +\infty$ の値をとりうる連続型確率変数、Y が $-\infty \leq y \leq +\infty$ の値をとりうる連続型確率変数であり、$f(x, y)$ が同時確率密度関数であるとき、以下である。

$$f(x, y) \geq 0$$

$$\int_{-\infty}^{\infty} \int_{-\infty}^{\infty} f(x, y) \, dxdy = 1$$

$$P(a \leq X \leq b, c \leq Y \leq d) = \int_{c}^{d} \left(\int_{a}^{b} f(x, y) \, dx \right) dy$$

$$= \int_{a}^{b} \int_{c}^{d} f(x, y) \, dxdy$$

5-8-3　連続型確率変数の場合の周辺同時確率密度関数

$$g(x) = \int_{-\infty}^{\infty} f(x, y) \, dy$$

$$h(y) = \int_{-\infty}^{\infty} f(x, y) \, dx$$

5-8-4　事象の独立

事象Aと事象Bが同時に起こる、あるいは続けて起こる場合に、事象Aが起こったか起こらなかったかということが、事象Bの起こりやすさに影響しないとき、事象Aと事象Bは独立（independent）であるという。

乗法定理は以下であり、

$$P(A \cap B) = P(A)P(B|A) = P(B)P(A|B)$$

ただし、$P(A) \neq 0$、$P(B) \neq 0$

事象Aと事象Bとが独立であるとき、

$$P(B|A) = P(B)$$

$$P(A|B) = P(A)$$

であるから、
$$P(A \cap B) = P(A) \cdot P(B)$$
となる。

記号∩は積事象（intersection of events）を表す記号であり、事象Aと事象Bがともに起こるという事象である。

$P(B|A)$

等は条件付き確率を表し、事象Aが起きたという条件のもとでの、事象Bの確率である。

ただし、$P(A) \neq 0$

すべてのx_iとy_jについて、Xがx_iという値をとるという事象が、Yがy_jという値をとる事象に影響を及ぼさないのなら、すなわち独立であるなら、同時確率質量関数は、それぞれの周辺確率質量関数から、以下のようになる。

$$f(x_i, y_j) = g(x_i) h(y_j)$$

独立であるなら必ず無相関である。

5-8-5　事象の排反

事象Aと事象Bが同時に起こることがないとき、事象Aと事象Bは排反（disjoint）であるという。

加法定理は以下であり、
$$P(A \cup B) = P(A) + P(B) - P(A \cap B)$$
事象Aと事象Bとが排反であるとき、
$$P(A \cap B) = P(\varnothing) = 0$$
であるから、
$$P(A \cup B) = P(A) + P(B)$$
となる。

記号∪は和事象（union of events）を表し、和事象とは、事象Aと事象Bの少なくとも一方が起こるという事象である。

記号∅は空事象を表し、空事象とは、標本空間の標本点を一つも含まない

という決して起こらない事象である。

5-8-6　連続型確率変数の場合の関数 $g(X, Y)$ の期待値

$$E[g(X, Y)] = \int_{-\infty}^{\infty}\int_{-\infty}^{\infty} g(x, y)f(x, y)\,dxdy$$

5-8-7　連続型確率変数の場合の共分散

$$\begin{aligned}C[X, Y] &= \sigma_{XY} = E[(X-\mu_X)(Y-\mu_Y)] \\ &= \int_{-\infty}^{\infty}\int_{-\infty}^{\infty} (x-\mu_X)(y-\mu_Y)f(x, y)\,dxdy\end{aligned}$$

5-8-8　2つの確率変数の和の期待値の性質の証明

$$\begin{aligned}E[aX+bY+c] &= \sum_{i=1}^{n}\sum_{j=1}^{m}(ax_i+by_j+c)f(x_i, y_j) \\ &= a\sum_{i=1}^{n}\sum_{j=1}^{m}x_i f(x_i, y_j) + b\sum_{i=1}^{n}\sum_{j=1}^{m}y_j f(x_i, y_j) \\ &\quad + c\sum_{i=1}^{n}\sum_{j=1}^{m}f(x_i, y_j) \\ &= a\sum_{i=1}^{n}x_i \sum_{j=1}^{m}f(x_i, y_j) + b\sum_{j=1}^{m}y_j \sum_{i=1}^{n}f(x_i, y_j) \\ &\quad + c\sum_{i=1}^{n}\sum_{j=1}^{m}f(x_i, y_j) \\ &= a\sum_{i=1}^{n}x_i g(x_i) + b\sum_{j=1}^{m}y_j h(y_j) + c\sum_{i=1}^{n}\sum_{j=1}^{m}f(x_i, y_j) \\ &= aE[X] + bE[Y] + c\end{aligned}$$

5-8-9　共分散の計算式の証明

$$\begin{aligned}C[X, Y] &= E[(X-\mu_X)(Y-\mu_Y)] \\ &= E[XY - \mu_Y X - \mu_X Y + \mu_X \mu_Y] \\ &= E[XY] - \mu_Y E[X] - \mu_X E[Y] + \mu_X \mu_Y \\ &= E[XY] - \mu_Y \mu_X - \mu_X \mu_Y + \mu_X \mu_Y\end{aligned}$$

$$= E[XY] - \mu_X \mu_Y$$
$$= E[XY] - E[X]E[Y]$$

5-8-10　2つの確率変数の和の分散の性質の証明

$$\begin{aligned}
V[aX+bY+c] &= E[aX+bY+c-E[aX+bY+c]]^2 \\
&= E[aX+bY-aE[X]-bE[Y]]^2 \\
&= E[a(X-E[X])+b(Y-E[Y])]^2 \\
&= a^2 E[X-E[X]]^2 + b^2 E[Y-E[Y]]^2 \\
&\quad + 2ab E[(X-E[X])(Y-E[Y])] \\
&= a^2 V[X] + b^2 V[Y] + 2ab C[X,Y]
\end{aligned}$$

5-8-11　相関係数が $-1 \leqq \rho \leqq +1$ であることの証明

任意の実数 t、確率変数 X、確率変数 Y について、$E[(tX+Y)^2]$ を考え、それを t の二次式のかたちに変形する。

$$\begin{aligned}
E[(tX+Y)^2] &= E[t^2 X^2 + 2tXY + Y^2] \\
&= t^2 E[X^2] + 2t E[XY] + E[Y^2] \\
&= E[X^2] t^2 + 2 E[XY] t + E[Y^2]
\end{aligned}$$

ここで考えた $E[(tX+Y)^2]$ は、2乗の期待値であるから、必ずゼロ以上の値である。よって、それを変形しただけの t の二次式も必ずゼロ以上の値となり、判別式は次式のようにゼロ以下でなければならない。判別式については、5-8-12を参照。

$$(2E[XY])^2 - 4 E[X^2] E[Y^2] \leqq 0$$

両辺を4で割る。

$$(E[XY])^2 - E[X^2] E[Y^2] \leqq 0$$

ここで、$X = Z_X$、$Y = Z_Y$ とし、

$$(E[Z_X Z_Y])^2 - E[Z_X^2] E[Z_Y^2] \leqq 0$$

マイナスゼロを2カ所に入れる。

$$(E[Z_X Z_Y])^2 - E[(Z_X - 0)^2] E[(Z_Y - 0)^2] \leqq 0$$

さらに相関係数は定義より、$\rho_{XY} = C[Z_X, Z_Y]$ となり、これを変形すると、

$$\rho_{XY} = C[Z_X, Z_Y] = E[(Z_X - 0)(Z_Y - 0)] = E[Z_X Z_Y]$$

となるので、$E[Z_X Z_Y]$ を ρ_{XY} で置き換えると、

$$\rho_{XY}^2 - E[(Z_X - 0)^2] E[(Z_Y - 0)^2] \leq 0$$

となる。また、

$$E[(Z_X - 0)^2] = V[Z_X]、$$
$$E[(Z_Y - 0)^2] = V[Z_Y]、$$

であるので、以下のようになり、相関係数が $-1 \leq \rho \leq +1$ であることが導ける。

$$\rho_{XY}^2 - V[Z_X] V[Z_Y] \leq 0$$
$$\rho_{XY}^2 - 1 \times 1 \leq 0$$
$$\rho_{XY}^2 \leq 1$$
$$-1 \leq \rho_{XY} \leq +1$$

5-8-12 判別式

二次関数、

$$y = ax^2 + bx + c \quad a \neq 0$$

のグラフと x 軸との共有点の x 座標は、以下の二次方程式の解と一致する。

$$0 = ax^2 + bx + c \quad a \neq 0$$

二次方程式は y がゼロである場合の x の値を求めているからである。

解の公式は、

$$x = \frac{-b \pm \sqrt{b^2 - 4ac}}{2a}$$

であるので、この方程式がどのような解をもつかは、以下の判別式 D を調べればわかる。

$$D = b^2 - 4ac$$

　　$D > 0$：方程式は異なる2つの実数解をもち、x 軸との共有点2つ

　　$D = 0$：方程式は1つの実数解(重解)をもち、x 軸との共有点1つ

　　$D < 0$：方程式は実数解をもたず、x 軸との共有点なし

一例をグラフにすると、図5-23となる。

図 5-23 二次関数のグラフと x 軸との共有点の例　$a>0$ の場合

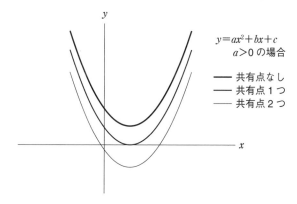

よって、二次関数、

$$y = ax^2 + bx + c \quad a \neq 0$$

の値が常にゼロ以上であるのは、判別式 D がゼロ以下の場合である。

5-9 練習問題

1. 互いに独立な確率変数 X と確率変数 Y の期待値と分散が、それぞれ以下であるとして、(1)と(2)を求めよ。

   $E[X] = 10$

   $V[X] = 4$

   $E[Y] = 13$

   $V[Y] = 9$

(1) $E[3X + 2Y + 1]$

(2) $V[3X + 2Y + 1]$

2. 確率変数 X と確率変数 Y の期待値、分散、共分散が、それぞれ以下であるとして、(1)と(2)を求めよ。

   $E[X] = 10$

$V[X] = 4$

$E[Y] = 13$

$V[Y] = 9$

$C[X, Y] = -2$

(1) $E[3X + 2Y + 1]$

(2) $V[3X + 2Y + 1]$

3．3個の独立な確率変数 X_1, X_2, X_3 は同一の確率分布に従い（独立同一分布の仮定）、その確率分布の平均と分散は、$\mu = 5$、$\sigma^2 = 4$ である。以下の期待値と分散を求めよ。

(1) $E\left[\dfrac{1}{3}(X_1 + X_2 + X_3)\right]$

(2) $V\left[\dfrac{1}{3}(X_1 + X_2 + X_3)\right]$

4．相関係数が－1の2資産を適当に組み合わせると、リターンの標準偏差がゼロであるポートフォリオを構築することができる。表5-20に示す資産Aと資産Bでポートフォリオを構築する場合の、リターンの標準偏差がゼロとなる組入比率を求めよ。

　　ヒント：組入比率を w_1 と w_2 とするより、w と $(1-w)$ としたほうが、
　　　　　　計算が簡単になる。

表5-20　資産Aと資産B

	資産A	資産B
リターンの期待値	$E[R_A] = 0.10$	$E[R_B] = 0.15$
リターンの標準偏差	$\sigma_A = 0.15$	$\sigma_B = 0.25$
リターンの相関係数	$\sigma_{AB} = -1$	

5．あるトレーダーは、株Cを10万株、買い持ちにしている。このポジションの信頼水準99％、期間10日のVaRを計算せよ。株Cの現在の価格は200円、ボラティリティは30％である。期間10日の株Cの連続複利収益率の期

待値は0％とし、1年の営業日は250日とすること。

5-10 練習問題の解答

1.

(1) $E[3X+2Y+1] = 3E[X]+2E[Y]+1$
$= 3\cdot 10 + 2\cdot 13 + 1$
$= 57$

(2) $V[3X+2Y+1] = 3^2V[X]+2^2V[Y]$
$= 9\cdot 4 + 4\cdot 9$
$= 72$

2.

(1) $E[3X+2Y+1] = 3E[X]+2E[Y]+1$
$= 3\cdot 10 + 2\cdot 13 + 1$
$= 57$

(2) $V[3X+2Y+1] = 3^2V[X]+2^2V[Y]+2\cdot 3\cdot 2\cdot C[X,Y]$
$= 9\cdot 4 + 4\cdot 9 + 2\cdot 3\cdot 2\cdot(-2)$
$= 48$

3.

(1) $E\left[\dfrac{1}{3}(X_1+X_2+X_3)\right] = \dfrac{1}{3}E[X_1]+\dfrac{1}{3}E[X_2]+\dfrac{1}{3}E[X_3]$
$= \dfrac{1}{3}\cdot 5 + \dfrac{1}{3}\cdot 5 + \dfrac{1}{3}\cdot 5$
$= 5$

(2) $V\left[\dfrac{1}{3}(X_1+X_2+X_3)\right] = \dfrac{1}{3^2}(V[X_1+X_2+X_3])$

$$=\frac{1}{3^2}(V[X_1]+V[X_2]+V[X_3])$$

$$=\frac{1}{3^2}(4+4+4)$$

$$=\frac{4}{3}$$

4．中学校の数学で習った、以下の因数分解の公式を用いる。
$x^2+y^2-2xy=(x-y)^2$

ポートフォリオのリターンの分散は、
$\sigma^2 = w^2 \sigma_A^2 + (1-w)^2 \sigma_B^2 + 2w(1-w)\rho_{AB}\sigma_A\sigma_B$
これがゼロとなるのであるから、
$w^2(0.15)^2+(1-w)^2(0.25)^2+2w(1-w)(-1)(0.15)(0.25)=0$
$(0.15w)^2+\{0.25(1-w)\}^2-2(0.15w)\{0.25(1-w)\}=0$
$\{0.15w-0.25(1-w)\}^2=0$
$0.15w-0.25(1-w)=0$
$0.4w=0.25$
$w=0.625$
$1-w=0.375$

よって、資産Aの組入比率を0.625、資産Bの組入比率を0.375とすると、ポートフォリオのリターンの標準偏差がゼロとなる。

5．問題文に、あえて本章で用いた単語とは異なる単語を用いたので、対応関係を示しておく。「ボラティリティ」は本章でリターンの標準偏差と呼んでいたものである。「連続複利収益率」は本章ではもっぱらリターンあるいは収益率と呼んでいたものである。

まず、リターンの標準偏差は、

$\sigma_{10day}=0.3\times\sqrt{\dfrac{10}{250}}=0.06(6.0\%)$

σ_{10day}：ポートフォリオの期間10日のリターンの標準偏差

よって、損益額の標準偏差は、

$\sigma = 200 \times 100,000 \times 6.0\% = 1,200,000$

σ：ポートフォリオの期間10日の損益額の標準偏差

したがって、VaRは、

$$Z = \frac{x - \mu}{\sigma}$$

$$-2.33 = \frac{x - 0}{1,200,000}$$

$x = -2.33 \times 1,200,000 = -2,796,000$

VaRは2,796,000円

■付録：標準正規分布表

表中の数字は Z の上側確率を示す。
すなわち表中の数字は、右図の標準正規分布における
網掛けエリアの面積を示す。

Z	0.00	0.01	0.02	0.03	0.04
0.0	0.50000	0.49601	0.49202	0.48803	0.48405
0.1	0.46017	0.45620	0.45224	0.44828	0.44433
0.2	0.42074	0.41683	0.41294	0.40905	0.40517
0.3	0.38209	0.37828	0.37448	0.37070	0.36693
0.4	0.34458	0.34090	0.33724	0.33360	0.32997
0.5	0.30854	0.30503	0.30153	0.29806	0.29460
0.6	0.27425	0.27093	0.26763	0.26435	0.26109
0.7	0.24196	0.23885	0.23576	0.23270	0.22965
0.8	0.21186	0.20897	0.20611	0.20327	0.20045
0.9	0.18406	0.18141	0.17879	0.17619	0.17361
1.0	0.15866	0.15625	0.15386	0.15151	0.14917
1.1	0.13567	0.13350	0.13136	0.12924	0.12714
1.2	0.11507	0.11314	0.11123	0.10935	0.10749
1.3	0.09680	0.09510	0.09342	0.09176	0.09012
1.4	0.08076	0.07927	0.07780	0.07636	0.07493
1.5	0.06681	0.06552	0.06426	0.06301	0.06178
1.6	0.05480	0.05370	0.05262	0.05155	0.05050
1.7	0.04457	0.04363	0.04272	0.04182	0.04093
1.8	0.03593	0.03515	0.03438	0.03362	0.03288
1.9	0.02872	0.02807	0.02743	0.02680	0.02619
2.0	0.02275	0.02222	0.02169	0.02118	0.02068
2.1	0.01786	0.01743	0.01700	0.01659	0.01618
2.2	0.01390	0.01355	0.01321	0.01287	0.01255
2.3	0.01072	0.01044	0.01017	0.00990	0.00964
2.4	0.00820	0.00798	0.00776	0.00755	0.00734
2.5	0.00621	0.00604	0.00587	0.00570	0.00554
2.6	0.00466	0.00453	0.00440	0.00427	0.00415
2.7	0.00347	0.00336	0.00326	0.00317	0.00307
2.8	0.00256	0.00248	0.00240	0.00233	0.00226
2.9	0.00187	0.00181	0.00175	0.00169	0.00164
3.0	0.00135	0.00131	0.00126	0.00122	0.00118
3.1	0.00097	0.00094	0.00090	0.00087	0.00084
3.2	0.00069	0.00066	0.00064	0.00062	0.00060
3.3	0.00048	0.00047	0.00045	0.00043	0.00042
3.4	0.00034	0.00032	0.00031	0.00030	0.00029
3.5	0.00023	0.00022	0.00022	0.00021	0.00020
3.6	0.00016	0.00015	0.00015	0.00014	0.00014
3.7	0.00011	0.00010	0.00010	0.00010	0.00009
3.8	0.00007	0.00007	0.00007	0.00006	0.00006
3.9	0.00005	0.00005	0.00004	0.00004	0.00004
4.0	0.00003	0.00003	0.00003	0.00003	0.00003

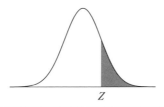

Z	0.05	0.06	0.07	0.08	0.09
0.0	0.48006	0.47608	0.47210	0.46812	0.46414
0.1	0.44038	0.43644	0.43251	0.42858	0.42465
0.2	0.40129	0.39743	0.39358	0.38974	0.38591
0.3	0.36317	0.35942	0.35569	0.35197	0.34827
0.4	0.32636	0.32276	0.31918	0.31561	0.31207
0.5	0.29116	0.28774	0.28434	0.28096	0.27760
0.6	0.25785	0.25463	0.25143	0.24825	0.24510
0.7	0.22663	0.22363	0.22065	0.21770	0.21476
0.8	0.19766	0.19489	0.19215	0.18943	0.18673
0.9	0.17106	0.16853	0.16602	0.16354	0.16109
1.0	0.14686	0.14457	0.14231	0.14007	0.13786
1.1	0.12507	0.12302	0.12100	0.11900	0.11702
1.2	0.10565	0.10383	0.10204	0.10027	0.09853
1.3	0.08851	0.08691	0.08534	0.08379	0.08226
1.4	0.07353	0.07215	0.07078	0.06944	0.06811
1.5	0.06057	0.05938	0.05821	0.05705	0.05592
1.6	0.04947	0.04846	0.04746	0.04648	0.04551
1.7	0.04006	0.03920	0.03836	0.03754	0.03673
1.8	0.03216	0.03144	0.03074	0.03005	0.02938
1.9	0.02559	0.02500	0.02442	0.02385	0.02330
2.0	0.02018	0.01970	0.01923	0.01876	0.01831
2.1	0.01578	0.01539	0.01500	0.01463	0.01426
2.2	0.01222	0.01191	0.01160	0.01130	0.01101
2.3	0.00939	0.00914	0.00889	0.00866	0.00842
2.4	0.00714	0.00695	0.00676	0.00657	0.00639
2.5	0.00539	0.00523	0.00508	0.00494	0.00480
2.6	0.00402	0.00391	0.00379	0.00368	0.00357
2.7	0.00298	0.00289	0.00280	0.00272	0.00264
2.8	0.00219	0.00212	0.00205	0.00199	0.00193
2.9	0.00159	0.00154	0.00149	0.00144	0.00139
3.0	0.00114	0.00111	0.00107	0.00104	0.00100
3.1	0.00082	0.00079	0.00076	0.00074	0.00071
3.2	0.00058	0.00056	0.00054	0.00052	0.00050
3.3	0.00040	0.00039	0.00038	0.00036	0.00035
3.4	0.00028	0.00027	0.00026	0.00025	0.00024
3.5	0.00019	0.00019	0.00018	0.00017	0.00017
3.6	0.00013	0.00013	0.00012	0.00012	0.00011
3.7	0.00009	0.00008	0.00008	0.00008	0.00008
3.8	0.00006	0.00006	0.00005	0.00005	0.00005
3.9	0.00004	0.00004	0.00004	0.00003	0.00003
4.0	0.00003	0.00002	0.00002	0.00002	0.00002

【統計学記号一覧】

$C[\ ,\ ]$ 　共分散

$E[\ ]$ 　期待値

$f(\ )$ 　確率密度関数、確率（質量）関数

$F(\ )$ 　累積分布関数

κ 　相対尖度

μ 　母平均

$N(\mu, \sigma^2)$ 　正規分布

$N(\ )$ 　標準正規分布の下側確率

$P(\ )$ 　確率関数

r_{XY} 　標本相関係数

ρ_{XY} 　母相関係数

s 　標本標準偏差

s^2 　標本分散

Sk 　歪度

σ 　母標準偏差

σ^2 　母分散

σ_{XY} 　共分散

$V[\ ]$ 　分散

$\bar{x}$ 　標本平均

Z 　標準化変数、Zスコア

事項索引

【英字】

$C[\quad,\quad]$ ································235
e ··················35、37、40、62、158
$E[\quad]$ ································91
$f(\quad)$ ································73
$F(\quad)$ ································129
$\ln$、$\log$、$\log_e$
　············39、40、46、158、161、163
$N(\quad)$ ····················128、130、160
$N(\mu,\sigma^2)$ ····················117、121
$P(\quad)$ ································72
r_{XY} ································244
s ································28
s^2 ································28
Sk ································192
$V[\quad]$ ································96
$\bar{x}$ ································14
Z ····················100、123、127
Zスコア
　········100、123、134、160、162、240

【ギリシャ文字】

κ ································197
μ ····················14、91、100
ρ_{XY} ································240
σ ····················27、96、100
σ^2 ····················27、96
σ_{XY} ····················235、241

【あ行】

アウト・オブ・ザ・マネー···········146
アスク・プライス····················146
アット・ザ・マネー····················146
アット・ザ・マネー・スポット·····147
アット・ザ・マネー・デルタ・
　ニュートラル····················147、214
アット・ザ・マネー・フォーワー
　ド························147
アメリカン・オプション···········144
1シグマの範囲···········132、205
一次元確率変数····················226
一様性····················6
伊藤の補題····················172
イン・ザ・マネー
　············146、149、160、161
インプライド・ボラティリティ
　············49、210、211
ウィナー過程····················169
受渡日····················151
上側確率····················127
エキゾティック・オプション
　············145、166
オファー····················211
オファー・プライス···········146

【か行】

階級····················2
階級数····················4
階級値····················3
階級幅····················2、9
確率···········72、121、130、277、278
確率過程····················169、171
確率関数
　············72、73、75、105、107、226
確率質量関数·········73、75、107、108
確率線図····················74、77
確率柱状図····················77
確率ヒストグラム···········77、78
確率分布
　············73、74、90、116、121、154

事項索引　291

確率変数
　……72、74、100、105、107、121、
　　　　　123、171、177
確率変数の変換……………………168
確率密度………………………………86
確率密度関数
　……73、76、107、108、117、124、
　　　　　168、177
下限値…………………………………3
加法定理……………………………279
関数……………………………93、231
関数の期待値……93、109、231、280
緩尖的………………………………197
観測値………………………………12
関連性………………………………234
規格化…………………………78、100
規格化された面積
　………78、86、90、121、122、275
規格化相対度数ヒストグラム………87
期待値
　…91、93、100、107、109、154、254
期待値の性質………95、109、232、280
キャッシュ・フロー………………154
急尖的………………………………197
共分散………………107、234、280
クォーテーション…………………146
クォート………………………146、211
現金決済……………………………151
現在価値…………36、37、149、154
原資産………………………………143
現物決済……………………………151
行使価格……………………………143
行使日………………………………151
コール・オプション
　……………143、155、157、181、182

【さ行】

裁定取引………………………146、170

最頻値…………………………………19
先物取引……………………………142
3シグマの範囲…120、124、132、207
算術平均………………………………14
散布図…………………………236、241
時間的価値……………………147、150
試行…………………………………105
事象……………………………72、105
指数法則……………………………165
自然対数………………………39、40、158
自然対数の底……………35、37、158
下側確率………………128、129、177
収益率…………………………………38
集合……………………………………12
自由度…………………………29、31
周辺確率分布………………………229
周辺同時確率密度関数……………278
上限値…………………………………3
乗法定理……………………………278
将来価値………………………36、37
真数……………………………40、43
推定値…………………………………27
推定量…………………………………27
スポット価格………………………142
スポット・デルタ…………………182
スポット取引………………………141
スポット日…………………………141
正規分布………116、161、174、177
正規分布が表す確率………121、130
正規分布の線型性…………………121
正規分布のパラメータ……………117
積事象………………………………279
絶対尖度……………………………196
絶対度数ヒストグラム………………77
漸近線………………………………116
尖度……………………196、204、207
相加平均………………………………14
相関関係……………………………234

相関係数…………240、256、260、281
相対尖度…………………………196
相対度数…………………………4
相対度数ヒストグラム…………77
双峰性……………………………6

【た行】

第一百分位数……………………275
第一百分位点……………………275
対数…………………………40、42
対数正規分布………………174、177
大数の法則………………………247
対数法則……………………46、163
代表値……………………………14
多次元確率変数…………………231
多峰性……………………………6
単峰性……………………………5
単利………………………………32
中位数……………………………18
中央値………………………18、19
中心極限定理……………………245
中心の尺度……………12、13、91
中尖的……………………………197
散らばりの尺度………12、13、20、96
通貨オプション…………………210
底……………………………40、43
データ……………………………12
データ・セット…………………12
デジタル・オプション…………166
デリバティブ………………142、146
デルタ………………145、161、182
デルタ法…………………………269
統計量………………………12、27
同時確率…………………………226
同時確率関数……………………226
同時確率質量関数………………226
同時確率分布……………………226
同時確率密度関数………………226

投資収益率………………………101
トータル・リスク………………101
独立…………………………227、278
独立同一分布……………………247
度数………………………………2
度数分布表………………………2

【な行】

並数………………………………19
2シグマの範囲…………………132
二次元確率変数…………………226

【は行】

排反………………………………279
排反事象…………………………229
バリュー・アット・リスク……268
判別式……………………………282
ピーク………………199、204、207
ヒストグラム……………………4
ヒストリカル・ボラティリティ
　………………………………49、54
ビッド……………………………211
ビッド・プライス………………146
標準化………………100、123、177
標準化変数………………………100
標準正規分布………124、171、177
標準正規分布表…………………126
標準偏差
　………21、23、96、100、101、117、
　　123、159、171、177、255、270
標本………………………………11
標本空間…………………………105
標本数……………………………13
標本相関係数……………………244
標本相対尖度……………………203
標本点……………………………105
標本の大きさ………………12、13
標本標準偏差………………23、27

標本分散……………23、27、60
標本分布……………………73
標本平均……………14、15、59
標本歪度……………………203
ファット・テイル………198、204、207
フォワード価格……………142
フォワード・デルタ…………182
フォワード取引……………142
フォワードの理論価格式…………143
複利…………………………32
プット・オプション……144、181、182
部分集合……………………12、105
不偏推定量…………29、59、60
不偏分散……………28、29、62
ブラック・ショールズ・モデル
……140、153、157、161、164、169、
176、181、212
プレイン・バニラ・オプション……144
分散
……21、23、96、100、107、117、255
分散・共分散法………………269
分散投資の効果………256、261
分散の性質………98、110、244、281
分布……………………………2、8
平均……14、117、123、159、171、177
平均値………………………14、16、19
偏差……………………………24、59
偏差積………………………235
偏差平方和…………………25
ポートフォリオ効果……………261
ポートフォリオ理論…………101、249
ポジション…………………268
母集団………………………11、96
母集団の大きさ……………12
母数…………………………12
母相関係数…………………240
母標準偏差…………23、27、96
母分散……………23、27、60、96

母平均………………………14、59
ボラティリティ
……………47、48、51、54、138
ボラティリティ・カーブ……214
ボラティリティ・サーフェス……210
ボラティリティ・スキュー……215
ボラティリティ・スマイル……214
ボラティリティ・マトリックス……210
本源的価値………………147、149

【ま行】

満期…………………………142
満期日………………………142、151
無作為抽出…………………12
無相関………………………235

【や行】

約定日………………………151
ヨーロピアン・オプション
……………………140、144、146

【ら行】

離散型………………………226
離散型確率分布………75、91
離散型確率変数………75、96、108
リスク………………………101
リスク愛好型投資家………102
リスク回避型投資家………102
リスク中立型投資家………102
リスク中立世界………154、170、171
リスク中立評価法……………170
リスク・ファクター…………268
リスク・フリー・レート………170
リスク・プレミアム…………170
累積相対度数………………4
累積度数……………………4
累積分布関数………………129
連続型………………………116、226

連続型確率分布…………………76、83、85
連続型確率変数
　…………75、76、93、97、108、109
連続複利………………33、35、62、165
連続複利収益率
　……32、36、38、41、42、44、54、
　　　161、172、177、204、207、247

連続複利収益率の加法性……………45
連動性……………………………234

【わ行】
歪度……………………………192、207
和事象……………………………279

[著者略歴]

若林　公子（わかばやし　きみこ）

慶應義塾大学経済学部卒業
日本電気株式会社第一公共システム事業部、モルガン・スタンレー証券会社債券部、日本長期信用銀行金融商品開発部、UBS証券株式会社ファイナンシャル・マーケット・エデュケーション部を経て独立。現在、有限会社アイデクス　代表取締役

共著『スワップ取引のすべて（第5版）』（金融財政事情研究会）
共訳『実践ボンドオプション取引』（金融財政事情研究会）

金融市場のための統計学

2018年4月27日　第1刷発行
2022年7月1日　第4刷発行

著　者　若　林　公　子
発行者　加　藤　一　浩
印刷所　奥村印刷株式会社

〒160-8520　東京都新宿区南元町19
発　行　所　一般社団法人　金融財政事情研究会
企画・制作・販売　株式会社きんざい
出版部　TEL 03(3355)2251　FAX 03(3357)7416
販売受付　TEL 03(3358)2891　FAX 03(3358)0037
URL https://www.kinzai.jp/

・本書の内容の一部あるいは全部を無断で複写・複製・転訳載すること、および磁気または光記録媒体、コンピュータネットワーク上等へ入力することは、法律で認められた場合を除き、著作者および出版社の権利の侵害となります。
・落丁・乱丁本はお取替えいたします。定価はカバーに表示してあります。

ISBN978-4-322-13247-2